高等院校电子商务职业细分化创新型规划

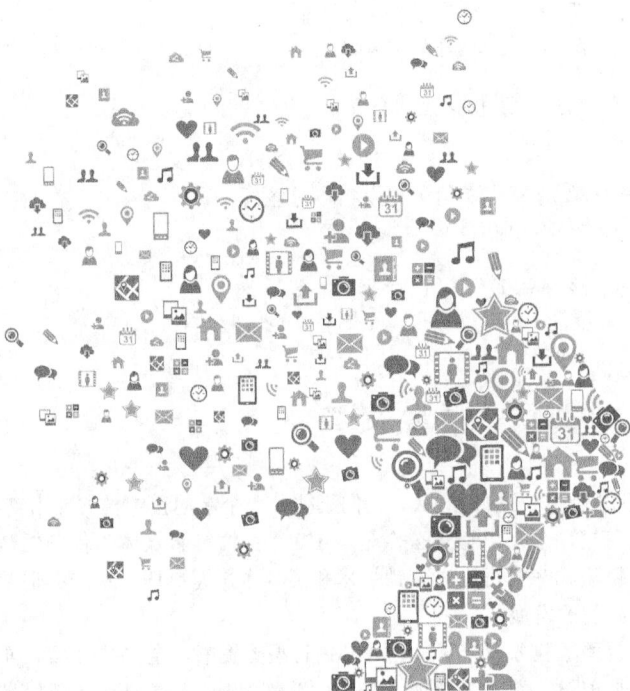

新网络营销

新工具　新思维　新方法

—— 宋晓晴 唐红梅 苗小刚 ◎ 主编　马健 黎军 ◎ 副主编 ——

人民邮电出版社

北　京

图书在版编目（CIP）数据

新网络营销 ：新工具　新思维　新方法 / 宋晓晴，唐红梅，苗小刚主编. -- 北京 ：人民邮电出版社，2017.8（2023.2重印）

高等院校电子商务职业细分化创新型规划教材

ISBN 978-7-115-46290-9

Ⅰ. ①新… Ⅱ. ①宋… ②唐… ③苗… Ⅲ. ①网络营销－高等学校－教材 Ⅳ. ①F713.365.2

中国版本图书馆CIP数据核字(2017)第157544号

内 容 提 要

　　在互联网尤其是移动互联网蓬勃发展的时代，我们正被一个个新的营销模式冲击着。体验营销、立体营销、全民营销、圈层营销，以及以微信公众号、APP、微博等新媒体为代表的微营销风起云涌。营销理论全面创新，营销模式花样百出，营销技术和工具也快速更迭，这些都促使企业不得不加快转型的步伐，以适应新时代的发展。

　　本书是一本通过案例分析和经验分享来指导企业营销转型的图书。全书共 8 章，重点介绍了新形势下网络营销的概念、发展前景、背景、特征、方法，以及企业应该如何最大限度地整合互联网资源、运用互联网思维去开展网络营销实践，最后总结了新形势下网络营销可能存在的问题和企业的应对策略。书中每小节均按照"案例导入+知识讲解+问题思考"的思路行文，增强了全书的系统性和可读性。

　　本书既可以作为企业、培训机构、大中专院校的教材，也可供广大营销从业人员学习和参考。

- ◆ 主　　编　宋晓晴　唐红梅　苗小刚
　　副 主 编　马　健　黎　军
　　责任编辑　朱海昀
　　责任印制　焦志炜
- ◆ 人民邮电出版社出版发行　　北京市丰台区成寿寺路 11 号
　　邮编　100164　电子邮件　315@ptpress.com.cn
　　网址　http://www.ptpress.com.cn
　　北京九州迅驰传媒文化有限公司印刷
- ◆ 开本：787×1092　1/16
　　印张：16.5　　　　　　　　　　2017 年 8 月第 1 版
　　字数：346 千字　　　　　　　　2023 年 2 月北京第 7 次印刷

定价：45.00 元

读者服务热线：(010)81055256　印装质量热线：(010)81055316
反盗版热线：(010)81055315
广告经营许可证：京东市监广登字 20170147 号

前言

在传统的市场营销环境中，企业只要组建一支精干的销售队伍，再加上销售人员以孜孜不倦的精神跑市场，说服客户，最终就能拿到订单。然而，随着市场形势的变化，以及互联网和移动互联网的极速发展，单纯靠普通的团队或个人努力已无法满足竞争日益激烈的市场和社会的需要。

随着互联网时代的到来，社会发展突飞猛进，技术日新月异。越来越多的人依赖着互联网尤其是移动互联网工作和生活。面对这样的变化，企业也必须与时俱进，改变自身的营销策略，利用互联网打开新的市场。转变观念、转变思路、积极创新是企业未来发展的必经之路。凡客利用一条微博成功打造了一个品牌，阿里巴巴依靠几个网站打开了全球市场，乔布斯依靠"一个苹果"享誉全球，还有众多微信商家借助微信平台进行产品推广获得了不少的收益。上述这些很大程度上要归功于强大的网络营销，网络营销已经发展成为当前企业营销体系中最不可或缺的一环。

传统的网络营销手段有网站营销、搜索引擎营销、邮件营销、博客营销等。随着互联网技术的更新，尤其是移动互联网的出现，我们被一个个从未听过的新营销模式冲击着，如参与营销、体验营销、互动营销、立体营销，还有以微信、微博、APP 等为主的营销模式。在这些新的营销模式中，企业实现了全方位、多层面的营销，利用这些模式，很多企业都创造出了新的销售记录。受互联网和移动互联网的影响，企业生产、经营及营销正在发生急剧变化，新型企业抓住时机快速成长起来，传统企业也正在加快转型的步伐，从眼花缭乱的新营销模式中找到真正适合自己的方式。

本书通过案例分析和经验分享来指导企业如何实现营销转型，总结了互联网发展新阶段，网络营销的变化，包括发展环境的变化、发展的新趋势、涌现出的新特征，以及企业在具体实践中可能用到的工具、资源、思维、方法、遇到的问题等。

全书共分为 8 章，从网络营销的概念和新的发展环境、网络营销的发展背景、网络营销的新特征、网络营销的常见工具、新工具（新媒体、自媒体等），以及企业如何整合网络资源、运用互联网思维、方法，应对网络营销中出现的新问题等 8 个层面入手。涵盖 30 种方法，100 多个案例，每个小节按照"案例导入+知识讲解+问题与思考"的思路行文，帮助读者对网络营销进行全面、系统、深入的认识和分析。

全书摒弃了同类书中大篇幅阐述理论的写法，语言言简意赅，案例生动丰富，知识点全面且凝练，内容都是企业高层、网络营销管理人员、运营人员，以及营销人员最关心的。

本书由宋晓晴（武汉城市职业学院）、唐红梅（重庆科创职业学院）、苗小刚（智创管理公司）担任主编，马健（亳州职业技术学院）、黎军（武汉城市职业学院）担任副主编，参与编写的还有李伟、丁善东、王方方、苗李宁、樊冬梅、魏艳、潘鑫、谭厚臣。本书是团队合作的成果，参编者群力群策，或提供资料，或讲述经验，对这本书的最终完成给予了极大的帮助。编者在此对给予这本书支持和帮助的老师表示感谢。

由于编者水平和经验有限，再加上互联网技术、营销手段的日新月异，书中难免有欠缺之处，恳请广大读者批评指正。

编　者

2017 年 6 月

目　录

第1章
概述|网络营销的概念和发展环境

导语

随着国家"大众创业，万众创新"浪潮的持续深入，网络技术、流量、渠道、移动智能设备等多个层面的蓬勃发展，网络营销将进入一个新时代。在这个新时代，有机遇也有风险，无论是身处行业已久的老手，还是即将步入行业的新人，只有对新形势下网络营销的变化、趋势和前景有全面深入的了解，才可能更好地抓住机会，规避风险。

1.1 网络营销的概念和基础

案例导入

阿里巴巴千亿元销售额的背后

2016年"双十一"，对于电商巨头阿里巴巴来说又是一个狂欢日。据统计，这一天阿里巴巴实现了1207亿元的销售额，超出2015年的912亿元近300亿元，增长率高达24%，也创下了自"双十一"购物节诞生8年来的新高。

"双十一"购物节起源于2009年，这个特殊的日子从被人们称为"光棍节"，逐渐演变为购物节。8年来，阿里巴巴"双十一"的销售额逐年上涨，由最初的5000万元增至千亿余元。具体的数据变化如图1-1所示。

阿里巴巴2016年的"双十一"购物节，除了销售额扶摇直上外，另一个最大的亮点就是海外企业和海外品牌入驻的数量大增。阿里巴巴第一次尝试"卖全球"，即不仅把海外的商品运进来，还把国内的商品卖出去，基于此，阿里巴巴在"双十一"这天的跨境销售额占总销售额的比重也比往年增加很多。

根据统计数据的显示，来自美国、日本、欧洲等海外公司的品牌多达10000多个，苹果、耐克、新百伦、花花公子、思凯捷、维多利亚的秘密和Gap等成为最受欢迎的美国品牌，澳洲大药房成为首个破亿元的跨境平台；同时，国内上百个品牌也远销欧美等市场。

阿里巴巴利用自身的平台和资源优势，成为了满足国内外企业、消费者需求的中介。

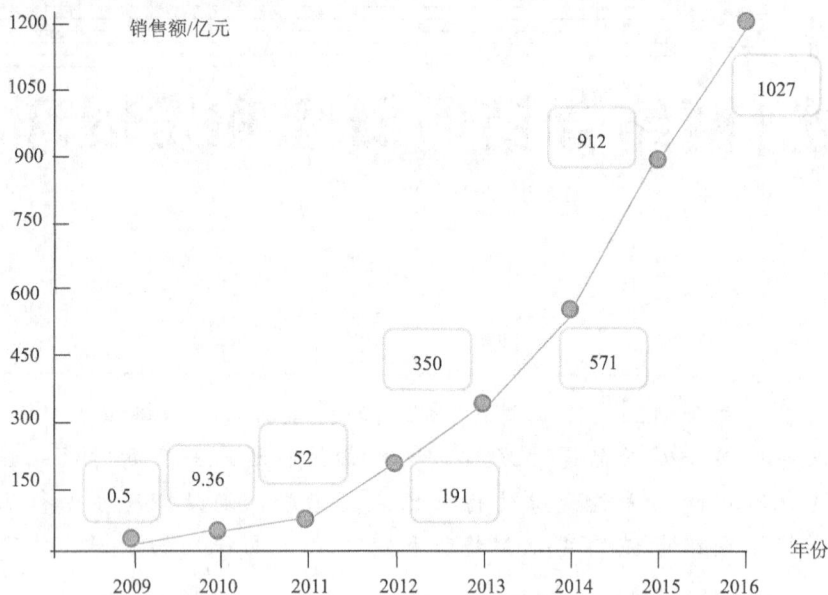

图 1-1　2009—2016 年"双十一"销售额数据递增图

总结

日益扩展的阿里巴巴和蓬勃发展的消费市场背后折射出的是互联网的力量。在当今，网络已经无处不在、无所不能，万物互联互通，经济共享繁荣。这一现象也从侧面反映出了网络营销在企业整个营销体系中的地位和作用越来越重要。任何一个企业再也不能置互联网于不顾，闭门造车，而是必须尽快完善网络营销建设，与市场接轨，与消费者的需求接轨。

思考

1. 阿里巴巴每年"双十一"购物节的销售额都在持续增长，并呈现逐步加快趋势的内在动力是什么？

2. 阿里巴巴开辟海外市场，预示着什么，未来将会有什么样的发展前景？

1.1.1　概述

网络营销作为市场营销学的一门重要学科已经备受重视。本节主要阐述网络营销的概念、发展历程、功能以及内容体系。学习这些内容可以激发读者对网络营销的学习兴趣，从而对网络营销工作有一个整体、概括性的了解和认识。

1.1.2　网络营销的基本概念

网络营销是以现代营销理论为基础，借助网络、通信和数字媒体技术实现营销目标的商务活动，是互联网时代、信息化社会的必然产物。从企业的角度来讲，网络营销已经成了企业整体营销体系中不可缺少的一个组成部分，是企业实现总经营目标，攫取高额利润必须依赖的营销手段。

那么，企业营销人员、市场人员及与营销工作有关的其他人员该如何正确和全面地认识网络营销呢？具体可从广义和狭义两个层面来认识，如图 1-2 所示。

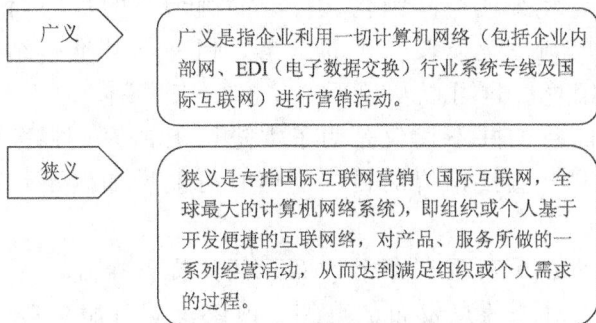

广义　广义是指企业利用一切计算机网络（包括企业内部网、EDI（电子数据交换）行业系统专线及国际互联网）进行营销活动。

狭义　狭义是专指国际互联网营销（国际互联网，全球最大的计算机网络系统），即组织或个人基于开发便捷的互联网络，对产品、服务所做的一系列经营活动，从而达到满足组织或个人需求的过程。

图 1-2　网络营销的概念

在长期实践的基础上，业界认为，所谓的网络营销，是以互联网尤其是移动互联网为基础，利用网络媒体、社交平台的交互性，来辅助企业实现营销目标的一种方式。换句话说，网络营销就是以互联网为主要手段而开展的一系列营销活动。为了更好地理解网络营销概念，可以将其内涵分为两个部分。

第一部分，满足两个条件：拥有互联网技术，构建互联网平台。这两个条件是开展网络营销的前提。

第二部分，以企业实际经营为背景，以网络营销实践应用为基础。互联网技术和平台是硬件，企业经营实践是软件。光有硬件，软件不达标也无法更好地完成网络营销。

值得提醒的是，这只是网络营销概念中的两个主要内容，并不能完整地代表其定义。由于受新环境的影响各种网络营销模式不断发展变化，新模式不断出现，并且涉及多个学科的知识，因此一直没有一个公认的、完善的定义。具体什么是网络营销，其实自它诞生之日起就没有一个确切的描述，大多数人所知道的基本上都是源于一些企业管理者的实践总结。

对于网络营销，不同的人有不同的理解，不同的人有不同的做法，不同版本的网络营销定义必然存在细微差异，我们需要做的就是把握大框架，领会其精髓，不要盲目去做、步入误区即可。

人们在不同时期，从不同的角度对网络营销的认识也有一定的差异。编者在这里将这些差异性，或者可能存在的认识误区进行总结，并给予必要的说明。

1. 网络营销必须融入企业营销整个体系中，避免孤立存在

网络营销是企业整体营销战略的一个组成部分，网络营销活动不可能脱离一般营销环境而独立存在。在很多情况下网络营销理论是传统营销理论在互联网环境中的应用和发展。对于不同的企业，网络营销所处的地位有所不同。以经营网络服务产品为主的网络公司，会更加注重网络营销策略；而在传统的工商企业中，

网络营销通常只是处于辅助地位。

由此看出，企业应根据具体的应用环境而具有自身的特点，以及相对独立的理论和方法体系。

2．网络营销包括网上营销，但不等于网上销售

网络营销是为最终实现产品销售、提升品牌形象的目的而进行的活动。网上销售是网络营销发展到一定阶段产生的结果，但并不是唯一结果，因此网络营销本身并不等于网上销售。这可以从以下 3 个方面来区别。

（1）网络营销的目的并不仅仅是为了促进网上销售，很多情况下，网络营销活动不一定能实现网上直接销售的目的，但有可能增加网下销售量，以及消费者的忠诚度。

（2）网络营销的效果表现在多个方面，例如提升企业的品牌价值、加强与客户之间的沟通、拓展对外信息发布的渠道、改善消费者服务等。

（3）从网络营销的内容来看，网上销售也只是其中的一部分，并且不是必须具备的内容。许多企业网站根本不具备网上销售产品的条件，网站主要是作为企业发布产品信息和实现产品宣传的一个渠道。

3．网络营销不等于电子商务

网络营销和电子商务是一对紧密相关又具有明显区别的概念，两者很容易造成混淆。比如，企业建立了一个普通网站就认为是开展了电子商务，或者在网上销售商品就称为网络营销等，这些都是不确切的理解。

电子商务的内涵很广，核心在于"电子化交易"，强调的是交易方式和交易过程。而网络营销，是企业整体营销战略的一个组成部分，核心在于"营销"二字上，其作用主要表现在电子商务交易发生之前的环节，尤其是产品的线上宣传和推广阶段。而在后期的网上支付、商品配送，以及可能涉及的安全、法律等售后环节上参与其少。

电子商务与网络营销之间的关系如图 1-3 所示。

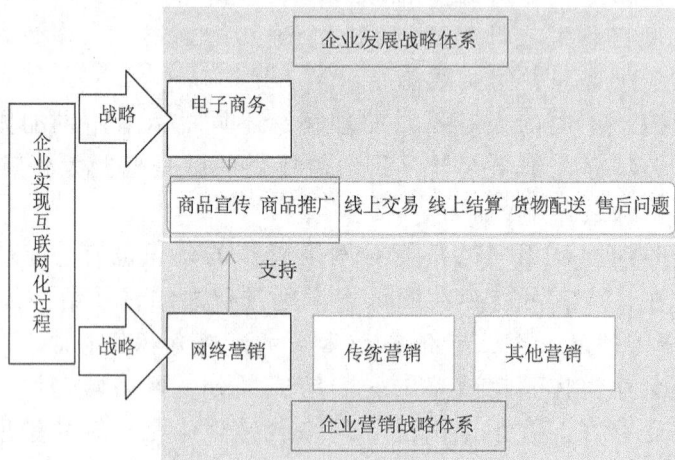

图 1-3　电子商务与网络营销之间的关系

可见，两者的共同之处在于都是基于互联网而开展业务，都是企业实现互联网化过程中的一个手段。不同之处是，网络营销只是电子商务其中的一个环节，网络营销本身不是一个完整的交易过程，只是为促成电子商务必不可少的一个阶段。

4. 网络营销是实实在在的，无法虚拟存在

1993 年美国著名杂志《纽约人》的一幅漫画（作者：彼得·斯坦纳）中有这样一句话："在互联网上，没有人知道你是一条狗"。这句话广为流传，目的就是以此来说明互联网的虚拟性，互联网的虚拟性似乎决定了网络营销也有虚拟的特性。其实不然，所有的网络营销手段都是实实在在的，而且比传统营销方法更容易把控。

例如，对消费者行为的跟踪了解，只要借助于网站访问统计软件，即可确切知道哪些人浏览过网站，来自什么地方（IP 地址），停留了多长时间，有多少用户点击了其中的链接，还可以确切地知道下订单者的详细资料。

掌握了这些信息，企业就可以进行有针对性的策划营销方案，甚至利用专门的服务工具，与访问者进行实时交流，直接展开营销。相反，传统营销很难做到这点，如在商场中搞现场促销，即使迎来熙熙攘攘的消费者，经营者也很难全面地掌握消费者的信息。

1.1.3　网络营销的发展历程

网络营销是随着互联网进入商业应用而产生的，尤其是万维网（www）、电子邮件（E-mail）、搜索引擎等得到广泛应用之后，网络营销的价值越来越明显。电子邮件诞生于 1971 年，但在互联网普及应用之前运用并不广泛，直到 1994 年才出现基于互联网的搜索引擎，如雅虎（Yahoo）、Webcrawler、Infoseek、Lycos 等。

网络营销的发展历程及标志性的事件，如图 1-4 所示。

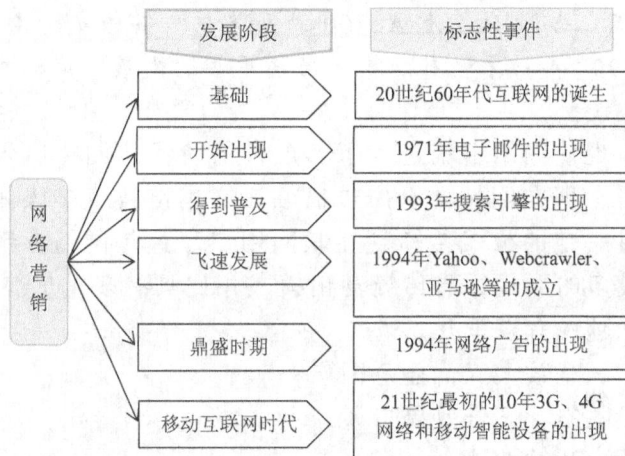

图 1-4　网络营销的发展历程

值得注意的是，在网络营销发展历程中有两大标志性的事件，一个是搜索引擎工具的大量兴起，另一个是网络广告的出现。

1994 年，搜索引擎的出现对促进网络营销的发展作用很大，使网络营销进入了一个新的时代。搜索引擎，是指用来自动搜集网页信息，经一定的整理后，可为用户提供信息查询的一个网络系统。那么，为什么要使用搜索引擎来搜索信息呢？搜索引擎产生的背景和必要性，主要是随着互联网技术的发展，网络上的信息越来越多，浩瀚万千，且毫无秩序性，一条条信息就像汪洋大海上的孤岛。搜索引擎就是连接这些小岛的桥梁，纵横交错，将各种信息连接在一起，并按照不同标准分门别类，方便用户使用，大大提高了信息的使用率。

搜索引擎的工作原理是从互联网各个网站提取信息，建立起数据库，并能检索与用户查询条件相匹配的记录，按一定的排列顺序返回结果。搜索引擎的出现，为网络营销大范围地实施提供了更多可能性，使企业信息、产品信息更容易被消费者搜索、使用。

与此同时，大批网络广告涌现出来，因此在搜索引擎大范围运用的第二年，即 1994 年 10 月，网络广告应运而生了，并开始被企业所运用。

阅读链接

网络广告的产生

1994 年 10 月 14 日是网络广告史上的里程碑，美国著名的 Hotwired 杂志推出了网络版的 Hotwired，并首次在网站上推出了网络广告，这立即吸引了 AT&T 等 14 个客户在其主页上发布广告。10 月 27 日，一个 468 像素×60 像素的 Banner 广告出现在页面上，标志着网络广告的正式诞生。更值得一提的是，当时的网络广告点击率高达 40%。

我国第一个商业性的网络广告出现在 1997 年 3 月，Intel 和 IBM 是国内最早在互联网上投放广告的广告主，传播网站是 Chinabyte，广告表现形式为 468 像素×60 像素的动画旗帜广告，IBM 为 AS400 的网络广告宣传支付了 3000 美元。中国网络广告一直到 1999 年初才稍有规模。历经多年的发展，网络广告行业经过数次洗礼已经慢慢走向成熟。

网络广告的出现使网络营销进入了实质性的阶段。网络广告，顾名思义就是在网络上做的广告，即在网站上以广告横幅、文本链接、多媒体等形式刊登或发布广告，而后通过一定的方式传递到互联网用户。这是网络营销的最初形式，也是运用最普遍、最多的形式，与传统营销模式相比具有多重优势。

网络广告的优越性有以下几点。

（1）覆盖面广、基数大、传播范围广；

（2）不受时间限制，广告效果持久；

（3）方式灵活、互动性强；

（4）可以分类检索，广告针对性强；

（5）制作简捷，广告费用低；

（6）可以准确地统计受众数量。

网络广告是实施现代营销媒体战略的重要部分，在网络营销方法体系中占据举足轻重的地位。

正是搜索引擎和网络广告的先后出现，1994 年被认为是网络营销发展最关键的一年。随着时代的发展，互联网技术的更新，及移动互联网、智能设备的出现，网络营销的理论越来越成熟，体系越来越完善，方式越来越多样化。除了搜索引擎营销、网络广告之外，还涌现出了很多新工具、新平台，见表 1-1。

表 1-1　　　　　　　　　　　　　网络营销常用的工具及平台

网络广告	网络视频	即时通信工具	博客、微博
搜索引擎	直播平台	社会化媒体	电子商务平台
构建网站	微信	微信公众平台	移动终端
网络社区	邮件	APP	O2O

1.1.4　网络营销的职能

网络营销在企业营销工作中扮演着重要的角色，对营销工作的开展起着十分深远的促进作用。那么网络营销是如何发挥这种促进作用的呢？换句话说就是网络营销的职能有哪些？通过总结发现，其职能大致可归纳为 5 个方面：发布信息、网上销售、网上服务、维护客户关系和提升品牌形象，具体如图 1-5所示。

为了更详细地了解以上 5 个职能，接下来将对每个职能进行详细阐述。

1. 发布产品信息，吸引更多关注

网络营销的基本思想就是通过各种互联网手段，将企业营销信息以高效的方式向目标用户、合作伙伴、公众等群体进行传递，因此，信息发布成为网络营销的基本职能之一。互联网为企业发布信息创造了优越的条件，不仅可以将信息发布在企业网站上，而且可以利用各种网络营销工具和网络服务商信息发布渠道向更大的范围传播信息。

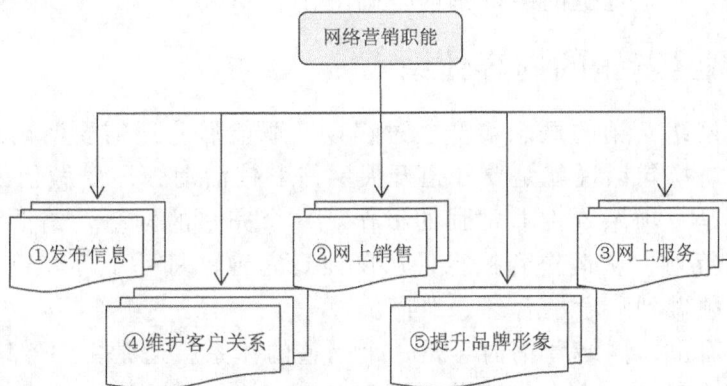

图 1-5　网络营销的职能

2. 促进产品销售，提高销量

市场营销的基本目的是为最终增加销量提供支持，网络营销也不例外，各种网络营销方法大多直接或间接地促进了销售。同时，还有许多有针对性的网上促销手段，这些促销方法并不限于对网上销售进行支持，事实上，网络营销对于促进线下销售同样很有价值，这也是一些没有开展网上销售业务的企业需要开展网络营销的原因。

3. 为消费者提供与销售有关的服务

互联网提供了更加方便的在线服务手段。从最简单的常见问题解答（FAQ），到电子邮件、邮件列表，以及在线论坛和各种即时信息服务等，这些服务具有成本低、效率高的优点，在提高企业的服务水平、降低服务费用方面具有显著的效果，同时也直接影响到网络营销的效果，因此，在线消费者服务已成为网络营销的基本组成内容。

4. 维护与客户的关系，为深度开发打基础

消费者关系对于开发消费者的长期价值具有至关重要的作用，以消费者关系为核心的营销方式成为企业创造和保持竞争优势的重要策略。网络营销为建立消费者关系、提高消费者满意度和忠诚度提供了更为有效的手段。增进消费者关系已成为网络营销取得长期效果的必要条件。

5. 树立品牌形象，扩大品牌曝光度

网络营销的重要任务之一就是在互联网上建立并推广企业的品牌，以及让企业的网下品牌在网上得以延伸和拓展。网络营销为企业利用互联网建立品牌形象提供了有利的条件，无论是大型企业还是中小企业都可以用适合自己企业的方式展现品牌形象。

尤其对于中小企业而言，由于它们经营资源的限制，发布新闻、投放广告、开展大规模促销活动等宣传机会比较少，因此，通过互联网手段进行品牌推广，扩大品牌的知名度和美誉度，意义显得更为重要，这也是中小企业对于网络营销更为热衷的主要原因。即使对于大型企业，网站推广也是非常必要的。事实上，许多大型企业虽然有较高的知名度，但网站访问量并不高。网站推广是网络营销最基本的职能之一，也是网络营销的基础工作。

1.1.5 网络营销的内容体系

在了解了网络营销的概念、产生过程以及职能后，还需要明确地知道网络营销的内容体系。换句话说就是要知道开展网络营销活动，需要做什么、如何做。

网络营销是一项系统性非常强的工作。一个完整的网络营销活动包括很多环节，从调查到策划，从运作到执行，从反馈到完善，每一个环节缺一不可，任何一个环节都必须做到科学、合理、严谨。

由此可以看出，网络营销内容是一个完整的体系，通常由 4 部分组成，分别为企业内部网络系统、企业管理信息系统、网络营销站点、组织与管理人员，具体如图 1-6 所示。

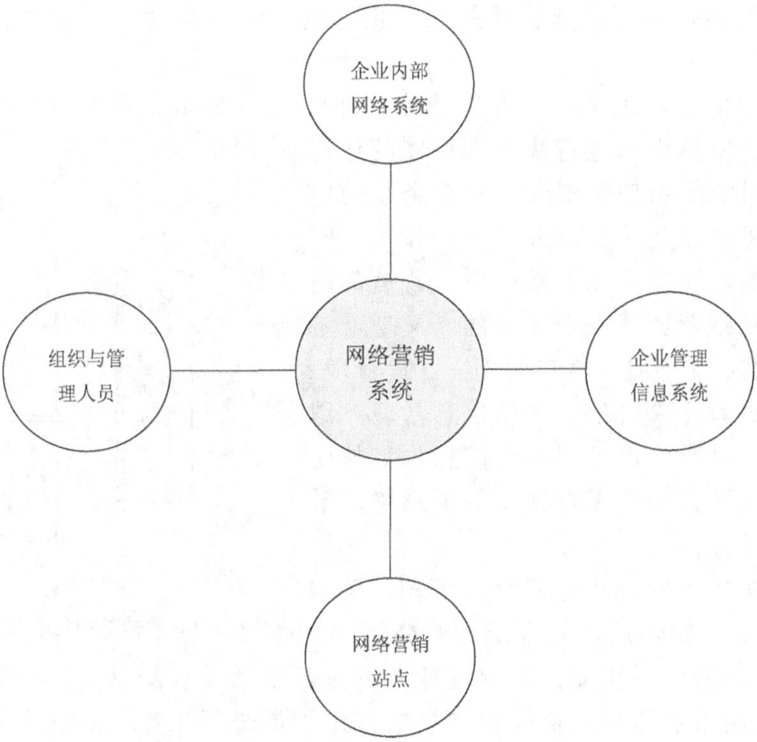

图 1-6　网络营销系统组成部分

1. 企业内部网络系统

构建企业内部网络系统是企业从事网络营销的基本条件和前提。根据覆盖范围，网络通常可分为局域网（LAN）和广域网（WAN）。局域网就是我们所说的企业内部网络。通过构建企业内部网络，一是可以方便企业与业务紧密的合作伙伴进行信息资源共享，二是防止信息泄密外部。不相关的人员和非工作人员必须经过授权才可进入企业内部网络系统。

当然，构建企业内部网络隔断了与外界的联系，也有其局限性。最佳的处理方式是，在内部控制的同时，适当通过外部调节扩大开放范围，在保证信息安全的前提下，实现信息资源最大限度的沟通和共享。

因此，企业在组建网络营销系统时，应该结合营销目标来进行。一般说来网络营销系统可以分为 3 个层次。

① 第一个层次：对于特别重要的战略合作伙伴，企业应允许他们进入企业的Intranet（企业内部网）系统直接访问有关信息；

② 第二个层次：对于与企业业务相关的合作单位，企业应该与他们共同建设Extranet（企业外部网）实现企业之间的信息共享；

③ 第三个层次：对普通的大众市场，若信息可以对外公开，则可以直接连接到 Internet（互联网），以此扩大大众的参与度。

2. 企业管理信息系统

一个功能完整的网络营销体系的基础是信息化，那么企业在构建自己的网络营销体系时就必须保证内部管理的信息化达到一定的程度，即建立企业管理信息系统。

企业管理信息系统是一个有机整体，在组织中发挥着收集、处理、存储和传送信息，以及支持组织进行决策和控制的作用。

根据不同的组织功能划分，一个企业的信息系统包括销售、制造、财务、会计和人力资源信息等系统。而在这几个部门中，营销部门信息化是与网络营销关联最紧密的，又是最基础的，其主要功能包括：客户管理、订货管理、库存管理、账款往来管理、产品信息管理、销售人员管理，以及与市场有关的信息收集与处理。每个功能又是一个相对独立的子系统，具体如图 1-7 所示。

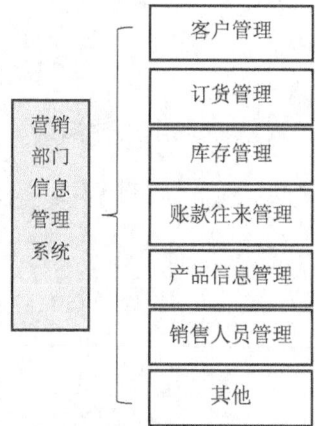

图 1-7　营销部门信息管理系统及子系统

每个功能的子管理信息系统又可划分为 4 个层次：操作层、知识层、管理层、策略层。

① 操作层管理系统支持日常管理人员对基本活动和交易进行跟踪和记录；

② 知识层系统用来支持知识和数据工作人员进行工作，帮助公司整理和提炼有用信息和知识，供上级进行管理和决策使用，主要解决的是结构化问题；

③ 管理层系统设计用来为中层经理的监督、控制、决策以及管理活动提供服务，主要解决半结构化问题；

④ 策略管理层，主要是根据外部环境和企业内部环境制订和规划长期发展方向。

3. 网络营销站点

网络营销站点是企业利用 Intranet 建设的，具有网络营销功能，能连接到 Internet 上的 WWW 站点。

凡是上网的人都知道 "WWW" 的重要性，要输入网址首先得打出这 3 个字母。这 3 个字母是英语 "World Wide Web" 首字母的缩写，在国内曾被译为环球网，现统称为万维网。

网络营销站点起着承上启下的作用，它是连接企业内部信息，及信息管理系统与消费者、市场外部需求信息的纽带。

可以说，这是企业由内部通向外部的主要途径：一方面它可以直接连接到互联网，通过网站将企业经营管理信息、产品信息，以及其他与企业有关的信息等进行公布，便于消费者、企业业务相关者及时了解，或直接交易。另一方面，它可以将市场需求信息传送到企业管理信息系统，便于企业管理信息系统根据市场变化组织经营管理活动。某种程度上网络营销站点就是市场信息和企业内部管理信息的桥梁。网络营销站点的作用具体如图 1-8 所示。

图 1-8　网络营销站点的桥梁作用

4. 组织与管理人员

在网络营销系统构建后，企业相关业务流程势必会发生改变。为适应这种变化，企业必须根据新需求进行革新、修改或重组，重新规划市场部门、营销部门的组织结构，重新设立营销管理人员、营销人员的岗位和工作目标。

在这个革新过程中，机构、岗位的调整必不可少。有些岗位需要撤销，有些岗位需要新设，如原来客户服务部中电话接线员就可以大大减少，因为大多数客户都可以直接通过网络营销系统获得帮助，人工咨询不再是唯一选择；网站设计、美工、维护方面的岗位就应该新增，这是做好网络营销工作的基本保证。网络营销体系框架如图 1-9 所示。

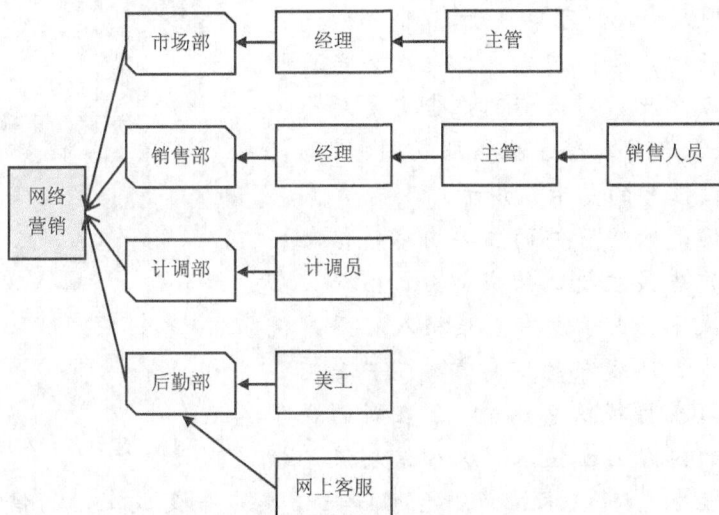

图 1-9　网络营销体系框架

问题与思考

1. 网络营销的基本概念仍沿用了传统的观点，新形势下网络营销理论、实践都已经发生了翻天覆地的变化，旧的观点有哪些漏洞？是否需要补充新元素，如果需要又该如何补充？结合自己的理解列出几条。

2. 根据相关资料或自己的实践，思考网络营销组织中各部门的主要职责、各部门相关人员的工作范围，并填写下表，见表 1-2。

表 1-2　　　　　　　　　　各部门相关人员工作范围

部　　门	职　　责
市场部	
销售部	
计调部	
后勤部	

1.2　我国网络营销的变化

案例导入

微信朋友圈广告功能的开通

2015 年 1 月 21 日，微信团队悄无声息地发了一条公告——开始测试朋友圈的广告功能。这一功能的开通可使企业广告信息直接呈现在万亿微信用户的朋友圈中。

公告发布后，迅速引起了业界的强烈关注，事隔 4 天，即 1 月 25 日，就有第一批广告上线，分别为宝马中国、vivo、可口可乐 3 个品牌。首批成为微信朋友圈广告的广告主，也成为当晚朋友圈热议的焦点。此后，类似的广告更是层出不穷，很多名牌企业都纷纷登录微信朋友圈，图 1-10 所示为中国建设银行的龙卡信用卡。

信息，永远是网络营销的主要内容，信息流广告也是网络广告最主要的组成部分。然而，在传统的推广方式中，由于没有直接植入在用户视觉焦点内容之中，所发布的信息常被用户忽略，甚至被当作垃圾或骚扰信息删除。但在新的媒介中，利用先进的内容匹配技术，这种信息流广告

图 1-10　建设银行在朋友圈投放的广告

又重新焕发了生机。新技术、新平台可以把信息广告变成有用的信息，微信朋友圈广告采用了 Feed 信息流广告，与平常能够看到的朋友圈原创形式相似。广告由

文字、图片信息共同构成，用户可以点赞或者评论，看到朋友们给出的评论，并形成互动。

总结

其实，类似的信息推广方式并不是创新的产品，在国外 Facebook、Twitter，及 QQ 空间都已经有过类似的产品。微信朋友圈作为当今移动互联网的第一流量入口，显然不能放过这块肥肉。微信团队这一举措，倒是可能触发原生广告市场的普及化，在广告主和平台服务商的合作下建立起全新的移动互联网广告生态圈。

思考

微信朋友圈功能的开通预示着网络营销中的信息展示方式将向什么方向发展？

1.2.1　概述

随着互联网运用的日益普及和移动互联网的出现，我国的网络营销发生了重大的变化。本节重在阐述网络营销在我国的发展情况，以及在新形势下发生的变化。主要内容包括网络营销在我国的发展阶段、发展趋势和前景。通过本节的学习，读者可对我国网络营销的概况有个整体认识。

1.2.2　我国网络营销的发展阶段

随着竞争日趋激烈，网络营销的变化越来越快，从最初的 4P 理论，即以消费者需求为导向提出的营销理论的诞生，到 4R 理论重在建立消费者忠诚度的衍生，再到 USP（Unique Selling Proposition）理论，挖掘独特的销售主张、卖点，最后再到博客、微博、视频、论坛、自媒体等网络媒介，网络营销的形式一直处在不断发展变化之中。营销形式的改变必然会带来市场形势的变化，微博、网络视频以及 APP、微信等的大范围运用，必将对未来的网络营销产生冲击。

如果从 1971 年第一封电子邮件诞生算起，至今已有 47 年，但社会在进步，市场需求、客户需求在不断发生变化，网络营销的形式也发生了很多变化。

从早期的电话订货到网上订货，从现金结算到网上支付，从物流中转站到物流大配送，再到如今已然成型的网上配货，网络营销已经为客户订货、结算提供了最大限度的快捷和便利。

我国网络营销起步较晚。直到 1997 年前后，我国一些企业才开始尝试运用网络营销手段，是以一批商业性网络广告网站、搜索引擎网站的诞生为标志的，如专业 IT 资讯网站 ChinaByte 网站、瀛海威全国大网、首家网络杂志发行商——索易等。

我国第一个商业性网络广告是 1997 年 3 月出现于 ChinaByte 网站上的一则 Intel 广告。这个广告所采用的是旗帜广告表现形式，清晰度极低只有 468 像素 × 60 像素，如图 1-11 所示。

我国的网络营销尽管起步较晚，但发展迅速。得益于政府的大力支持和引导，互联网技术的成熟，1997 年后的，几年时间网络营销就被大众认知和接受，直到现在成为任何一个企业都离不开的营销手段。

图 1-11 我国第一则商业性网络广告

从我国网络营销发展的时间历程来看，大致可分为 4 个阶段，具体如下。

第一阶段：1994—1996 年

该阶段属于互联网发展的混沌期，用户总量不足 30 万人，互联网代表产品以门户网站、早期 BBS（电子公告牌系统）为主。该阶段的起点是 1995 年中关村大街上那家叫作"瀛海威"的公司的出现。对于老网民和互联网圈内人士们而言大概永远也忘不了，当时瀛海威那个经典无比的广告——"中国人离信息高速公路还有多远？向北 1500 米。"

这个时期互联网对大多数人最大的吸引力还是"信息"，即通过互联网这个新渠道，获取更多、更新的信息。同时，围绕着"信息"的获取和消费也诞生了最早的两种产品形态：一个是门户网站，另一个是 BBS。这一时期集中出现的有新浪、搜狐、网易，而后者的代表门户网站有天涯、猫扑、西祠以及各大门户网站下属的 BBS 论坛。这些也成为早期网络营销的主要工具。

第二阶段：1997—1999 年

该阶段以网络广告、E-mail 营销为主，一批广告网站、搜索引擎网站诞生，为企业网络服务，如企业广告宣传、域名注册、用户信息搜索等提供了最基本的网络工具。

阅读链接

我国早期网络营销标志性的事件

1997 年 2 月，我国专业信息技术资讯网站 ChinaByte 正式开通免费新闻邮件服务，自此为后续的邮件营销提供了可能。

1997 年 11 月，国内首家专业的网络杂志发行商"索易"开始提供第一份免费网络杂志，到 1998 年 12 月，获得第一个邮件赞助商，这标志着我国专业 E-mail 营销服务的诞生。

1999 年 7 月，中华网在纳斯达克首发上市，这是在美国上市的中国概念网络公司股。

1999 年 9 月，招商银行率先在国内全面启动"一网通"网上银行服务，建立了由网上企业银行、网上个人银行、网上支付、网上证券及网上商城为核心的网络银行服务体系，成为国内首先实现全国联通"网上银行"的商业银行。

第三阶段：2000—2008 年

该阶段是互联网大范围应用和发展的阶段，此时网络营销体系已经初步形成，企业网站建设迅速发展，网络广告不断创新，营销工具与手段不断涌现和发展，电子商务新兴商业模式正在走向主流。这个阶段的网络营销，很难再用时间节点上的标志性事件去一一列举，用"雨后春笋"来形容这时期网络营销的发展一点也不为过。

2000 年是网络营销大爆发的一年，新浪、网易、搜狐——三大门户网站相继在美国纳斯达克上市，掀起了中国互联网投资大潮，中国网民也从最初的 100 万上升到 2000 万。在这个阶段，网络营销发展如火如荼。利用搜索引擎进行在线推广成为网络营销推广的基本手段，甚至曾经一度被认为是网络营销的核心内容。需要说明的是，搜索引擎策略之所以得到广泛应用，其中一个重要的原因就是用户登录网站是免费的，搜索引擎成为网络营销专业服务的重要业务内容。

后续出现的付费搜索引擎阶段的典型代表就是百度竞价排名（它是一种按效果付费的网络推广方式），以及谷歌关键词广告（它一般出现在搜索结果的右侧，并且在关键词广告中标注了"赞助商链接"）。

这一时期，还陆续出现了几件对网络营销日后发展有深远影响的大事，包括BBS 和论坛进入黄金发展期，网络聊天室兴起，QQ 的出现，电商的诞生。

阅读链接

QQ 的诞生

QQ 的出现是中国互联网发展史上划时代的事件，QQ 原来叫 OICQ，于 1999 年 2 月上线，主打业务是即时在线聊天。

QQ 的这种定位在某种意义上是其走红的主要原因，因为当时网民们在开始使用互联网之初，最大的需求就是"希望找到某种方式来排解自己的空虚、孤独和寂寞"。于是，除了更加成熟的各大论坛、门户、BBS 和聊天室之外，这一款可即时聊天的工具迎合了大多数人的社交需求。

与 QQ 一样，电商也是在这一时期开始出现的，电商是电子商务的简称，是一个能够直接产生交易和支付行为的业务。在电商领域内除了简单的网络推广，更是出现了一些与其他互联网领域完全不同的工作内容。

阅读链接

网络营销带动电商的出现

1999 年，阿里巴巴成立，通过 B2B 切入到电商领域，不到半年公司已经能提供来自全球 178 个国家和地区的商业信息。

1999 年年底，当当网成立，开辟网络图书销售平台。

2000 年，雷军参与创办的"卓越网"上线开始运营。

2003 年 5 月，阿里旗下的"淘宝网"上线，并在当年年底推出了第三方支付工具"支付宝"，当年即完成 3400 万元成交额，并渐渐发展成为国内最大电商网站。

电子商务是网络营销的高级阶段。一个企业，无论传统企业还是基于互联网开展业务的企业，如果开展了电子商务，业务就可以将线上线下全面打通，抢占更大的市场份额。

第四阶段：2009 年至今

这一阶段是互联网高速发展的阶段，与此同时互联网上的商机也终于涌现，最典型的事件就是互联网营销的大范围出现。尤其是 2014 年后，出现了移动互联网营销，它与传统的网络营销并驾齐驱，借助短信、微博、微信、二维码、手机多媒体、手机应用商店、手机 APP、移动广告联盟以及后来发展起来的微商、O2O 电商体系进行了网络营销信息、营销方式和营销思路的创新。由于移动互联网营销具备了更强的互动性、精准性和可数据化的优势，使产业价值链得以更好的调整和完善。

移动互联网的发展催生了一个新的互联网现象——微商。微商本质上就是移动电商或者社群电商，狭义上仅仅指在微博、微信以及其他自媒体上卖货的商家。如一些微博红人利用自己的粉丝群来做生意，卖一些好玩、有趣的产品，如化妆品和面膜等；老罗、鹅娘等自媒体红人利用视频节目拉社群，在公众号里开微店也是一种微商。

互联网发展的新形势已经对网络营销形成了较大的冲击，并直接影响着企业未来进行营销的方式。对于企业而言，面对不断变化的形势需要做的是以不变应万变，抓住网络营销的精髓，转变思维，在现有基础上拓展移动营销，给客户提供更好的购买服务和体验。

1.2.3　我国网络营销的发展趋势和前景

2014 年被誉为网络营销发展历程中一个分界线，在这之前的网络营销处于传统阶段，主要是以技术创新和获取流量为主。最早依靠流量实现盈利的是新浪网。而 2014 年之后，技术、流量的重要性逐渐淡化，企业开展网络营销不再注重产品如何发布，通过什么渠道发布，更不提倡铺天盖地的网络广告，而是通过品牌打造、粉丝参与营造一种更好的心理体验、参与感等。

我们可以先通过几个例子来看看网络营销在发展过程中呈现出的变化。

案例

1998 年世界杯期间，新浪网以 24 小时滚动播出新闻形式吸引了大量网友，并借此获得了 18 万元广告收益——这就是一个互联网史上典型的"流量变现"案例。

当大多数企业开始意识到"原来互联网也能挣到钱",并且开始有人理解到"网站的点击量和访问量是决定一个网站价值的关键",于是"流量"开始作为一个标准术语登上舞台,大家逐渐开始知道"做互联网就必须要把流量做大"。

案例

案例 1:一个毫无餐饮行业经验的人开了一家餐馆,花了 500 万元买断中国香港食神戴龙牛腩配方。餐馆只有 12 道菜,每双筷子都是定制、全新的,客人吃完饭还可以带筷子回家。仅两个月时间,该餐馆就实现了所在商场餐厅评效第一名,估值 4 亿元人民币,这家餐馆就是雕爷牛腩。

案例 2:一个淘品牌于 2012 年 6 月在天猫上线,65 天后成为中国网络坚果销售第一名。2012 年"双十一"创造了日销售 766 万元的奇迹,名列中国电商食品类第一名,2013 年 1 月单月销售额超过 2200 万元;经过一年多时间,该品牌累计销售过亿,并再次获得 IDG 公司 600 万美元投资,这个品牌就是三只松鼠。

案例 3:小米 2011 年的销售额为 5 亿元,2012 年的销售额达到 126 亿元,2013 年销售额突破 300 亿元。在新一轮融资中,小米估值达 100 亿美元,位列国内互联网公司第 4 名。

这些例子中的企业虽然都是依靠互联网在盈利,但其方式有所不同:新浪网主要靠的是流量,而后面 3 个例子,主要依靠品牌影响力和粉丝忠诚度。

雕爷每天花大量时间盯着针对菜品和服务不满的声音。开业前烧掉 1000 万元进行了半年封闭性测试,期间邀请各路明星、达人免费试吃。三只松鼠不仅带有品牌卡通形象的包裹,还会附赠开箱器、快递大哥寄语、坚果包装袋、封口夹、垃圾袋、传递品牌理念的微杂志、卡通钥匙链、湿巾等。他们为什么这么做,背后的商业逻辑是什么?答案很简单,其实就是在做品牌和粉丝。成功的关键在于思维的转变,要善于运用互联网新思维去思考问题。因为如今的网络营销与 2014 年之前的相比,呈现出了很多新特点,尤其是在对待消费者的思维上产生了颠覆性的转变。

新时期网络营销的新特点体现了网络营销的粉丝思维和生态思维,尽管仍是以互联网为技术基础,但连接的不仅仅是计算机和其他智能设备,而是建立了企业与用户及公众的连接,以用户关系网络的价值体系为基础设计的网络营销战略。

从网络营销的思维模式方面,大致经历了 4 个层次:技术思维(2000 年前)、流量思维(2000—2009 年)、粉丝思维(2010—2014 年)、生态思维(2015 年后),如图 1-12 所示。

在后两种思维模式下,一切以打造"以人为主"的生态圈为最高宗旨。网络营销的核心在于关注用户价值,在吸引粉丝关注的基础上,进一步建立用户与用户之间、用户与企业之间的价值关系网络,将创造客户价值作为网络营销的出发点和落脚点。

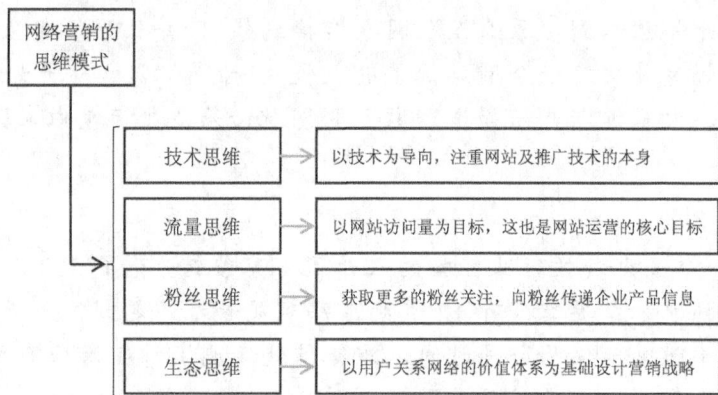

图 1-12　网络营销的 4 种思维模式

乐视跨界造车曾引起了业界的瞩目。CEO 贾跃亭曾发微博称"移动互联网时代，汽车产业面临一场巨大革命。潜行一年的 SEE 计划复制乐视生态垂直整合的成功模式重新定义汽车，通过完全自主研发，打造最好的互联网智能电动汽车，建立汽车互联网生态系统，使中国汽车产业弯道超越欧美日韩这些传统巨头。"

无独有偶，2015 年年初，易到用车联合奇瑞汽车、博泰集团成立合资公司易奇泰行。在合资公司的基础上，三方将启动互联网智能共享汽车计划，打造全球第一款全新跨界、全新理念、全新商业模式"为共享而生"的职能电动汽车——易奇汽车 by iVokaOS。

可见，无论是乐视还是易到，跨界经营的逻辑都是构建以内容和服务为核心的互联网生态系统。如对于乐视而言，汽车就是一个智能终端，可以和乐视其他平台建立共享和关联；而对易到而言，则可突破打车软件的平台限制，一步步从车辆共享、自建汽车租赁公司，向"车"这条产业链的上游移动，打造自己在汽车行业的完整生态链。

可以预见，未来的网络营销核心是人，走的是以用户价值为中心的生态模式。在这个模式中，一切以人为出发点，人是网络营销的核心，而网络技术、设备、程序或网页内容则退到辅助性的地位。网络营销也不再单纯地以入口、流量为目标，而必须打造一个以客户为核心的价值关系网络，强调消费者价值。

问题与思考

以 2014 年为界限，网络营销呈现出两种截然不同的模式，一个偏传统，另一个是创新性的。这两种模式存在着哪些区别和联系？对于企业而言，如何做好传统网络营销向新型网络营销的过渡？

第2章
背景|网络营销发展的条件日益成熟

导语

　　网络营销发展是受客观环境限制的。不同的时代，网络营销的形式不同，其发展程度也不同。我国的网络营销自从20世纪90年代中期兴起后经历了多个阶段。近些年来，随着互联网，尤其是移动互联网的发展和技术更新，大批新型互联网企业涌现，网民数量大大增加，这些都为企业进行新的网络营销提供了良好的外部环境和客观条件。

2.1　技术更新——技术是互联网发展的源动力

案例导入

爱奇艺用技术提升视频价值

　　爱奇艺曾推出一款名为"Video in"的视频动态广告植入技术，该技术能够在已经拍摄完成或播出中的视频中，再造原生广告情景，实现广告和剧情的融合。植入式广告将不再受影视拍摄周期限制，广告主能够随时将自己的产品放进视频中。

　　2015年2月5日，爱奇艺宣布视链升级版"Video out"技术正式投入商用。该技术能够通过智能算法，对视频内物品进行快速精准识别，并导向购买的规模化操作。数据显示，"Video out"商品广告点击率与传统广告相比提升十余倍，如图2-1所示。

图2-1　"Video out"广告展示

无论是"Video in"还是"Video out"，都属于视频营销技术的一次重大革新。"Video in"视频动态广告植入技术的推出是对广告植入这一营销形式的一次革命性颠覆。而"Video out"则真正实现了从技术上"视频内物品所见即所买"的梦想，依托其独特的视频识别算法，让视频内容与购买无缝连接，使视频不再是单纯的娱乐工具，成为消费者获得购物信息的重要渠道。

总结

新形势下网络营销环境的最显著变化是智能化、技术化，表现为营销设备的智能化、营销渠道的多元化、营销方法的人性化、网络营销资源与社会关系的交叉运用等。

思考

华为通过技术革新，创造云服务体系——Cloud+实现新型的网络营销，讨论网络技术对互联网营销的促进作用体现在哪些方面。

2.1.1　概述

网络对技术的依赖性特别大，网络营销正是基于技术的不断进步和创新才得以快速发展。本节重在分析网络新技术的发展和应用，及其对网络营销的影响。尤其是4G网络和移动终端设备的出现，在网络营销发展历程中具有里程碑使的意义，这部分内容是本节学习的重中之重。

2.1.2　4G网络技术的普及和应用

网络技术是20世纪90年代中期发展起来的新技术，它把互联网上分散的资源融为有机整体，实现资源的全面共享和有机协作，使人们能够透明地使用资源的整体能力并按需获取信息。资源包括高性能计算机、存储资源、数据资源、信息资源、知识资源、专家资源、大型数据库、网络、传感器等。

网络营销依赖于强大的技术支持，现如今的网络技术日新月异，从而使互联网在人们生产生活中的运用更广泛、更深入。有很多新技术正逐步转向商业领域，如大数据挖掘、云计算、物联网、智能光网络、4G网络、VR/AR、人工智能等。这些新技术和过去的科技有关联，但又非常不一样，是一次革命式的技术科技革新。

在这些新技术中，对网络营销影响最大的是4G网络的出现。随着数据通信与多媒体业务的发展，适应移动数据、移动计算及移动多媒体运作需要的第四代移动通信开始兴起。这项技术的普及开启了网络营销崭新的阶段。4G网络比以往的3G、2G网络容量更大、体验性更好、速度更快。同时，因其拥有超高的数据传输速度，被中国物联网校企联盟誉为机器之间当之无愧的"高速对话"。

从营销方面看，4G技术无疑推动了手机、iPad、计算机等能支持无限网络的电子设备的发展。随着科技的进步，信息传播的范围越来越广，速度也是越来越快。以前想了解一条新闻只能通过报纸和电视。现在了解新闻还可以通过微博、微信等新媒体。4G时代的到来对于很多商家来说既是机遇又是挑战，4G网络给一些懂得掌握商机的企业带来更好的效益，同时也挑战着许多老的传播方式。

扫一扫延伸阅读　影响未来十年的 10 项互联网新技术

http://www.csdn.net/article/2011-12-02/308440

技术革新将帮助改进网络营销的现状，促进企业营销的发展，构造地区性的网络、企业内部网络、局域网网络，甚至个人网络等。技术革新对渠道、口碑、消费者地位提升方面的影响更大。

那么，网络新技术是如何影响网络营销进程的呢？对网络营销的影响主要体现在哪些方面？具体有以下两点。

1. 促使营销形式发生转变

营销形式是随着网络技术的不断进步而改变的。在互联网发展初期，即 Web1.0 时代的营销方式主要是网站营销、电子邮件营销和搜索引擎营销。而到了 Web2.0 时代，由于 Ajax 等技术的应用，网络具有了交互性，如论坛、博客、视频的出现，实现了网站与用户、用户与用户的双向互动交流，用户不再单纯地被动接受信息。

如今互联网已进入 Web3.0 时代，突出了人机互动的及时性、便捷性。移动智能、关联数据、语义网络构建等技术，促使人和网络、网络和人之间的互动更加高效便捷。Web3.0 时代的网络技术革新最大的特点是可使信息快速、大范围地传播，催生了很多新的品牌塑造、信息传递形式。比如，一些互联网新兴企业、明星企业完全借助互联网新技术在一夜之间崛起，被大众所认知。

网络技术在不同发展阶段表现出来的特征如图 2-2 所示。

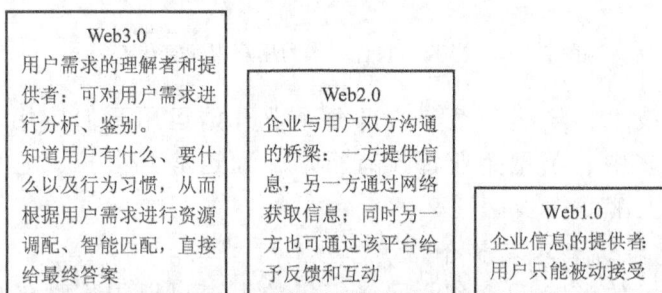

Web3.0
用户需求的理解者和提供者：可对用户需求进行分析、鉴别。
知道用户有什么、要什么以及行为习惯，从而根据用户需求进行资源调配、智能匹配，直接给最终答案

Web2.0
企业与用户双方沟通的桥梁：一方提供信息，另一方通过网络获取信息；同时另一方也可通过该平台给予反馈和互动

Web1.0
企业信息的提供者；用户只能被动接受

图 2-2　网络技术在不同阶段的特征

Papi 酱、艾克里里的走红，主要就是靠一种新的传播媒介——短视频，而短视频就是一种网络新技术。这种传播方式的最大特点就是"短、快、精"，便于大众随时随地参与，随意性好，同时传播渠道多样化，可在 PC、手机、摄像头、DV、DC、MP4 等多种视频终端摄录或播放。

2016年微信短视频新功能

2016年12月2日，微信新版本更新了一项新功能——可在朋友圈分享视频。视频可以是即时录制的，也可以是已经拍摄好保存在个人相册中的。视频拍摄时间也由最初的6秒延长到10秒。这个功能的推出似乎在预示着微信再次发力"短视频+社交"，向朋友圈短视频生态化、社交化广告大市场进军。

为了取得更好的宣传效果、市场影响力，一些大型企业、知名企业都喜欢通过电视广告宣传自己。但在网络技术越来越发达的今天，企业也开始寻求转变，将眼光投向灵活性更好的微信短视频。企图借助新媒体营销满足自身的需求，如麦当劳、联合利华等知名企业，如图2-3所示。

图2-3 麦当劳、联合利华利用短视频宣传产品

对于网络新技术，虽然已经有一部分企业开始运用，但应用范围明显还不够广泛，尤其是很多中、小型企业都没有行动，而这势必会拉大它们与先行者的差距，在网络营销上落后一步。

2. 促使营销渠道大跨度整合

在网络新技术的影响下，企业网络销售的渠道可以很好地连成一个整体。互联网的功能就是互联互通，打破信息孤岛。以往主渠道与二级渠道、线上渠道与线下渠道可能是相对独立的，各自运作，互不冲突。随着互联网技术的运用，渠道之间就可以实现互通有无、资源的合理配置和高效使用，而且技术的进步与发展，有利于渠道的发展。也就是说，网络技术会促使营销渠道的整合。

如依靠互联网起家的三只松鼠、良品铺子等，除了自建平台外，还以网店入驻的形式充分地利用了电商平台渠道。如三只松鼠的官网只能展示信息，而不能支付。良品铺子官网有下单功能，但单独使用也基本没有太大作用。但他们都选择入驻天猫，从而大大提升了客户购物体验，提高了销量。

可见，这种整合对企业网络营销体系的构建和完善十分重要，因此企业必须善于运用新技术，加快网络渠道的整合。不过值得一提的是，这对传统企业来说却不容易，因为传统企业往往有着遍布各地的经销商和多级代理，渠道复杂，即使想转变也会面临一定的困难。相比之下，与互联网有着千丝万缕关系且渠道相对单一的互联网新型企业转型要容易得多。

正是互联网技术的成熟，如技术人员的增加、网速的提升和移动互联网的发展，以及相关配套设施的进步（表现在物流的提升、金融支付的发展和国家政策的改变），互联网的优势才能得以凸显，深入到各领域。

2.1.3　移动智能终端的完善和成熟

走在大街上，想查询某条街名？坐在公交车内，想了解终点站有哪些好玩的？约朋友出行想知道附近有哪些适合约会的饭店？众多类似的情况，让用户对"移动"的搜索需求越来越大。移动互联网、智能手机的出现，让以往只能在 PC 端上连接网络才能实现的功能，都在"移动"中一一实现。因此，搜索功能就成为了移动互联网和智能手机的一个主要协作功能。

如今移动互联网用户已经呈爆发性的增长，成为搜索领域不可忽视的力量。"移动改变搜索方式"，搜索引擎已经逐渐在"移动"起来。越来越多的消费者正在告别以往传统的 PC 端消费，转向使用智能手机、平板电脑等移动智能终端消费伴随着移动互联网的快速发展，移动智能设备厂家、运营商等多方推动下的移动智能终端正在迅猛发展，尤其是智能手机的出现为企业提供了一个更加方便快捷的营销条件。

案例

2016 年 12 月 20 日，中国移动全球合作伙伴大会在广州开幕，一年一度的全球开发者大会是中国移动能力的集中展示。会上中国移动董事长尚冰表示，截至 2016 年 1 月底，中国移动 4G 用户已突破 5.1 亿户，4G 基站提前一个月完成 146 万个的建设规模。

会上尚冰进一步指出，中国移动 4G 用户数占国内份额近 7 成。从全球来看，每 3 个 4G 用户中便有一个是中国移动用户。中国移动 4G 用户目前的 DOU（用户月均流量消费额）超过 1G。

终端方面，中国移动社会渠道规模接近 70 万个，预计 2016 年终端销售将达到 4 亿部。在 VoLTE 方面，到 2016 年年底，VoLTE（Voice over LTE）将覆盖 300 多个城市，发展用户 3000 万，VoLTE/CA 终端将达 1 亿部。

除了在固有的移动市场继续领先外，中国移动的宽带、政企、物联网业务也取得了不俗的成绩。据尚冰透露，2016 年 1 月—11 月，中国移动宽带用户净增 1986 万户，总数达 7352 万户，20M 宽带占比超过 70%。物联网用户也超过 9100 万户，已建成全球最大物联网专网。

如果没有智能手机、移动终端的普及，微博、QQ 等社交工具只能固守 PC 端，微信和其他各种 APP 也只能停留在设想阶段。现如今，传统网络营销正在被智能移动设备的快速增长所改变。随着我国移动网络覆盖系统的日趋完善，手机、平板电脑用户的增多，用户碎片时间消费习惯的养成，这一趋势还会得到更进一步的体现。每年来自移动端市场的营业额将会长期维持在一个比较高的水平。

移动端也就成为网络营销的一个重要入口，各大传统企业、电商企业都在纷纷抢占移动端市场。图 2-4 所示为 2010—2016 年我国消费者在移动端的消费额占总销售额的比例。

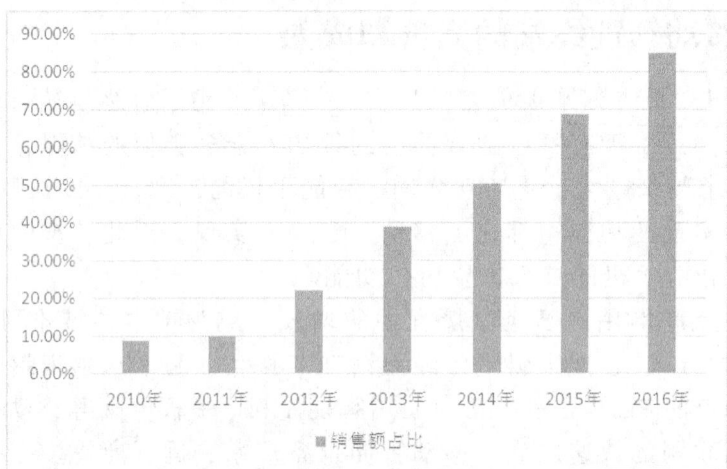

图 2-4　2010—2016 年移动端购物营业额占总销售额的比例

从图 2-4 中可以看出，2013 年移动购物在移动互联网市场规模中的占比为 38.9%，并且在接下来 3 年继续扩大，2016 年占比达到 98.0% 以上。

可见，移动互联网营销将成为企业网络营销最主要的方式。打通 PC 端、移动端双线渠道也将成为企业构建网络营销体系的主要目标。如今有很多企业纷纷开发属于自己的手机 APP，例如苏宁、华为、小米、乐视、京东、中国购、凡客诚品、麦当劳、肯德基等，如图 2-5 所示。

在智能手机日益普及的情况下，当移动互联网影响着人们衣食住行的时候，人们将毫无疑问地选择"指尖"下的消费，涉及订餐、购物、娱乐、社交等活动。

不过，网络营销对移动智能终端的依赖性只是网络营销体系的一个方面，而不是全部。一个完整的网络营销体系需要在多种软硬件的共同作用下才能趋

图 2-5　各个企业的 APP 下载页面

于完美。除了网络技术、智能设备之外，还需要很多辅助技术。比如信息的传递，新闻门户网站的建立，即时通信的发明、物流的快速发展等。

问题与思考

1. 在网络营销的不同发展阶段，出现了哪些网络技术？分别对当时的网络营销产生了哪些影响？这些技术对现时代的网络营销还是否有意义？

2. 重点阐述 4G 网络对网络营销的促进作用，主要体现在哪些方面？

2.2　互联网企业——网络营销最直接的推动者

案例导入

2016 中国互联网年度最佳雇主

2016 年 12 月 29 日，拉勾网发起的 "2016 中国互联网年度最佳雇主" 颁奖典礼在北京举行。红圈营销凭借高成长性的人才发展平台和具有竞争力的薪酬福利体系，当选 "2016 中国互联网企业服务领域最佳雇主"。

红圈营销是一家新型的互联网企业，成立于2009 年，旨在帮助中国企业解决销售管理难题，它的网页如图 2-6 所示。

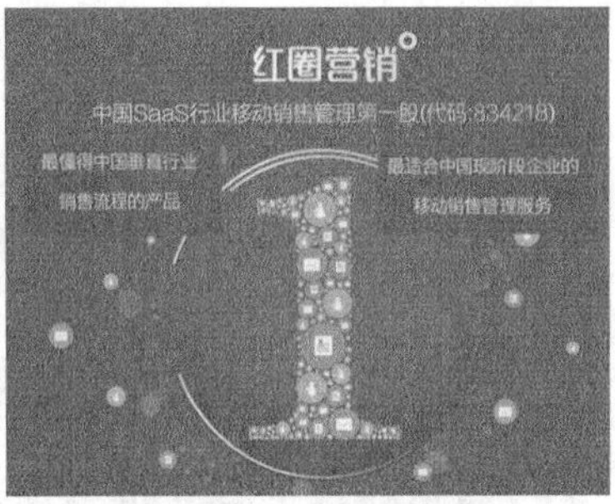

图 2-6　红圈营销页面

截至 2016 年年底，红圈营销先后服务过 6 万多家企业，成为国内企业级移动销售管理云服务领导品牌。2015 年底，红圈营销在业内率先挂牌新三板（834218），目前市值超过 45 亿元，在创新型企业中排名第 28 位。

鉴于红圈营销对业界的贡献，由 100 余家互联网权威媒体、机构以及 50 位行业核心 KOL 组建的大会评选委员会，根据参选公司的发展前景、薪资福利、成长空间、拉勾网企业数据以及网络投票综合评估结果，最终将这一称号颁给了红圈营销。据悉，获奖名单中还有腾讯、爱奇艺、今日头条、网易、斗鱼直播等互联网企业。

总结

尽管这个评选并不是特别权威，认可度并不是特别高，但至少表明互联网企业在近几年的网络营销中所发挥的作用功不可没。通过大会的评选，褒奖互联网行业中杰出的品牌企业可大大促进行业的良性发展，为网络营销提供强有力的支撑。

思考

红圈营销的服务主要包括哪些？具体是如何表现在营销上？

2.2.1 概述

互联网企业是互联网时代最主要的一类新型企业，包括综合门户网站、电子商务平台、服务提供商等多种类型。本节主要阐述互联网企业常见的类型，以及它们在网络营销中所扮演的角色和发挥的作用。

2.2.2 互联网企业的类型

互联网企业是网络营销生存和发展的基础和必要条件，是网络营销发展最有力的推动者。正是有了大量互联网企业的谋划和运作，网络营销才如此发达，发展如此之快。那么什么是互联网企业？互联网企业又有哪些类型呢？

互联网企业泛指以网络为基础进行经营活动的向市场提供商品或服务，实行自主经营、自负盈亏、独立核算的法人或其他社会经济组织，如综合门户网站类、搜索引擎类、电子商务平台类、即时通信工具类的企业等。

1. 综合门户类网站

综合门户网站是最具有代表性，也是最早形成的互联网企业。它们主要提供新闻、搜索引擎、免费邮箱、影音资讯、电子商务、网络社区、网络游戏、免费网页等服务，在企业的网络营销中起着非常重要的作用。

国外上比较典型的综合门户网站有雅虎，国内有新浪、网易、天涯、腾讯和搜狐等。各大门户网站服务范围和优势见表 2-1。

表 2-1　　　　　　　　　　各门户网站的服务范围和优势

名　　称	服　务　范　围
雅虎	搜索、电子邮件、新闻等，业务遍及 24 个国家和地区，优势是信息全，涉及面广
新浪	微博、博客、新闻等，新浪微博是其最大优势
搜狐	新闻、邮箱、搜索、游戏、浏览器、输入法等。搜索、游戏和输入法是其主要优势
网易	新闻、邮箱、搜索、游戏等，邮箱服务是其主要优势

2. 搜索引擎类网站

搜索引擎作为网络营销中一种非常重要的手段，是网络营销体系中必不可少的部分。搜索引擎类网站是以网站的形式为企业提供营销服务的。如百度、Google、搜狐、网易等为企业网络营销提供了充足的应用支持。

Google 是世界流量第一的网站，也是市值第一的互联网企业。1998 年 9 月 7 日，Google 在斯坦福大学学生宿舍创立。2004 年 8 月，Google 公司在纳斯达克上市。2010 年 3 月，Google 将搜索服务由中国内地转至中国香港，名称"谷歌"废弃，改回"Google 中国"。2014 年，Google 提供的服务包括搜索、浏览器、邮箱、视频、地图、翻译等。

百度作为中国流量第一、全球最大的中文搜索引擎，是绝大多数企业从事搜索引擎营销的必选。百度于 2000 年 1 月由李彦宏和徐勇在北京中关村成立，2005 年 8 月登陆纳斯达克，超越新浪成为中国流量第一的网站。产品方面，百度于 2002

年推出"百度 MP3",于 2003 年 12 月推出"百度贴吧",于 2005 年 6 月推出"百度知道",于 2006 年推出"百度百科"。百度至今共有约 60 种服务,深受国内用户喜爱。

3. 电子商务平台

电子商务平台在网络营销中所占的比重最大,是直接连接企业和消费者的纽带。企业通过平台发布产品信息,消费者可通过平台下单消费。最具有代表性的电商平台有 eBay、阿里巴巴和亚马逊。

（1）eBay：世界上最大的 C2C 电子商务公司,主营个人对个人业务,可让全球民众上网买卖物品的线上拍卖及购物网站,成立于 1995 年 9 月 4 日。

（2）阿里巴巴集团：世界最大的 B2B 网站,由马云成立于 1999 年 3 月,并于 2007 年 11 月在中国香港上市。此外,阿里巴巴集团还拥有淘宝网、支付宝、阿里软件等下属公司。

（3）亚马逊（Amazon）：世界最大的电子商务公司,1995 年成立于美国西雅图。一开始只经营网络的图书销售业务,现在销售业务包括了 DVD、音乐光碟、计算机、软件、电视游戏、电子产品、衣服、家具等。亚马逊于 1997 年 5 月上市,并于 2004 年收购中国卓越网,改名卓越亚马逊。

4. 即时通信服务提供商

在互联网企业中,还有一种以提供网络营销（社交）工具为主的企业,如腾讯、中国移动、秒拍等。

腾讯是国内第一大即时通信服务提供商,旗下有被大众所熟知的 QQ、微信、Rtx、TM 等社交平台,搜索（soso）、社区服务、增值服务、娱乐平台、电子商务等。腾讯成为企业运用最多的网络营销工具,用户以亿计算。

近年来,即时通信行业得到了高速发展,因具有市场潜力巨大、区域分布广等特点,备受企业青睐。例如,网络电话系统,本是一个不太常用的通信工具,但在一些专业机构的运作下,逐渐被大多数企业所认可和接受。

✕ 案例

上海触宝信息技术有限公司是一家专业性强、实力雄厚的大型网络服务机构,以诚信通托管为龙头并致力于为客户提供多元化服务。自成立以来,公司本着"质量第一、服务社会"的宗旨,为全国诚信通会员提供优质专业的服务,被誉为"全国十大最创新公司"。其用户遍布 160 多个国家和地区,触宝电话和触宝输入法两款 APP 用户总数过 6 亿人。随着业务规模的扩大,触宝将业务触角延伸到了国际市场,在美国硅谷设有分公司。

2.2.3　互联网企业的角色

从互联网企业的类型上不难看出,互联网企业在网络营销的作用主要体现在两个方面：第一个方面是提供工具;第二个方面是提供信息、渠道等服务,并充当着中间人的角色，一边是企业、商家及个人卖家，另一边是消费者。

1. 工具

平台的本质就是一种工具，无论是综合门户网站，还是交易平台、即时通信工具，都是在充当着买卖双方的工具。如腾讯、阿里巴巴，以及京东等互联网巨头能有今天的地位，在很大程度上得益于他们之前搭建的电商和社交平台。在这些平台中，消费者足不出户就能购买到衣、食、用等日常消费品，如图 2-7 所示。

社交方面，腾讯旗下的QQ、微信两大社交平台几乎满足了大众所有社交需求；在出行方面，滴滴出行则提供了便捷的打车服务；在旅行住宿方面，则有携程、去哪儿、途家，以及小猪短租等。此外，唯品会、1号店、美团等各个富有特色的中小平台也最大限度地满足了消费者生活中的不同需要。

图 2-7　阿里巴巴旗下的 1688 购物平台

因为，目前互联网平台发展现状可最大限度地满足企业营销的各种需求，且创新的趋势大大加强。很多平台依靠互联网现有的格局进行了一系列的创新和突破。有的传统企业也在互联网平台这一层面寻求突破，并取得了一定的成绩，这预示着未来的互联网平台将会呈现出多样化、个性化的局面。但由于起点太低，时机太晚，理论上传统企业搞电商平台很难找到突破口。即使有了方向，从传统行业转型到互联网行业，也需要很长一段时间的摸索，也许还未等成功，就已经被互联网公司迅速地复制过去，因此也就没有机会把它做大、做强。互联网企业手中拥有的平台，已经触及社会生活的各个方面，并且极大地改变了人们的生活方式，平台经济的发展也让他们成了互联网领域无法撼动的巨头。

2. 提供信息、渠道等方面的服务

互联网企业在充当网络营销工具的同时，也承担着提供服务的功能。而且随着时代的发展，互联网企业之间的竞争日益激烈，这种服务功能会愈发强大。很多互联网企业正在花大力气对开发的产品进行改善和创新。一大批具有灵活性、针对性的特色服务平台，如打车、餐饮、保险、理财等多种平台应运而生。互联网平台由单一性的工具型平台正向多功能性的综合型平台转化。

到 2016 年，整个互联网行业就像春天般散发着朝气，不断出现了很多新兴互联网企业。排名前 10 的企业都是大众耳熟能详的，如滴滴出行、陆金所、饿了么等，具体见表 2-2。

表 2-2　　　　　　　　　　　2016 年排名前 10 的互联网企业

排　名	名　　称	业　　务
1	滴滴出行	手机智能叫车系统
2	优步 Uber	交通出行 O2O 服务商
3	陆金所	综合金融交易及投资理财服务平台
4	乐视体育	体育赛事视频体验
5	京东金融	京东全产业链互联网金融服务
6	饿了么	在线订餐平台
7	众安保险	在线保险平台
8	乐视移动	智能手机
9	华大基因	生命科学研究
10	蘑菇街	女性购物分享及导购社区

注：对于已经上市和 IPO 的，经过发展沉淀，业务范围和商业模式趋于稳定的公司，不在本表范围之内。

这些平台因主要依靠网络技术线上运行，统称为互联网企业。尽管这些平台不全属于网络营销领域，也很难为网络营销提供服务。但从中可以明确看到未来互联网企业的发展趋势，互联网企业必将摆脱纯工具性的局限，向提供综合服务的方向发展。纯工具性的平台对消费者的黏性比较弱，已经不再适合消费者，而功能丰富、体验性更好的服务型平台则会成为主流。

以目前大多数电商平台为例，如果仍坚持以往的运营模式，单纯地为买卖双方提供一个交易平台，很难吸引到更多的商家和消费者。相反，如果能给商家提供产品管理、宣传、渠道拓展、活动促销等多方面的服务，为消费者提供更便捷的购物体验，那么在抢占商家、客户资源上势必会更胜一筹。再如有些房产中介，脱离了纯粹的卖房经营模式，将卖房与互联网理财相结合，为购房者提供"购房+理财"的综合服务。

❌案例

链家地产，全国最大的二手房交易中介商，市场份额占整个二手房交易的 50% 以上。随着网络营销的发展，链家地产也开始接轨互联网，其中最主要的一个操作就是与开发商共同打造的新房宝——链家理财与开发商共同打造的一款理财产品。该产品一方面解决了开发商贷款难的问题，缓解了与开发商因资金紧张带来的不和谐关系；另一方面为购房者提供了理财服务，增加了购房者的收入。

该服务具体操作方式为：购房者可将用来买房的闲置资金，作为一项投资暂时存放在新房宝中。投资期间购房者将获得一定比例的收益，同时也会得到开发商的额外补贴，如线下购房优惠。如果购房者需要这笔资金，如支付房款等，可申请赎回，直接提现返还本息；如最终没有买房，期满后自动返还本息。这种做法既避免了购房者大量资金的闲置，又帮助开发商维持资金周转，锁定了客源。

近几年随着互联网的飞速发展，互联网络上整体上呈现出一片繁荣的景象。网络营销的创新和发展在很大程度上依赖于互联网企业。如果没有这些企业的支撑，所谓的网络营销将失去存在的基础和条件。

问题与思考

1. 什么是互联网企业？互联网企业的类型有哪些？在网络营销中起着哪些作用？

2. 电子商务平台作为一种特殊的互联网企业，为什么能一枝独秀，在网络营销中发挥重要的作用？

2.3 用户增加——网民数量的增加扩充了消费市场

案例导入

团购和手机购物为什么会崛起

从 20 世纪 90 年代末至今，随着我国网民的大量增加，消费市场呈现出两大新型消费模式：一个是团购，另一个是手机购物。

首先说团购。团购的兴起开始于 2012 年，截至 2012 年 12 月底，我国的团购用户数达到了 8300 多万。实际使用率提升至 14.8%。这一年也被认为是团购的转型年，市场逐步由固守转为扩张，团购在电子商务、旅游约定等领域都取得了不俗的成果。无论是老牌服务商还是新型的非独立团购网站，表现都十分活跃并获得了长足的发展。从此，团购这一消费模式也正式成为一种消费方式，在消费者中生根发芽，获得了大量用户。

其次是手机购物。手机购物是指利用手机上网实现网购的过程，属于移动互联网电子商务领域。这一消费模式是伴随着智能手机用户的增加而逐渐延伸出来的。随着智能手机用户的普及，现在很多消费者已经由 PC 端购物向移动端购物转移。智能手机在我国的应用已经十分普遍，2015 年用户数量破 6 亿人，2016 年达到 6.24 亿人。再加上手机购物精准、个性，可实现地理位置的场景化等优势，手机购物在消费者网络购物中将会发挥日益重要的作用。

2015 年 5 月 12 日，北京万事达卡最新发布的网络购物调查报告（MasterCard

Online Shopping Survey）显示，中国大陆消费者是亚太地区最热衷于使用手机进行购物的群体。在过去 3 个月中，超过 70.1% 的中国大陆受访者曾通过手机进行购物，这一比例比去年同期增长了 11%。在 2016 年的"双十一"购物节当天，网购销售总额超过千亿元，85% 来自于手机购物。

总结

可见，庞大的潜在消费群体给消费市场带来了新的生机，这也是近几年网络消费增速减缓，却仍呈现增长趋势的主要原因。团购和手机购物必将给网络消费市场带来新的商机。一大批传统企业、电商企业将业务由 PC 端转向移动端，一个个手机购物 APP 如雨后春笋般地崛起就是例证。

思考

团购和手机购物都是消费者热衷的消费方式。请思考，在未来几年内这两种模式将会呈现出什么样的发展趋势？

2.3.1　概述

网络营销的效果很大程度上取决于网民数量的多少，以及这一群体消费心理、消费习惯的变化。这些都是开展网络营销工作不可忽视的因素。本节主要介绍自网络营销诞生以来我国网民的发展规模、发展变化和特征。

2.3.2　Web2.0 时代，进入用户为主的时代

企业要认真审视互联网时代网民的行为、心理变化特征，并据此采取正确、有效的营销策略，以适应需求的多样性。

2005 年前后，在互联网圈内一个概念再次火热起来，席卷全球，这就是"Web 2.0"。

什么是 Web2.0？可以简单理解为"由用户主导而生成内容的互联网产品模式"。为了区别于"由公司和网站雇员主导生成内容的产品模式"的 Web 1.0，称之为 Web 2.0。

承接着这一概念，2005—2009 年诞生了大量 Web 2.0 型产品，如优酷、土豆等视频网站，如豆瓣、开心网、人人网等 SNS 社区、博客，以及大量 P2P 下载软件。这些产品都有一个共同点——用户至上，将用户当作内容创造的主角，而平台要做的事就是平台管理和氛围的维系。

🔊 **阅读链接**

Web1.0 与 Web2.0 的差异

Web2.0 是相对于 Web1.0 的一类互联网应用的统称，是一次从核心内容到外部应用的革命。两者之间的差异主要体现在 3 个方面：

1. 技术实现手段

相对 Web1.0 而言，Web2.0 是一次从核心内容到外部应用的变化。从模式上是

从单纯的"读"向"写"、"共同建设"发展；基本构成单元上是由"网页"向"发表/记录的信息"发展；工具上是由互联网浏览器向各类浏览器、RSS 阅读器等发展；运行机制上是由"ClientServer（客户端/服务器）"向"WebServices（web 功能）"转变；内容建设上是由网站管理员等专业人士向整个互联网用户发展。

2. 内容表现的方式

Web2.0 是以用户为主,让用户自主地编辑、收集、整理和发布信息，以"多对多"的传播方式为主，人们可以自由地分享信息。Web1.0 以商业公司为主体，通过少数的人将大量的信息编辑、整理、分类后上传到网上，是"一对多"式的传播。

3. 客户的使用体验

Web2.0 最突出的特点就是以客户为中心，注重客户的互动与体验，以满足需求的多元化为宗旨；而 Web1.0 以用户被动阅读为主。

按照行业普遍认可的说法，Web2.0 是互联网理念和思想体系的升级换代——由原来自上而下、由少数资源控制者集中控制主导的体系，向自下而上、由广大用户集体智慧和力量主导的体系转变。

在网民数量突破 1 亿人之后我国的互联网发展形势，终于迎来了用户时代。用户们终于开始获得越来越多的话语权，可尽情发挥自己的能量和创造力，让整个互联网世界变得更加丰富和精彩。事实也确实如此，在这一时期内，"用户"和"个体"的力量开始在互联网世界中变得越来越大。如果说在过去互联网世界中，信息的传播和分发更多是以"一对多"的形式完成的，到了这一时期整个线上的信息分发传播逻辑开始呈现为一种"一对多"和"多对多"并存的局面。再具体来说，就是在整个互联网世界中，意见领袖和大众舆论的力量，开始能够渐渐压过甚至引领传统媒体。例如，在这一时期内，发生了很多自下而上产生的网络热点事件。再如，在此期间多次由网友主导发起，进而完全影响了大众舆论导向的"人肉搜索"。又如，在这一时期内，借由博客和网络社区的力量，诞生了国内的第一批"网红"。

2.3.3 我国网络用户的变化

随着互联网运用的普及，我国网民的数量越来越多。根据第 38 次《中国互联网络发展状况统计报告》统计数据显示，截至 2016 年 6 月，我国互联网普及率达到 51.7%，超过全球平均水平 3.1 个百分点，网民规模达 7.1 亿人。

1997 年，我国的互联网正处于启蒙期，网民只有 62 万人，占当时总人口的 0.05%。时隔 10 多年后的 2008 年，这一数据已高达 2.53 亿人，居世界第一，超过网民人数最多的美国网民数 2.18 亿人。这标志着以电子商务为代表的实用性网络应用已经在网民生活中占据一定的地位。

从 2005 年开始，网民规模进入了快速发展的阶段，这一年网民人数也突破了 1 亿大关（1.11 亿人）。6 年后，即 2011 年网民数翻了 5 番，达到了 5 亿人，互联网普及率也大大提高，升至 38.3%，网络购物用户达到 1.94 亿人，网络购物使用率达到 37.8%。2012 年网民规模达到 5.64 亿人，较 2011 年底提高了 3.8 个百分点，互联网普及率达到了 42.1%，网络购物用户规模达到了 2.42 亿，网络购物使用率达到了 42.9%，相比去年增长率高达 24.8%。

2006—2016 年间，我国网民规模和互联网普及率逐年上升，具体见表 2-3。

表 2-3　　　　　　　　　2006—2016 年我国网民规模和普及率

年　　份	网民规模（万人）	互联网普及率
2006	13700	10.5%
2007	21000	16.0%
2008	29800	22.6%
2009	38400	28.9%
2010	45730	34.3%
2011	51310	38.3%
2012	56400	42.1%
2013	61758	45.8%
2014	64875	47.9%
2015	68826	50.3%
2016	71000	51.7%

数据来源：《CNNIC：2016 年第 38 次中国互联网络发展状况统计报告》

2006—2016 年的十年间，我国网民规模呈现出了井喷式增长现象，这是带动企业网络营销快速发展的重要动力。除此之外还有几个新的特征，如网民上网时间长，上网设备多样化等，这些变化对网络营销的开展具有很大的促进作用。

1．上网时间延长

统计显示，2016 年上半年，中国网民的人均周上网时长为 26.5 小时，比 2015 年提高了 0.3 小时。这相当于 7.1 亿个网民，平均每人每天上网 3.8 小时。从网民年龄结构来看，以 10 ~ 39 岁的群体为主，占整体的 74.7%。与 2015 年底相比，10 岁以下儿童群体与 40 岁以上中高龄群体占比均有所增长，说明互联网正在向这两个年龄群体渗透。

2．上网设备进步向移动端集中

网民中使用手机上网的人数达 6.56 亿，占比达到 92.5%，仅通过手机上网的网民占比达到 24.5%，通过台式电脑和笔记本电脑接入互联网的比例分别为 64.6% 和 38.5%；平板电脑上网的比例为 30.6%；电视上网的比例为 21.1%。网民使用的上网设备进一步向移动端集中。

问题与思考

最近十年，我国网民数量呈现一个什么样的发展趋势，具有哪些特征？这样的趋势和特征对未来网络营销将会造成什么样的影响？

第 3 章
特征|网络营销涌现出六大新特征

　　与传统的网络营销相比，新时代的网络营销深深地烙上了这个时代的特征，涌现出很多新的特征，如平台化、互动性、社群性、参与性、体验性等。这些都是新经济形态下的产物，是以往任何一个时代所没有的，而且随着市场和消费者需求的变化，这些特征会表现的愈发明显。只有把握住了这些特征，才有可能真正做好网络营销工作。

3.1　平台化——未来网络营销的必然趋势

案例导入

平安银行平台化操作——平安橙子

　　平安橙子是平安银行推出的创新型互联网业务平台。由于该平台是专门针对25~40岁较年轻的人群，因此又被称为"年轻人的银行"。与传统银行相比，平安橙子没有特定的服务人员，没有固定的网点，不配发实体卡片或存折，更没有ATM，是一种典型的互联网"轻"银行。该银行主要依托于互联网和移动互联网运行，完全脱离了线下实体网点，其所提供的产品和服务都可以通过线上简单、便捷的操作来完成。

　　购买客户可在计算机和智能手机上直接下载相应软件和APP进行开户。开户仅需1分钟，2个步骤便可完成。平台服务范围包括传统银行所具有的理财、存款、结算、信用卡记账和财务目标管理等各大方面。开户步骤如图3-1所示。

　　同时，平台也会定期推出各种优惠活动，为客户提供简单、便捷，富有个性又有一定价格优势的理财产品或服务。平安橙子上的理财产品少而精，主打中短期投资为主的"平安盈""定活通""理财精选""特色优选"等四大系列产品。产品收益灵活、门槛低，是体现平安集团综合金融优势的新型投资理财产品。

平安橙子的开户步骤可分两步：

1. 填写开户人信息，包括姓名、身份证号、借记卡卡号、开户行、手机号等信息并绑定银行卡；

2. 设置交易密码、用户名、登录密码。

（注：不同客户可能会增减开户所需信息及验证等步骤，请以申请时的实际要求为准。）

图 3-1 平安橙子的开户步骤

平安橙子银行作为一个完全在线上运行的银行，聚众能力特别强。原因在于平安橙子银行不仅仅承担着传统银行储蓄、理财的功能，某种程度上还承担了社交、互动的功能，通过互动可使用户的黏性更强、忠诚度更高。平安集团作为一家综合型集团公司，其最大的优势就是服务体系非常全面，涵盖保险、投资理财、生活等众多领域。从这个角度来看，平安银行在用户资源上具有非常大的先天优势，如可将曾经投资保险、车市、房市等其他领域的客户可以直接引流过来，如图 3-2 所示。

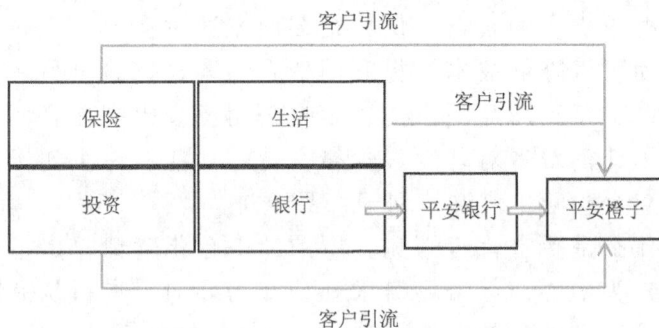

图 3-2 平安银行的聚众性作用

这就是平安橙子的聚众作用。通过建立这样的线上业务，重新整合集团内部资源，如旗下的陆金所、万里通、平安付、平安好车、平安好房等，使客户资源得到最大化的利用。

总结

伴随社会化平台和工具的迅速发展，中国平安银行在大量研究客户交流方式、购买行为变化趋势的基础上，不断改进和创新服务模式和销售模式，满足了一大批，尤其是年轻客户的新需求。其最具代表性的案例就是借助网络平台建立了直销银行——平安橙子。

思考

详细解读平安橙子的运作思路和模式。

3.1.1 概述

本节重在阐述网络营销的平台化特征，分别从平台代营销的概念和特点，企业自建平台，企业与平台合作三个层面进行介绍。本节重在让读者对各种网络平台有个基本的认识，了解如何通过这些平台来进行网络营销。

3.1.2 平台化营销的概念和特点

纵观整个互联网发展的趋势，网络营销已逐渐由"封闭"转为"开放"。传统营销是封闭式的，无论是推销一件衣服，还是宣传一款汽车，都只能局限在某一领域内。然而，在互联网时代，这种方式已经不适合网络营销。这时需要一个更开放、自由度更高的方式来替代传统营销。这个方式就是平台化营销。

平台化是互联网开放性特点的一个主要体现。平台化以共享、共赢为宗旨，着力打造一个多主体、共赢互利的生态圈。例如，包括腾讯、豆瓣、开心网、天涯等在内的诸多 SNS 和社交应用都开始构建自己的"开放平台"，或是提供自己账号体系的"开放接口"，允许外部的第三方开发者调用自己的基本用户信息，并通过开放平台为自己开发应用。

也就是说，跳出之前"封闭式"思维的局限，将商品放置在特定的、沟通无障碍的环境中宏观地、多角度地看待所推销的商品，并根据消费者的反馈，对商品进行改进，挖掘出更多的卖点。例如很多商家通过淘宝、天猫等平台与消费者实时互动，一方面可以降低成本，提升消费者的购物体验，另一方面对自身的改进也有很大的帮助；每当新品上市前，苹果公司都会提前在官网上公布自己的新机信息，这是为了让消费者对外观、价格、特殊功能有一个初步的了解，同时也可收集资深果粉交换意见和建议，利于产品改进。

那么，到底什么是平台化营销呢？所谓的平台化营销，是指以互联网技术为核心，以网络用户为中心，以市场需求和认知为导向，进行从品牌推广到用户积累（包括企业展示、品牌推广、产品推介、产品促销、活动推广、挖掘细分市场、项目招商及其电子商务的开展等），贯穿线上线下，以实现企业营销目的的一系列行为。

要充分了解平台化营销的概念，关键需要把握好其 3 个特点，具体如图 3-3 所示。

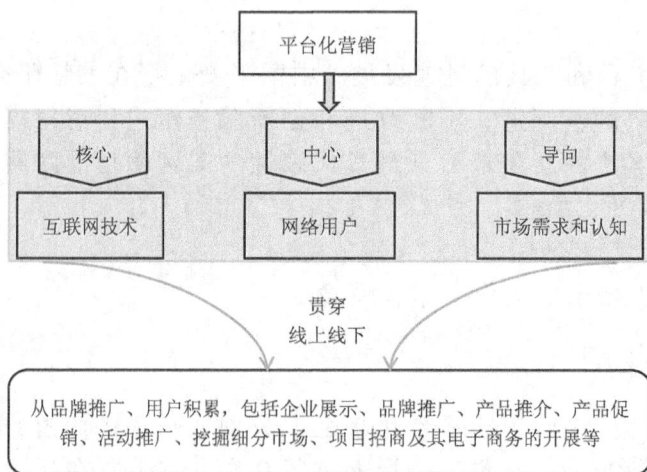

图 3-3 平台化营销的特点

平台就像自然界的生物圈。这个圈是一个良性循环的系统，一环套一环，缺一不可。因此，平台最大的一个特征就是开放性，可以让所有有利于生态平衡的资源都参与进来。简单地说，企业实现平台化营销就可尽可能地集中所有资源，让有利于自身发展的一切资源都为己所用实现良性循环发展。

3.1.3　企业平台化战略：自建平台

未来，平台化营销将会成为营销领域中最主要的方式之一，也必然会成为企业营销制度改革和体系建设的关键一环。据统计，全球最大的 100 家企业里，60% 企业的主要收入来自平台商业模式，包括苹果、谷歌等。国内的三大互联网巨头百度、阿里、腾讯也纷纷围绕搜索、电商、社交构筑了强大的产业生态圈，成为国内电商企业中最主要的三股力量。

可以预测，平台化是互联网时代企业营销的最终落脚点。只有把商品发布到一个平台上时，企业才能看到该商品的"庐山真面目"，从而更加清晰地认识到商品隐藏着的特性和潜力。

为此，很多资金、技术雄厚的企业已经或正在构建自己的平台。

✖案例

"日日顺"是海尔打造的一个全新连锁营销平台，通过该平台先后在全国建立了 7600 多家县级专卖店，26000 个乡镇专卖店，19 万个村级联络站。并在全国 2800 多个县建立了物流配送站，布局了 17000 多家服务商，做到"销售到村，送货到门，服务到户"。海尔解决了三四级市场的配送难题，并且在配送速度上已有 1500 多个区县实现 24 小时限时送达，460 个区县实现 48 小时内送达。

企业在自建平台时应着重抓住以下 4 个方面，具体如图 3-4 所示。

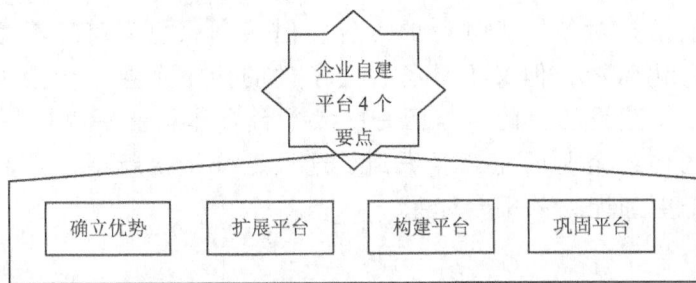

图 3-4　打造平台体系的 4 个方面

1. 确立优势——立足的条件
建立平台首先要找到企业自身与其他企业共同的价值点，然后形成一条价值链，最后再利用价值链去衍生出更多的产品。

2. 扩展平台——建立核心优势
企业要保证自己的核心优势，如技术、品牌等，让别人难以模仿，只有这样才能增加平台的可扩展性。

3．构建平台——衍生出更多的服务

完成平台建立的基础部分后，企业还要为价值链上的其他环节打造出更多的高效辅助服务，以此来增加用户的黏性，最后逐步建立起平台体系。

4．巩固平台——不断升级平台战略

平台的关键是可持续性，平台体系建立完成之后，需要进一步做好维护工作，强化其在市场中的竞争性。

为了更好地了解上述步骤，以腾讯为例来做详尽的分析：腾讯就是一个庞大的平台体系，这个大平台的建设正是围绕这 4 点来做的。

第 1 步：它的价值点就是 QQ，通过 QQ 与其他企业连接起来，衍生出了更多的产品。例如，腾讯与一些游戏厂商合作的腾讯游戏。

第 2 步：建立核心优势，腾讯最初的核心优势是 QQ，现在又多出了微信这一新的即时聊天工具进而衍生出更多产品，如微信扩展出来的微店、微信公众平台、微信支付等。

第 3 步：在稳定自己的平台时，衍生出了更多的服务，如拍拍网、与京东的合作、滴滴打车、搜狗搜索引擎、QQ 浏览器等。

第 4 步：不断升级自己的平台战略，腾讯从最初的 PC 互联网战略转到移动互联网，现在又升级为"互联网+"战略。通过战略的一步一步升级，腾讯也在不断地改变着体系。

3.1.4 企业平台化战略：与大平台合作

当企业不具备自建平台条件的时候，那就要思考怎样利用现有的平台，即如何与大平台合作。正如马云说："假设我是 90 后重新创业，前面有个阿里巴巴，有个腾讯，我不会跟它挑战，心不能太大"。

尽管这话似乎是对年轻人创业的忠告，但认真想想又何尝不适用于任何人？尤其是想做平台化营销，但又不具备自建条件的传统企业，无论实力强弱，为了更快地实现平台化建设的目的，与已有的大平台合作不能不说是一个捷径。

有些大型的传统企业已充分意识到了这点，开始出新招，寻求强强联合，目的在于打造一个更加庞大的平台体系。

案例

宏图三胞是宏图三胞高科技有限公司的简称，于 2001 年成立于南京，是三胞集团旗下上市公司宏图高科的全资子公司，主营 3C 消费类电子产品与服务。

2013 年宏图三胞与天猫合作，入租半年，销售额就已过亿元，成为天猫一个新兴起的亿元明星。宏图三胞是怎么做到的？据专业人士分析，一方面是宏图三胞的旗舰店做得好，另一方面是宏图三胞有效利用了天猫的分销平台，将线下业务扩展到了线上，从零售走上了批发之路。

案例

2015 年 8 月 10 日下午，电商巨头阿里巴巴与线下零售业巨头苏宁云商联手宣布了一项合作计划：根据协议，阿里巴巴集团将投资约 283 亿元参与苏宁云商的非公开发行，占发行后总股本的 19.99%，成为苏宁云商的第二大股东。与此同时，苏宁云商将以 140 亿元认购不超过 2780 万股的阿里巴巴新发行股份。

这次合作，双方将全面打通电商、物流、售后服务、营销等线上线下体系。

从宏图和天猫，苏宁和阿里巴巴的合作来看说明线上线下已经开始融合，双方的这一举动曾在行业内掀起了巨大的浪潮，许多专家纷纷猜测和分析其中蕴含的深意。那么线上巨头与线下巨头的携手将对行业造成怎样的影响？

这种影响主要体现两个方面：第一，各取所需；第二，打通线上线下，实现全平台覆盖。以苏宁和阿里巴巴合作为例进一步分析。

苏宁的线下配送安装服务体系非常完善，覆盖全国的 1600 多个线下门店、3000 多家售后服务网点、5000 个加盟服务商以及下沉到四五线城市的服务站。这一优势，一旦与阿里巴巴全线打通，将会为所有淘宝、天猫消费者和商家提供服务保证。由此可见，阿里巴巴最希望得到的是苏宁长期积累的线下资源。

反过来讲，苏宁也可以从阿里巴巴得到线上资源。在互联网时代苏宁作为传统的实体店经营模式的代表，一直在寻求创新和转型，希望将互联网战略作为集团未来发展的支点（2013 年，苏宁电器更名为苏宁云商）。打造像天猫、淘宝这样的平台，也是苏宁未来可能要做的。但苏宁的线上业务拓展并不顺畅，苏宁作为 B2C 平台的渠道商，在各方面远远逊色于京东，在 O2O 上也缺乏突破，在竞争中出现了颓势。

因此，苏宁的当务之急就是获得更多的用户与流量。与阿里巴巴的合作，将会进行一定的流量互换。苏宁云商集团董事长张近东也表达了对这一模式的期待："在扩大线上的同时，苏宁也要同时升级线下，并借助阿里的大数据，推动定制时代的到来，推动中国制造向中国创造升级的发展。"苏宁云商副董事长孙为民则表示"双方可以实现优势叠加，一起探索 O2O 的标杆。"

对于合作双方来说，苏宁云商和阿里巴巴从对手到携手，改变的不仅仅是零售平台，还将形成包括大数据、云计算等在内的更加丰富的商业生态，展现数字时代商业的全新面貌，大幅提升彼此的竞争力。对于平台商户、供应商而言，通过全球化平台的打造及信息技术的推动，可以实现供应链上的伙伴共赢，促进以满足消费者需求为目的的整个生产制造业的转型。同时双方将打破场景限制、提升配送效率、完善售后服务，更好地服务于用户，提升用户的消费体验。

总而言之，企业自建平台，或寻求平台合作，一方面为消费者提供了更好的服务，提升消费体验；另一方面企业通过平台化建设将大幅提高竞争力，最终将实现共赢。

随着互联网的发展，电子商务日渐成熟，平台化营销必将成为一大趋势。平台化营销最关键的是要充分利用现有的资金和技术或大平台资源，通过创新和合作，使其与市场相连、与消费者相连，成为沟通各方的桥梁。

问题与思考

平台化战略是企业在互联网、移动互联网全面发展的时代，进行网络营销最重要的策略之一，也是增强企业竞争力最主要的策略。只有建立自己的平台，或者与大平台实现合作才能让企业品牌、产品实现大范围、快速度的传播。但很多企业面临着是自建平台，还是与大平台合作的两难抉择，试着分析如何在两者中做出做客观选择？怎样选择才最有利于企业的发展？选择的依据是什么？

3.2 互动性——实现高效营销的基本方法

案例导入

手机 QQ 浏览器与用户的互动

手机 QQ 浏览器是腾讯基于手机用户推出的一款网页浏览软件。这款软件最大的特点是快、简单，但如何让用户直观地感受到这一特点呢？

基于这一考虑，腾讯官方开发了一款互动性十分强的游戏——"谁能比我快"。通过引导用户玩游戏让用户对新产品有所了解。

这款游戏的背景是一个百米冲刺的赛场，代表不同浏览器的卡通人物在跑道上比赛。这款游戏的亮点在于参与者可自主选择比赛角色，赛跑中只要参与者不断点击手机屏幕，即可遥控卡通人物向前跑。当点击速度达到一定频率后游戏还会提醒用户是否选择加速包，加速包是 X5 内核，这一创新型的道具也是基于手机 QQ 浏览器产品自带的 X5 内核进行设计的。据悉，X5 内核相较于其他同类产品是一大特色，主要用于加速手机 QQ 浏览器的更新。这一特色功能也在游戏中有所体现，足见游戏研发团队的用心。参与者在游戏中可更深层次地体会到 X5 内核的速度特性。同时，游戏还采用了极具创新的跨屏模式，实现了手机和计算机联屏。参与者只要用手机扫描二维码便可以控制电脑端的浏览器角色进行赛跑，使互动性更强。

总结

手机 QQ 浏览器这种营销方式的最大亮点是制造互动，且采用了大家喜闻乐见的游戏形式，使互动充满了娱乐性和趣味性。

思考

游戏是互动营销最主要的一种方式，结合案例思考，手机 QQ 浏览器是如何实现两者完美结合的，并在游戏过程中巧妙融入产品的特色？

3.2.1　概述

　　本节重在阐述网络营销的互动特征，分别从概念、特点、方法、步骤以及常见的互动方式等方面进行阐述。本节重在让读者对网络营销的互动性特征有个基本的认识，并能通过有效的互动让网络营销更高效。

3.2.2　互动营销的概念和特点

　　网络营销的互动性是指卖方充分调动了人的视觉、听觉和触觉能力，让信息得已综合性地传播，买方也可多角度、多层面地接受信息，并作出反馈。互联网的互动性会随着传播媒介的变化和更新，表现的越来越明显、越来越强烈。

　　互动营销强调的是买卖双方的沟通和交流，这也是互动营销与传统营销方式的最大区别。互动营销通俗地讲即是双方互相"动"起来，双方主动交流、主动表达自己的观点和想法，从而使供应和需求达到一致。

　　互动营销能够促进买卖双方相互学习、相互启发、彼此改进。在互动过程中消费者对企业、产品有了更深的认识，从内心深处产生对企业、品牌的忠诚度。同时，企业可以了解消费者的需求，明确消费者的意见和建议，从而可以更好地规划和设计产品，为产品的市场定位、营销策略提供依据。

　　通过互动，企业和消费者能各取所需，如图 3-5 所示。

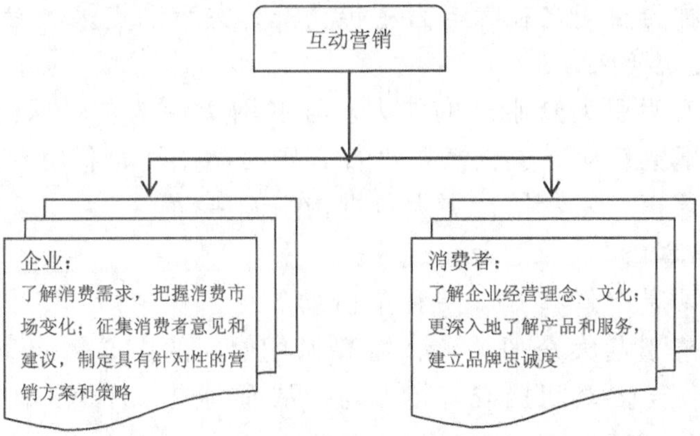

图 3-5　互动营销的赢利点

　　从本质上讲，营销活动就是买卖双方的互动过程。而在传统营销模式中营销活动往往成了卖方的独角戏，大多数的信息都是单向传播。传统营销模式只注重卖，而忽略买方接纳程度和心理感受的做法非常不利于营销的进行。

　　网络营销最大的特点是改变了信息的传播方式，使信息传播具有了互动性。虽然在早期，这种互动性是非常有限的，但随着网络媒介的逐步丰富和多样化，其表现也越来越明显。尤其在移动互联网兴起后，买卖双方的互动越来越频繁，越来越被重视。

3.2.3 互动，让传播更精准

传统营销方式所针对的对象往往是未知的、不确定的。之所以这样说是因为企业在做宣传时，无法对宣传对象进行明确界定，也不知道谁会对这场营销活动感兴趣，如果对方感兴趣又能参与到什么程度。总之来讲，传统营销方式盲目性非常大，企业只是一厢情愿地向对方灌输信息，缺少反馈，这也是传统营销效果往往不明显的主要原因。

在营销中进行互动则大大规避了这一盲区。互动营销的核心就是与用户多交流、多沟通，使双方的行为建立在一定共识上。通过互动，企业可挖掘每个消费者的购买潜能，使埋藏的购买欲望鲜活地呈现出来，而且是有针对性、有区别地呈现，可以帮助企业实现更精准的营销。

传统营销是企业决定消费者，企业生产什么，消费者就消费什么；互联网时代互动营销是消费者开始影响企业，消费者需要什么，企业才根据需求去生产。

未来企业应该将更多精力放在研究消费者的需求上，与消费者更真诚、更开放地互动，让消费者更了解企业，了解产品。基于此，企业在互动营销时必须尽量做到4点，具体如下。

1. 制造互动性的话题

这是互动营销的核心。所谓的制造话题就是围绕所推销的产品、服务制造热点话题，利用各种力量使之在参与者中传播开，并带动更多人参与到其中。

2. 能吸引大众的眼球

互动营销具有吸引大众眼球的能力。互联网本身就是眼球经济，如果没有多人的关注，就谈不上互动。这就需要进行必要的操作，如利用专业网络营销公司，或网络助手联合营销，使营销在更大范围内引起轰动。

3. 便于展开舆论

互动营销有两种事件模式，一种是借助热点事件来炒作，另一种是自己制造事件来炒作。要想引起大众的关注，需要抓住他们的内心需求，也就是他们喜欢看到什么。这样便于大众间接或直接参与，从而制造一种舆论倾向。

4. 围绕最终的营销进行

互动营销的最终目的还是为营销服务，脱离了这个目的一切将变得无意义。也就是说，无论是吸引眼球，还是展开舆论，不能是单纯地炒作，而是要通过这个互动的过程来带动产品销售。

互动意味着营销将更加精准化、个性化和持续性。只有具有以上特征，互动营销在实践中的作用才能更加明显，广告才能更加精准，在市场中的影响力才能更加持续、更加符合消费者需求。

3.2.4 做好互动的5个步骤

有很多企业虽然采取了互动营销的策略，但收效甚微。企业投入的人力、物力、财力不少，为什么无法达到预期效果呢？其根源在于企业对互动营销这一策略了解得不全面，甚至错误地理解了互动营销。互动营销是一个完整的体系。企业要做好互动营销就必须建立科学的互动营销体系，并将其当作一项企业战略写进企业制度中，依此科学决策并坚决执行。

经过总结，一场完整的互动性营销常常需要做到以下 5 个步骤，具体如下。

1. 精准定位目标客户

进行有效互动的前提是要清楚营销针对的客户群体。只有明确了对象才能更有针对性。目标群体的识别、确定需要应用客户分群与客户分析技术分析客户的消费需求与消费倾向。

2. 完备的客户信息

对客户进行识别，需要建立在拥有大量客户信息的基础上，从而可对客户信息进行有效地整合，为增强、完善客户服务奠定基础。这样才能够为新产品开发和营销提供准确的依据。

3. 准确研究客户行为

光有数据还不够，企业还需要结合预测模型，对这些数据进行分析，以找到客户消费行为的特征、规律等，从而有效地识别出潜在的营销机会。然后制定互动方案，确定营销策略，从而促进产品销售、提升服务价值，使客户产生重复购买行为。

4. 建立长期的客户忠诚

一场营销活动可以结束，但与其有关的后续互动不能结束。也就是说，每次营销最好能产生长远的效应，以增强参与者的黏性和忠诚度。为什么粉丝们对苹果、小米的产品会那么拥护，对每一期的新品那么期待？就是源于一种对品牌的忠诚。这就需要企业制定合适的客户管理策略与计划，为建立客户忠诚度提供信息支撑，维系营销活动的长远效应。

5. 实现客户利益的最大化

实现客户利益最大化，需要性价比高的产品、便捷快速的物流系统、长期稳定的服务。使消费者权益最大化是互动营销设计的核心理念。欺骗、虚假等营销手段只能使企业的互动营销走向灭亡。

一个企业想要有好的营销效果，需要在其中融入更多互动因素，并将其作为营销中重要的组成部分。

3.2.5　营销互动的 4 种方式

互动营销重在激发消费者参与，那么如何促使消费者参与互动营销呢？从参与类型上来看，营销互动的方式主要有以下 4 种。

1. 问答

问答方式即通过回答问题的形式让消费者参与到营销活动中来。卖家可先设置一些比较简单的问题来考验消费者，或引导消费者参与问答。消费者一般都有一定的知识基础。通过这种方式获得的用户使用数据、消费体验数据会更加直观。这种形式比较适合美容、母婴、珠宝手表、运动户外、家电等类产品和服务的营销，可以让消费者了解店铺产品和服务。

这种方式的缺点是往往需要一定的策略来刺激消费者的参与欲望，比如增加奖品的诱惑力、增加问答抽奖的不确定性。

2. 动手参与

想让新消费者参与到互动营销中来，应当让消费者对产品有很深的了解。可以通过触觉、感觉或更深层的接触让消费者对产品产生兴趣。这种形式适合食品、文化产品、玩具、服装鞋帽等类产品的营销。但这种方式的互动门槛较高，想让"懒惰"的消费者动手，除非奖品很诱人。比如南京某电商，每季度都会举行一次大型"潮拍"活动，评选最潮的搭配，让消费者踊跃参与到搭配中来，并将其作为时尚达人进行推广。还有某花草茶卖家，他发现很多买家喜欢搭配他家的茶叶喝，因此在 2012 年夏天，举行了一个"清凉降火秘藏配方"的活动。将获奖卖家的配茶做成产品售卖，并给予买家 1% 的销售分成，让消费者从被动变成主动参与活动。

3. 游戏

游戏是一种特定的互动形式，有趣的游戏会让受众的停留时间大大提高，增强客户黏度。很多消费者为了奖品会多次玩游戏。这种方式因为其门槛不高，适用的类目也很广泛，也是应用非常多的一种方式。其具体做法是设计一款游戏，让消费者参与。游戏可以在微博进行，也可以在店铺进行。其特点是，消费者可以很轻松就参与其中。

骆驼品牌的"去吧！趁活着"就是一次典型的游戏互动营销。还有歌莉娅在 2012 年 5 月 20 日举办的"爱•旅行"活动。活动要求消费者在 5 月 20 日（520，我爱你）这一天表白，并且官方声称"让你的旅行邀约登上淘宝首页"，以这样的浪漫噱头配合热点时期推出，成功地让数 10 万消费者们参与其中，达到了推广品牌的目的。

4. 竞猜

竞猜这种互动形式运用也非常多。如每逢欧洲杯、奥运会等重大体育活动，很多商家利用微博等媒体开展竞猜活动。如 2012 年 Kappa 通过开心网，开辟了专门为消费者做竞猜、讨论服务的版块，并且动员大家抽奖、分享。对于卖家来说，这样的活动完全可以照搬到论坛、微博渠道中。

这种形式的优点在于紧贴热点，能引发受众的共鸣。其缺点是对事件的依赖性比较大，即时互动性较差，商家很难从消费者身上获取有效的信息。如何将促销活动与互动联系起来，以加深品牌印象仍需要多加注意。

每种方式都有 2 个立足点。立足点一是对现有消费者和潜在消费者的了解，立足点二是推广目的的落脚点。基于此，活动中在消费者流量进入、参与活动、参与互动、互动分享、抽奖分享、中奖/未中奖的安排上都应加以注意，减少跳失率。

问题与思考

网络营销最有效的方法就是互动，通过互动促使消费者的积极参与，而如何做好互动则是很多企业无法解决的难题。做好互动最关键的是做好内容，无论采用什么样的方式，利用什么样的途径，都必须有优质的内容作支撑。试着就某特定的互动主题，做一份互动的内容策划。

3.3　社群性——网络营销的最主要特征

案例导入

星巴克的社群营销

著名的咖啡连锁店品牌——星巴克一直以来都被白领们所钟爱，这里不但有口味纯正的咖啡，还有令人心情愉快的体验。星巴克的成功与其营销方式密切相关，其中，不得不提社群营销在星巴克营销中的作用。

星巴克做社群营销可谓是炉火纯青，在 Twitter、Instagram、Google+、Facebook 等平台上都可以看到星巴克的踪影。星巴克的社群营销玩法包括如下。

1. 借助 Facebook 和 Twitter 推广新产品

星巴克曾经为了促销黄金烘培豆咖啡，而推出 Facebook APP，消费者可以从中了解新品资讯、优惠福利等。而在 Twitter 上，星巴克也展开了宣传，并通过文章进行引流。

2. 运用贴合热点的广告和主题标签

例如，美国曾遭遇 Nemo 大风雪，星巴克当时在 Twitter 上推出了在寒冬中握着热咖啡的广告，并且利用"#Nemo"和"#blizzard"等标签，贴合消费者的生活。

3. 与 Foursquare 合作做慈善活动

星巴克曾与 Foursquare 合作，推出抗艾滋慈善活动。消费者只要到星巴克消费，并在 Foursquare 上打卡，星巴克就会捐出 1 美元。

4. 充分运用社交平台

星巴克还充分利用了各种网络社交平台，如微信、微博等，让其知名度和销售业绩都有了更为明显的提升。

2012 年，在微信营销还没有被广泛应用的时候，星巴克就率先开启了微信营销。当时他们策划夏季冰摇沁爽系列饮品上市的营销活动时，推出的理念是让客户全身被激发和唤醒。那么，如何实现这个理念呢？星巴克想到了音乐和微信。客户体验这一活动的操作方式非常简单——关注星巴克中国的微信，然后发送一个代表心情的表情符号，星巴克微信就会迅速送出一首符合心情的专属音乐，让客户在动听的音乐里放松心情，达到美的享受。

星巴克在后来的发展中，微信营销从未被舍弃。星巴克的管理团队深知沟通平台的重要性，于是便通过独特、有新意的网络社交平台来与消费者进行互动。例如"星巴克早安闹钟"：客户通过下载或更新"星巴克中国"的 APP 应用，在预定闹钟响起 1 个小时之内到达星巴克门店，就能享受早餐半价的优惠。

另外，一旦有什么活动或者需要更新的信息，星巴克都会第一时间在微信或者微博上告知广大粉丝，让客户掌握第一手动态，并且对各类疑问积极作出回应。频繁的互动让星巴克的粉丝量稳定持续增加，赢得了更好的销售商机。

总结

随着网络社交平台的发展和普及，广阔的沟通平台犹如更为宽广的天地，成为企业必不可少的销售工具——代表着销售者可以面对所有人进行销售。

思考

微信和微博是星巴克进行营销的两大主要社群，试着分析星巴克在这两大平台是如何进行互动营销的？

3.3.1 概述

本节重在阐述网络营销的社群特征，包括社群的概念、特点，社群经济，做好社群营销的必要条件，以及如何搭载有个性的社群等。本节让读者重点对网络营销的社群特征有个基本的认识，并通过缔造社群让网络营销传播范围更广，传播速度更快。

3.3.2 社群营销的概念和特点

在社会学家与地理学家眼中，社群指在某些边界线、地区或领域内，因发生某种关系而聚集在一起形成的群体。广义上，社群既包括在一定地理区域或某区域内形成的有形群体，如基于血缘、地缘、某种利益而形成的社会群体；也包括因较抽象、虚拟的关系而形成的无形群体，如亲人、友邻、同事、同学等源于亲情、友情、志趣、爱好、职业而组成的群体。

然而在互联网时代，社群已不单单局限于此。网络社群通常是虚拟群体，指存在于各类网络应用、社交平台上的各类圈子，如开心网圈子、腾讯 QQ 群、微信朋友圈、以垂直型论坛为代表的专业群体等。网络社群是从 2002 年 QQ 群聊的诞生开始出现的，经过了论坛、SNS、博客等多种形态的演变。大家都熟悉的 BBS 就是一个社群，以区域、兴趣、组织为串联，以发帖、跟帖为交流形式。早期的 BBS 是最简单的社群模式，只有一个帖子列表和帖子内容两个页面，简单高效，同时也很快就遇到了产品瓶颈，即无法解决网民的个性化需求，聚焦点完全在内容上，而忽略了人的层面。这时 myspace 和百度贴吧出现了，通过 saas 模式将 BBS 进行分布式运营，把 BBS 的社群模式推向了历史的高峰。

随着移动互联网的兴起，以及微信和微博的多元化经营，社群开始进入连接人和一切的全新时代。微信和自建 APP 是社群成员间的主要沟通工具。其中最常使用的是微信群、QQ 群、微信公众号，自建 APP 与网站。这说明移动社群已经越来越受到重视，正在逐渐向主流的社群交流平台发展。

社群的特点包括与众不同的大致呈网状的传播结构，节点与节点之间不规则分布，具有跨级的、跳跃式的传播特点和强大影响力。

另外要注意社群与人群、群体等非社群的区别。通过社群的"社"字，就知道社群中的人大多带有某种共性。这说明一个好的社群，最核心的东西就是共性信仰。举个例子说，这是一个胖子想要减肥的社群，具有整体性和目的性。那如果换个说法，这是一群想要减肥的胖子，着重强调个体，这就是人群。社群，是有一定共性和目标的。关于社群，交互很关键。如几个朋友今天在一起吃个饭，这是不是社群呢？当然不是，这是人群。如果认为社群就是大家聚在一起吃喝玩乐，就是每天打开微信群有999条信息的话，那这个群基本也没什么交互。

就像现在很多人几乎都有许多微信群、QQ群，但是仍然会觉得，人与人之间没有离得更近，反而离得更远。其实这就是社群交互价值的丧失。交互一定是多维度、多种形式的。在交互的过程中，要能够让里面的人互为链接。

区分社群和非社群另一个很核心的东西是，能否创造价值。社群一定具备了创造价值的能力。

3.3.3 社群和社群经济

社群经济主要基于社群的商业生态，将社群和交易相结合，满足消费者不同层次的价值需求。

社群商业化主要依托于较为完善的支付体系、云服务，这是围绕自身内容、品牌及圈子进行的多样化尝试。其中，传统模式如广告、电商等随着社群经济大环境的发展和社群文化不断深入而持续深化。如会员制、品牌合作、搭建平台、衍生产品等新兴模式也为社群商业化发展提供了更多可能，未来在围绕社群内容与品牌上或将继续增加。

事实上，社群经济在互联网上存在已久，只是过去平台没有足够的生态反哺机制，豆瓣、QQ空间、微博等社交或社区化平台里都蕴含着社群经济的微观模型。

不过，类似于BBS这样早期的社群基本上都是以兴趣为中心，组织松散，缺乏无缝的连接管道。这时的社群更多的是注重精神层面，真正涉及经济层面的很少，可以说是只有社群，还没有社群经济。而企业的社群营销必须建立在能产生经济效益的基础上。

微博的出现是社群经济走出蛋壳的关键事件。新浪通过自己门户的影响力和资源推动了全国各领域的精英、意见领袖、企业、从业者玩微博；Twitter发明的follow按钮改变了中国社交网络的版图，单向、双向的可选择关注模式让社会精英阶层全面进入社交网络，自此，中国的社交网络更接近于现实中的人群结构分层和信息流动机制。

用户成熟度、社群内容的独特性、社群品牌的认可度、社群资源价值的合理评估、商业模式的切入点和可拓展性是影响社群商业化程度的五大因素。这五大影响因素中，用户、内容与品牌为基础因素，资源价值与商业模式的选择为进阶因素。只有在两方面共同的推动下，社群商业化才具有成功的可能。

房地产、零售业、金融业、农业等不同行业在互联网的带动下全面触网。小米的手机预订模式，团购创业潮，黄太吉的脱颖而出，无不得益于社群经济的发展。

移动互联网的发展和智能手机的普及使社群经济更快地形成，并改变了众多行业的格局。遥远的乡村和繁华的都市都被移动互联网连接起来了。微信、微博、手机 QQ，微商刷朋友圈、摇一摇、发红包，每个人都不知不觉间成为互联网世界一份子。社群经济已经渗透到我们的生活、工作、学习等方方面面。

有社交的地方就有人群，有人群的地方就有市场。社群有着强大的凝聚力，而且这种凝聚力越强大，社群就会像滚雪球一样，越滚越大。互联网时代的经济学现象，一切动能来自于社群。社群的力量推送着企业的变革和品牌的再造。企业和品牌社群化正在成为下一个热潮。

3.3.4 社群营销的 3 个必要条件

随着互联网思维的不断渗入，互联网社群的概念也逐步被大家重视起来，而且不少企业已通过这个模式获得了成功。社群营销已经成为企业营销必需的手段，其在表现方式上也是多种多样。那么，企业如何做好社群营销呢？可从以下 3 个方面做起。

1. 做好社群定位

社群不能盲目追求规模化，而是要准确定位，走个性化、小众化之路。

在对社群进行定位之前，先要了解社群的分类，以及自身企业的性质。按照产品形式可以将社群划分为产品型社群，包括服务的无形产品社群，自媒体社群、服务型社群；按照范围来划分，则可分为品牌社群、用户社群、产品社群。

品牌社群是企业或是社群属性有品牌个性化的社群；产品社群则是某一类产品的用户，如小米的 MIUI，其中还包含着不同风格的子社群；用户社群则是以用户为核心，跨行业、跨品牌类的用户群，其中当然也包含了个性化的子社群。

不同的社群，玩法不同，吸引的用户也不同。因此，在建立社群时首先要明白自己应建立何种性质的社群，是情怀型还是利益型？是产品型还是服务型？是品牌社群还是用户社群？企业对此定位好了，才能知道自己要吸引什么样的用户，由此，才能开展精准营销。

2. 吸引精准用户

企业要想做好精准营销，就要吸引精准用户。没有准确的用户定位，要么是产品本身太平庸没有卖点，要么就是市场竞争大，利润所剩无几的大众产品。

因此，每个推广人员都应该对自己的产品做一个细致的用户分析。这个分析与线下开店的市场调研类似，目的在于了解目标客户的地域分布、消费习惯、工作收入、年龄范围、兴趣爱好及生活环境等。

每个人的社交关系基本可以分为强、中、弱三层，如图 3-6 所示。建议在自己的"中关系"中寻找目标客户。

强关系指个人的社会网络同质性较强，人与人的关系紧密，有很强的情感因素维系着的人际关系，比如亲戚、朋友、同学、同事等。

弱关系的特点是人与人之间的关系并不紧密，也没有太多的感情维系，也就是所谓的泛泛之交。

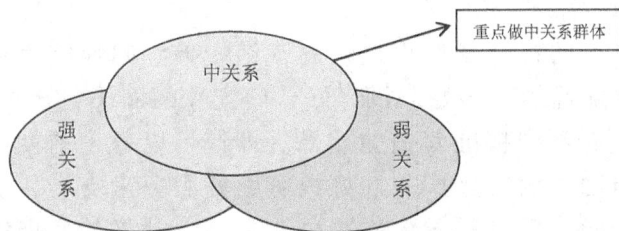

图 3-6　社群的 3 个关系层

　　中关系就是介于强关系和弱关系两者之间的关系。这类人相对强、弱关系的人来说可开发的机会较多，而且都有信任的基础。这类群体最容易攻破，一旦跨过信任壁垒，做了第一笔交易，他们将会成为最稳定长久的客户。

　　因此，每个推广人员都应积极开发自己的中关系。中关系可以是强关系的裂变，比如亲戚的朋友，朋友的朋友；也可以是弱关系的转化，比如通过逛论坛、逛博客、发微博、聊 QQ 群等，把陌生人转变为朋友。

　　3. 维护用户活跃度

　　社群与成员沟通最常使用的是微信群、QQ 群、微信公众号，其次就是自建 APP 与网站。这说明自建 APP 和网站等已经越来越受到社群的重视，并正在逐渐向主流的社群交流平台发展。

　　2016 年，中国首个社群研究报告显示，有 61.1%和 55.6%的社群成员使用微信群和自建 APP 社交平台，其他常使用还包括微信公众号（52.8%）、自建网站（50.0%）、QQ 群（50.0%），具体如图 3-7 所示。

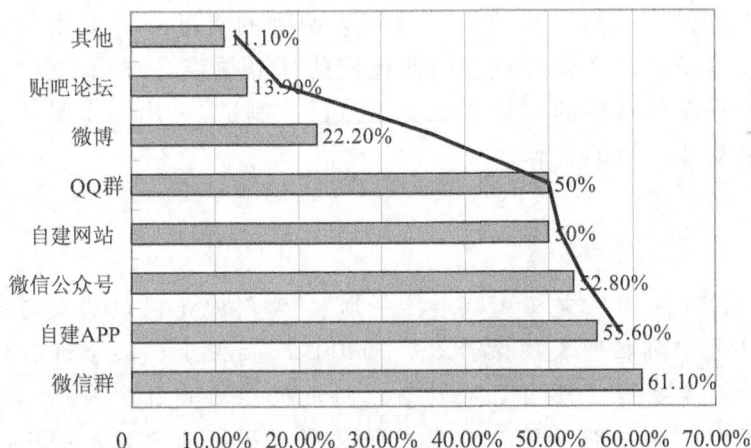

图 3-7　2016 年各大社群平台使用情况

　　在维护用户活跃度方面，社群普遍采用的方式包括线下组织社群成员聚会或活动（68.6%）、线上共享资源与信息（48.6%）和为社群成员提供优惠福利（45.7%）。艾瑞分析认为，从线上延伸到线下，建立更加紧密的成员关系才是网络社群最终可以良好发展的关键。

4．制造良好口碑

如何才能让自己的社群发挥出最好的营销效果？归根究底还是要口碑。口碑有多好，营销的效果就能有多好。没有好口碑支撑的圈子是虚的，无论规模多大，都只是一个表象，起不到精准营销的效果。即使可以通过前期的大量推广宣传来吸引一批用户，但圈子没有好产品、好内容、好服务来支撑，所吸引的都是一些无法创造价值的粉丝，而且粉丝流失率也非常高。社群的发展需要口碑，社群的营销更需要口碑，口碑才是最好的宣传工具。

湖南卫视之所以能保持省级卫视靠前的位置，就是因为它有一个用户精准度很高的粉丝群体。无论湖南卫视播什么电视剧和综艺节目，都能达到一定的影响力。因此，很多明星也喜欢到湖南卫视做节目。每次有新电影、新电视剧上映，都会到《快乐大本营》《天天向上》等栏目进行宣传。依靠这些节目的忠实粉丝，就能起到相当大的影响效果，为新电影或电视剧扩大了不少知名度。依靠湖南卫视走红的明星更是不计其数。这些都是湖南卫视这个大社群拥有精准的、能产生高价值的用户的原因。

3.3.5　为社群贴上个性标签

随着社群营销的广泛运用，各式各样的社群不断涌现出来。企业如何让自己的社群脱颖而出，让用户一用就不想离开呢？这就必须要使自己的社群有一个独特的标签。就如看到京东商城就会想到家电网商，看到聚美优品就会想到化妆品网商，看到小米科技就会想到小米手机，看到格力公司就会想到格力中央空调一样。这些都是企业的标签，而一个好的社群也需要有这样的标签。标签可以展示企业自身拥有的最大亮点，也可以给社群以明确的支撑点。像京东、小米、格力这样的大企业本身就已经是亮点，因此他们的社群很容易被用户认可。一个企业、品牌或产品如果没有这样的优势，也可以自己"制造"，用一个最核心的东西、最精髓的东西去支撑社群的运作。

案例

腾讯对微信朋友圈的定义是"连接一切"，意思就是促进朋友与朋友的情感连接。可以看看大家都在朋友圈做什么？晒工作、晒生活、晒个性、晒兴趣爱好，让远在他乡的朋友也能了解自己的动态，拉近彼此的关系。因此，推广的人首先要摆正一个观念，要把朋友圈真正看成朋友圈。凡在圈中皆是朋友，要沟通、交流、关心、点赞、评论、解答，建立和朋友的情感连接。

对目标专注和进行市场调查是找到标签的前提。建一个社群时，如果不能做到这两点，那么社群就会变成一个大杂烩，很难让用户产生深刻的记忆，也就更无法吸引精准的粉丝了。

因此，在建立社群时标签不能太多，不能过于分散，集中表达一个意思即可，并围绕这个标签执着到底。同时也要结合用户需求，如果让用户感觉离得太远，一个标签再独特,那么其吸引力也是有限的。

✖案例

爱奇艺创立之初就为自己贴好了"高清"标签。在其他视频网站被各种杂乱的内容、各种模糊不清的影像充斥时,爱奇艺明白如果想要让自己用户能从众多视频社群中看到自己,加入其中,就要针对其他视频网站的缺点,做出自己的符号。至此,爱奇艺专心致志地走上了高清的发展道路,爱奇艺即使有过诸多运营宗旨的变化,唯一不变的就是高清。

爱奇艺"高清"的特点在搜索引擎上展现得淋漓尽致。只要在搜索引擎上输入爱奇艺三个字,下拉框上就会出现一系列与爱奇艺相关的搜索关键词,其中爱奇艺高清就排在了第一位,还有爱奇艺高清下载、爱奇艺高清盒子、爱奇艺高清影视等。可以说,"高清"已经成为爱奇艺最独特的标签之一。很多用户就是冲着爱奇艺的高清观感才下载了爱奇艺 APP,并成为忠实用户,爱奇艺也因为高清为自己的视频社群打下了坚实的基础。

标签其实也就是社群的定位问题。运营一个社群必须先从宏观上把基调确定了,是做高端内容还是低端内容,是做评论性内容还是做知识分享性内容,是主打原创帖还是主打整合帖等。如知乎,基于话题的高质量问答社区;豆瓣,带有文艺范的书评板块;虾米,高品质音乐分享发现。确定了这些基调之后社群就有了内容建设的方向,这时候就可以运用各种手法整合包装微观层面的、具体的内容,如专题策划、内容盘点等。

📝问题与思考

打造一个社群通常都需要从三个方面入手:内容、视觉装潢和营销推广。内容就是社群中呈现的文字、图片、音频等所有内容;视觉装潢主要是社群的形象、定位及其内部版面风格等;营销推广就是传播的难易程度,大众是否能以最简单的方式去传播、分享。试着打造、建立一个社群,并将这三个方面巧妙地融入进去。

3.4　参与性——让更多人参与进来是网络的本质

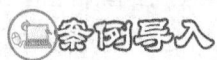

📖案例导入

小米的参与感营销

小米是消费者最喜欢的品牌之一,它创造了一个个销量奇迹,不但超越着自己,也超越着竞争对手。

关于小米成功的原因，不少专业人士、同行，甚至小米自己都做了很多研究和分析。其中最具代表性的就是小米副总裁黎万强的观点：小米走的是一条参与性营销之路。这个观点是在他自己的《参与感》一书中正式提出的，这也是小米官方首次解密其成功原因。

小米成功的关键在于调动了粉丝的参与性，鼓励粉丝参与到企业的营销中来。小米最具有代表性的策略是"全员皆客服"策略，即在小米内部实施一种全员皆客服的机制——"人人是客服，人人可参与客服"。也就是说，当用户需要提问题或建议时，小米的每位员工都有义务为之答疑解惑，为之提供服务。例如，某个售后问题，最终解决这个问题可能不是服务人员、技术人员，而是产品经理。产品经理主要负责的是市场工作，怎么还去管产品的售后问题？这在其他公司是不可理喻的，而在小米则行得通。那么，这种全员皆客服的机制是如何实施的呢？其主要途径就是通过网络平台，如官方网站、微博、论坛等与用户沟通。比如有用户在微博上反映了路由器信号弱的问题，相关人员就可以通过微博与该用户沟通交流。

为了鼓励用户更深入地参与，小米还建立了一个专门的互动论坛——MIUI 米柚论坛。公司的产品设计人员、策划人员、技术人员，以及销售、服务人员都会定期与用户互动、交流，用户也可以就自己的问题与专业人士零距离交换意见。小米在论坛上发起了多次活动，其中最著名的就是"橙色星期五"的活动。在这个活动中，用户的参与情绪非常高，而小米也没辜负消费者，无论是好的，还是不好的建议，无论是成熟的，还是不太成熟的想法都会坦诚地展示在平台上。

阅读链接

小米橙色星期五活动

为什么叫橙色星期五？一是取自小米的标志色——橙色，二是取自项目的更新和发布时间。每周五下午小米会定期发布产品进展情况。每周五下午伴随着小米橙色的标志，新一版 MIUI 如约而至。随后还会在下周二让用户提交使用过后的体验报告。

通过报告（四格报告），汇总出用户上周最喜欢的功能有哪些，哪些功能广受期待，哪些功能做得不够好。同时，还在内部设置了"爆米花奖"，根据用户对新功能的投票产生上周做得最好的项目，并对做得好的功能做出表扬，奖品就是一桶爆米花，以及被称为"大神"的荣誉感。

小米要求的参与是全方位的，不仅仅鼓励每位员工要与用户经常互动，用户之间也可以随时随地交流。大家在米柚平台上，有了一种荣辱与共、惺惺相惜之感，愿意去参与、去奉献。一个用户可以为另一个用户解决问题，这样能够真正切合用户的内心需求，并能解决用户使用产品过程中遇到的问题。

总结

小米的"全员皆客服"集中体现了参与性在现代营销中的重要性。小米鼓励员工、用户，以及其他各方都参与进来，并通过各种网络资源使参与人数增加，参与范围更大，参与程度更深。这样一种参与氛围既能使问题解决起来更有效，最大限度地满足用户需求，又可为公司发展获取一份智慧、一份力量。

思考

小米的成功一度让业界对参与感营销充满了期待，但事实证明后来者很难居上，达到其高度。那么，小米的参与感营销还有哪些呢？他们又是如何维护与粉丝的关系呢？

3.4.1　概述

本节主要阐述网络营销的参与性特征，包括参与的概念、特点，以及企业打造消费者参与感的 4 项内容、3 个模式。本节重点让读者对网络营销的参与性特征有基本的认识，使读者知道如何通过打造参与感来激发消费者的购买欲望和兴趣。

3.4.2　参与营销的概念和特点

参与营销是以客户价值、客户关系管理理论为基础，通过消费者行为参与而形成的一种营销方式，目的在于使消费者与企业形成相互尊重、相互信赖、共赢的平等关系。这也正是互联网时代营销传播速度快、互动性强、有超强聚粉能力的充分体现。

互联网的快速发展大大拓展了人们在认知上的时间性和空间性，同时对营销界也产生了重大影响。许多粗放式的营销手段和方法已非常局限，取而代之的是精耕细作的销售模式。

消费者的消费理念大致经过了如下历程：从最早期的"功能式"消费，演变为后来的"品牌式"消费，再到"参与式"消费。现如今已经进入了"参与式"消费时代。对于大多数企业而言，目前最需要迫切解决的是转变营销理念，转变对待消费者的态度和方式，研究消费者心理，加大其参与力度，挖掘消费者身上的潜力。在这种背景下参与式营销应运而生。参与式营销，顾名思义就是先让消费者参与、体验，再引导他们购买产品或服务。

与传统的营销方式相比，参与营销最大的特点是以消费者为中心，更多地关注消费者的内心需求和意愿，努力满足消费者的需求。这也使企业的营销手段更加人性化，更容易让消费者接受这种营销方式,从而积极加入到营销活动中，与营销人员进行有效地互动和沟通。这种做法不仅拉近了企业与用户的距离，还大大提高了客户满意度。

在互联网未诞生的很长一段时间内，或互联网未大范围运用之前，人们的购物需求停止在一个仅满足功利性需求的阶段。人们买东西只是为了满足最基本的需求。如买一块手表，就是为了看时间，只要能准确指示时间即可。很少人关注这块表是国内品牌，还是国外品牌，是瑞士产的，还是德国产的；买一件羽绒服，也只是为了御寒保暖，而对其外表则很少关注。

随着社会发展，商品日益丰富，消费者的消费观念也在发生变化，内在感受已成为影响消费的主要因素。消费者选择一件商品时，心里也在不知不觉地向品牌的知名度、美誉度方面倾斜。

消费者不同时期的心理变化，如图 3-8 所示。

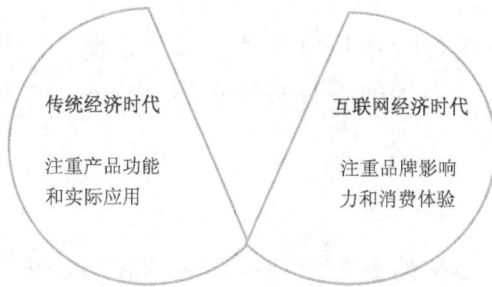

图 3-8　消费者在不同时期的心理变化

在互联网经济时代，企业的营销方式越来越开放，不但积极革新自己的做法，还鼓励消费者参与进来。衣服好不好看，可以先试穿；食物好吃不好吃，可以先品尝；手机用起来怎么样，可以先到体验专店去尽情试用。与此同时，一大批向消费者开放，鼓励参与消费的卖场、超级市场正逐步取代传统的百货商店。诱导参与的一系列手段，如优惠卡、优惠券、电子券、线上线下活动等也纷纷亮相。图 3-9 所示为部分体验卡。

参与，已经成为现代营销一种非常重要的方式，也是吸引消费者进行消费的主要方式之一。

图 3-9　鼓励消费者参与的各类卡券

可见，参与式消费时代已经到来，并正在引导企业重视用户体验。因此，企业在营销中要尽量为用户提供参与条件、参与环境。

企业如果希望重新获得消费者的关注，就不能像过去那样"一厢情愿"地推销，而是要倾听、要融入到客户中去，并不断调整自己的沟通方法和策略，将重心从"干预"转移到吸引他们"参与"中来，开展客户参与型营销。

3.4.3　打造参与感营销的 4 个方面

互联网时代的营销尊崇用户至上，做好用户体验就能赢得用户的"芳心"。只要能让用户参与进来，让他们有参与的激情与欲望，产品就比较容易被接纳和认可。

谷歌很早就深谙这个道理，树立了"一切以用户为中心，其他一切纷至沓来"的经营理念。

案例

2004 年，谷歌推出的 Gmail 电子邮件，完全是依赖于用户口碑的推广。当时谷歌为新老用户提供了几千个 Gmail 试用账户，并以邀请的方式让参与者有种身为谷歌用户的荣耀感。试用用户以各种各样的东西来交换，比如到迪拜度假两夜，或者交换旧金山的明信片。在有些地方甚至出现高价买卖账户的现象，如在英国，一个 Gmail 账户价格高达 75 英镑。这些数量有限的账户迅速在全球范围内传播开，这就是谷歌依靠强大的参与感营销获得的成功。

那么，企业该如何做好参与营销呢？可从以下 4 个方面入手。

1. 全面了解什么是参与感

所谓的参与感，就是亲自去体验和检验。不论是外在感官体验（视觉、听觉、嗅觉、触觉等），还是内在情感体验（愉悦、兴奋、温馨、舒适等），总之要亲身去经历。

2. 构建完善的用户参与体系

构建参与体系，即把产品设计、生产、销售、售后以及品牌推广等所有的流程都公开化、透明化。让用户参与进来，形成一个看得见、摸得着、可拥有的体系。在具体构建时是有章可循的，也是有先例可模仿的。下面看一下小米是如何做的。

小米的参与体系包括三个战略、三个战术，又称为"参与感三三法则"。战略是政策层面，主要是需要做什么，或不做什么；战术是执行层面，主要是如何做，做得怎么样。战略如在冰山之下看不见，战术如在冰山之上可直接感知，两者互相促进，互为一体。

阅读链接

小米的"参与感三三法则"

1. 三个战略

产品战略：小米认为，企业无法形成产品线，就难以形成规模效应。小米产品线从手机单品延伸到包括净化器、电视、路由器、智能硬件在内的多条产品线，而且每个产品都要做到极致。

用户战略：小米是粉丝文化的先导者。小米的粉丝也是世界上强大、忠诚的粉丝群之一。也就是说，产品要想受用户欢迎，首先必须让用户成为产品的粉丝，并要让其从中获益。

渠道战略：网络的去中心化使每个企业都成为相对独立的自媒体平台，小米鼓励、引导每个员工、每个用户都成为"产品的代言人"，从而建立一条有特色的营销渠道。

2. 三个战术

开放参与节点：开放节点是基于功能需求的。越是刚需，参与人越多，也就是说企业和用户双方都能获益。双方互利的基础就是在整个流程中找到平衡点，当将产品以及产品的相关流程完全开放后，筛选出对双方都有利的节点。

设计互动方式：小米的互动遵循的是"简单、获益、有趣和真实"的设计思路，即根据开放节点进行相应设计，要像做产品一样对互动方式进行持续改进。2014 年春节开启的"微信红包"活动就是极好的互动设计案例，大家可以抢红包获益，活动有趣而且很简单。

扩散口碑事件：扩散是数量从少到多，范围从小到大的过程。具体做法是先筛选出第一批对产品认同最大的用户，小范围发酵他们的参与感。然后把基于互动产生的内容做成话题，做成可传播的事件，让口碑产生裂变，从而影响更多人参与，同时也放大了已参与用户的成就感。

广告界有句名言"一直被模仿从未被超越"。但这并不意味着不可模仿，根据小米的"三三法则"，后来者可以遵循其运作原则、举一反三地打造属于自己的参与营销体系，并根据自身情况进行创新和突破。

有些企业之所以无法持久地吸引用户，就是产品品种太单一，而又无法将单一的产品做成爆品。做单品爆款要求比较高，需要做细、做精。尽管这是一种不错的产品策略，但只适合少数精英企业。因此，对于大部分企业来讲仍是"多即是好"，要能给消费者提供更好的体验、更多的选择。目前，企业在产品策略上都在寻求多样化，这是个大趋势。

小米不也同样开始走产品多样化的路线吗？在这种背景下，延长产品生产线，增加产品系列化是用户参与营销的未来出路。延长产品生产线是纵向策略，主要是做单品；产品系列化是横向策略，主要是做衍生品。仍以小米为例，看看小米是如何做他们的单品系列化的，如图 3-10 所示。

为了满足用户需求，小米产品开始越来越多样化、丰富化。产品线已从单品手机延伸到净化器、电视、路由器、智能硬件等多条产品线，如图 3-11 所示。

3. 增强用户黏性

参与感扩散的基础是信任，是企业与用户关系的体现。企业与用户的关系如果能向信任力度更强的关系转化，那未来的参与感营销会做得更好，反之就会越来越差。

值得注意的是，增强用户关系的最关键因素还是利益。功能、信息共享都是围绕利益进行的激励，所以说用户的利益高于一切，企业做任何事情都要考虑到用户利益。

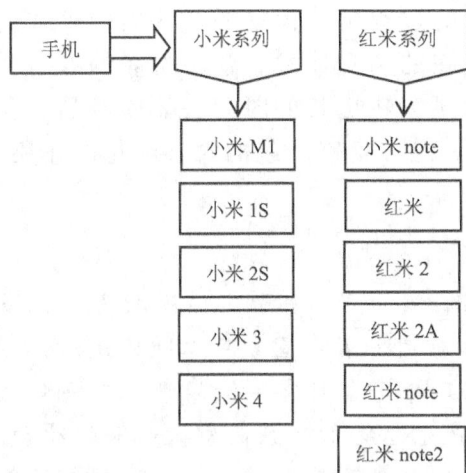

图 3-10　小米产品线纵向发展策略

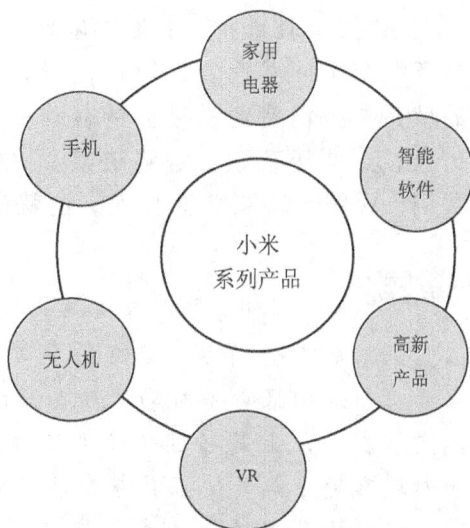

图 3-11　小米产品线的横向发展策略

4．不断优化用户参与

如今的用户对体验非常在意。企业要通过不断优化用户体验方式，让产品真正潜入到用户大脑中。使用户记住产品的往往不是广告，而是其亲身体验后产生的对产品的认可，要让用户即使见不到产品也会产生饥渴性需求。

仍以小米为例。在小米的产品理念中，米粉可以全方位地参与产品的各个阶段。例如，在产品开发阶段，米粉们就开始参与进来了，其中不少人出谋划策，将自己的想法表达出来；在新品测试阶段，更是在几分钟内便有数百万粉丝涌入网站抢购，并提出自己的意见；当产品要上市时，上千万米粉自主宣传，效果也是不言而喻；当产品销售后，那些发烧米粉又积极地参与到产品的口碑传播和每周更新完善之中。图 3-12 所示是米粉充当的不同角色。

图 3-12　小米用户在参与时扮演的不同角色

通过参与营销，小米让用户扮演的不仅仅是消费者角色，还是产品经理、测试工程师、口碑推荐人、梦想赞助商等多种角色。正是有了这些角色和头衔，用户才能热情饱满地参与到营销的各个环节中来。

3.4.4　企业进行参与营销的三大模式

企业进行参与营销需要把做产品、做服务、做品牌、做销售的过程开放，让用户参与进来，建立一个可触碰、可拥有，和用户共同成长的品牌，使用户最大限度地体验到产品带来的心理感受。那么企业如何带动用户积极参与进来呢？经总结，大致有 3 种具体的模式，分别如下。

1．建立体验店——情景化体验

营销结果固然重要，但让消费者享受消费的过程则更为重要。体验店模式的目的就是要把消费者从过去的被动接受变成现在的切身体验，让消费者的参与时间更长，更便于其做出购买决策。一个消费者愿意花更长的时间去体验产品、参与营销，说明其购买意愿很大，这就是参与性对促进营销所起的潜移默化的作用。

案例

宜家家居在全国各地都有很多实体店，他们做的店面体验非常有特色。大多数家具店面是"眼看手勿动，动也只能小动"，而消费者在宜家可以随便试用。另外，宜家在摆设上是经过精心设计过的，搭配完全符合日常生活场景，在视觉效果和心理感受上与其他家具店截然不同，使人产生想将所有东西都搬回家的冲动。宜家已经超出简单的家居卖场范畴，进而升级为一个家具乐园，如同消费者的第二个"家"。

2．跨界经营——以多致胜

互联网时代非常流行跨界经营，每个企业都想寻找主业务之外的第二产业。其实，企业这么做都是为了能把更多的消费者留下来。现在不少百货商场、购物中心不仅在卖服装，而且开始鼓励餐饮、电影院、游戏城入驻其中。有些有特色的书店，不仅在卖书，还打造了一个以体验为主的读书书店。

案例

广州方所书店就是这样一家定位高端的书店。为了增强读者的体验感受，书店在环境上狠下功夫，装修新颖，配设豪华。同时，还实现多功能管理。书店配套设施齐全，开咖啡厅，设阅读角，俨然成了一个极具文艺范的休闲场所，使其不但吸引了大批购书者，还有一大批图书爱好者。

可见，跨界经营已经是大势所趋。这样做的目的就是以多取胜，增强消费者参与的可能性。

3．O2O模式——线上线下配合

O2O已经成为大众关注的商业模式，几乎人人都在谈O2O。对于传统企业而言同样适合采取O2O模式，打通线上线下，做全渠道。美特斯邦威网购体验店、苏宁"嗨店"的诞生都是O2O模式运用的结果。

优衣库是使用O2O模式的成功典型。优衣库线下有众多门店，线上有官网、APP，还入驻了天猫、有货等第三方平台，同时也有微信、Line等社交媒体账号。实现了线上线下的多渠道互动、循环，大大提升了消费者的体验。

问题与思考

参与式营销试图让消费者参与到产品的设计、生产、销售以及价格的制定上。

前几个环节的参与式营销在很多企业都已经实现，唯独对最后一个环节——价格，目前很多企业仍存有较大异议。国外有的企业采用"看着给"的付款方式，让消费者定价。例如，在国外有的餐馆没有明示价格，完全由食客看着给，但据说消费者所付常超出经营者的预料。这种定价方法使消费者有一种受尊重、被信赖的感觉，容易使其产生回报意识。

那么，讨论一下在中国，让消费者参与定价，或让消费者对产品或服务的估价，是否可行。

3.5　体验性——做好网络营销的核心

案例导入

VR（虚拟现实）技术营造购房新体验

云燕安家——上海华燕房盟网络科技股份有限公司旗下的一个营销 APP 平台，其中最具特色的就是 VR（虚拟现实）技术的推出。该技术可以让购房者足不出户，便能在虚拟环境中看房、选房。

该公司将样板房型上传到手机 APP 上，建立 3D 模型，并通过特殊的技术对材质光照效果进行处理。然后再接通 VR 设备，让购房者通过设备在手机、平板电脑等移动智能终端就可以看房、选房。

当购房者戴上 VR（Virtual Reality，虚拟现实）眼镜后就可以清楚地看到房屋的立体模型，户型、大小、朝向、装饰细节、材料等全部可以展现在眼前。如果购房者对某套房子特别满意，还可以调出更多细节查看，如精装房的安装细节等。曾有看房者这样描述："当时看到的时候，我整个人都震惊了！床的位置、床旁边的插座、灯具等都画出来了，非常直观。全投影放映真正为我们业主展示了一个所见即所得的家。"这种近距离的体验方式会让用户有种置身于其中的真实感。如果还有不明白的地方，购房者可以通过客服系统接入专人服务，进行深度沟通。

VR 技术大大提高了购房者的购房体验。传统线下可能忽略的细节，通过 VR 眼镜也可以清晰地看到。

与此同时，用户不用再花费大量的时间和精力去比对房源，看房效率也大大提高了。据华燕房盟副总裁叶伟介绍，大多购房者平均要看 20 套房才能最终做出购买决定，而这 20 套房以半个月看一套的速度，也要花 10 个月的时间才能看完。通过 VR 设备可同时看多款不同的房型，并及时过滤掉不满意的房源。

在对虚拟现实技术的应用上，华燕房盟一直走在前列。目前华燕房盟已经与索尼、HTC、Facebook 等顶级虚拟现实厂商展开合作，还将很快与微软达成合作。凭借虚拟现实技术打造的这款看房 APP，目前已呈盈利态势，在市场上的反响非常热烈。万科、绿地、金地、农房等知名地产商都纷纷效仿，开发类似的看房系统。

总结

VR 技术在房地产行业的运用，只是这项技术快速发展的冰山一角。随着技术的不断成熟，VR 在现实中的运用会越来越多。虚拟游戏、4D 试衣间等都是其在其他领域的具体运用。那么，为什么 VR 技术如此受欢迎呢？最主要的原因就是它的体验性更强，能给用户带来前所未有的真实感受。

思考

除了虚拟选房之外，请搜集资料，了解 VR 技术还给房地产业带来了哪些新颖的营销模式？同时，明确其局限性。

3.5.1　概述

本节主要阐述网络营销的体验性特征，包括参与的概念、特点，及企业打造用户体验的流程与方法、层次、模式等。本节重点让读者对网络营销的体验性特征有个基本的认识，并能通过打造别具一格的体验，提高企业产品的美誉度，激发消费者对企业、对产品的忠诚度和黏性。

3.5.2　打造别具一格的用户体验

体验性集中体现在用户体验上，它是指用户在使用产品或服务之前、过程中、之后对产品建立起来的一种主观感受。不同的产品和服务能为用户带来不同的体验，包括情感、信仰、喜好、认知印象、生理和心理反应、行为和成就等各个方面。

用户体验也是有条件限制的，其通常是针对某一个明确的用户群体而言的，同时也与体验的环境息息相关。因此，在看待用户体验问题上需要结合实际情况。

阅读链接

用户体验的手机次提出

用户体验一词是在 20 世纪 90 年代中期，由用户体验设计师唐纳德·诺曼（Donald Norman）所提出和推广的。进入 21 世纪以来，随着计算机技术的进展、市场经济的开放，消费者消费意识的不断翻新，消费观念出现了一个巨大转变——从单纯的可用性，扩展到了更丰富的用户体验上。这使得用户的主观感受、动机、价值观等无限放大。消费者的购买意识不仅仅局限于产品本身，而是更加看重产品背后的附加价值，以及因购买行为而给视觉、听觉、感觉等心理层面带来的感受。

当在一款产品中加入了体验性元素后，其价值会大大提升。增加产品的"体验"含量，能为企业带来可观的经济效益。以下以咖啡为例进行说明。

当咖啡尚处于原材料阶段时，仅仅是一种货物，在市场上交易一磅只有几百元（见图 3-13）。

当被包装成商品时就可以卖到十几到几十元（见图 3-14）。

当加入一定的服务，如摆在咖啡店中出售，一杯咖啡最少要几十元至上百元（见图 3-15）。

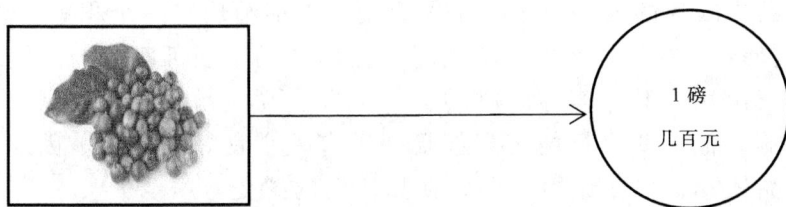

图 3-13　原材料阶段的咖啡

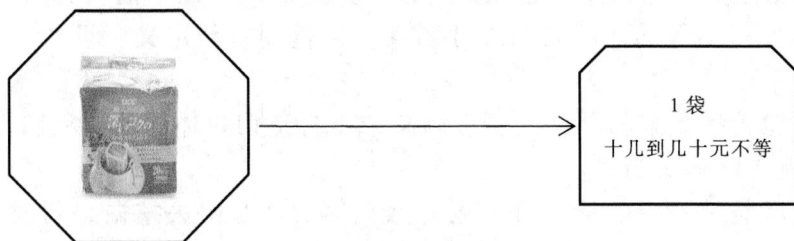

图 3-14　包装成商品的咖啡

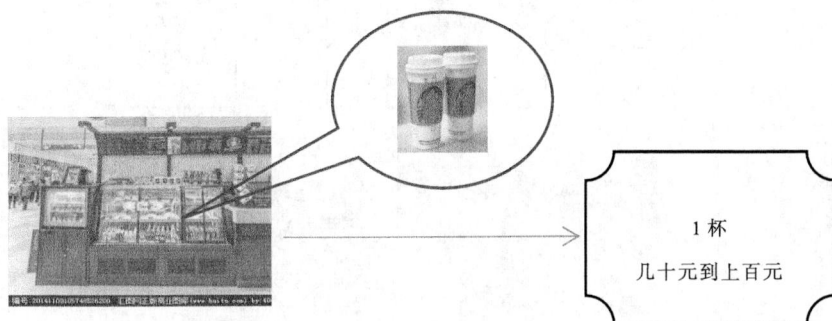

图 3-15　加入一定"服务"的咖啡

当辅以一种美好的体验，如温馨的环境、悠扬的音乐、笑容可掬的服务时，一杯咖啡就可以卖到上百块，甚至好几百元（见图 3-16）。

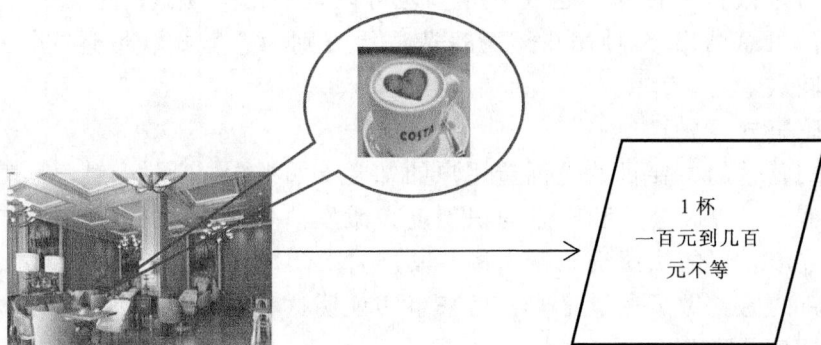

图 3-16　辅以美好体验的咖啡

可见，一款产品、一项服务在市场中是否会受到大众的认可，最重要的一个标准就是能否给用户带来美好体验。

　　一款产品或服务的体验对用户至关重要，谁能给用户一个积极、高效的体验，用户就会选择谁，并产生持久的忠诚度。任何产品、服务都是为了满足用户某方面的需求、解决用户某个实际问题的，如可以提高生活质量、提高工作效率、改善人际关系等。但这些目标的实现都要基于有一个良好的体验。因此，做产品必须先做好产品体验，并能让用户得到真真切切的感受。

　　在强化产品体验之前，需要先对体验营销的概念进行详细地了解。所谓体验营销，就是通过看、听、用、感觉的手段，充分刺激和调动消费者的情感、感官、思考、联想、行动等感性因素和理性因素，以达到重新定义、设计产品的目的的营销方法。

　　在对体验营销了解的基础上，可以总结出打造用户体验的流程和方法。

　　1. 打造用户体验的流程

　　应紧紧围绕消费者的看、听、用、感觉等的体验，去挖掘、刺激他们的情感和感官感受，促使他们在思想上和行为上有所改变，如图 3-17 所示。

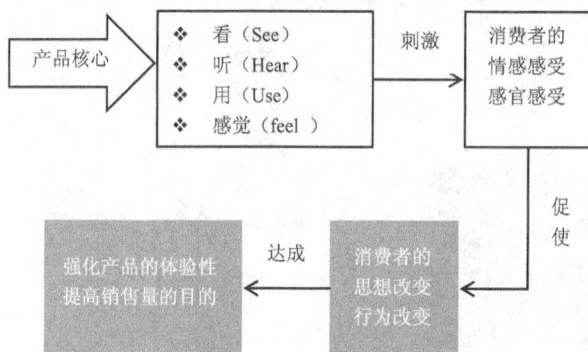

图 3-17　打造用户体验的关键环节

　　2. 打造用户体验的方法

　　打造用户体验的方法是根据流程中不同环节逐步提取出来的。如在"刺激"环节中，可以围绕感官感受和情感感受来做；在"促使"环节可以围绕思想层面和行为层面来做；在目的"达成"环节还可以延伸出关联式的方法。

　　由此，可总结出 5 种用户体验打造法，分别为感官式、情感式、思考式、行为式、关联式。

　　（1）感官式营销

　　感官式营销的主要目的是创造用户的知觉（如视觉、听觉、触觉、嗅觉）体验。感官式营销可以提高公司和产品的识别度，激发消费者购买欲望和增加产品的附加值等。以宝洁公司的汰渍洗衣粉为例，其广告突出"山野清新"的感觉，公司为创造这种清新的感觉做了大量工作，后来事实证明这种营销取得了很好的效果。

　　（2）情感式营销

　　情感式营销是指在营销过程中，触动消费者的内心情感，创造情感体验。企业进行情感式营销需要真正了解什么样的刺激可以引起人们的某种情绪，以及能使消费者自然地受到感染，并融入到这种情景中来。在"水晶之恋"果冻广告中可以看到一位清纯、可爱、脸上写满幸福的女孩，依靠在男朋友的肩膀上，品尝着男朋友送给她的"水晶之恋"果冻。旁观者也会感觉到这种"甜蜜爱情"的体验。

（3）思考式营销

思考式营销是启发人们的智力和创造性，让消费者获得认识和解决问题的体验。它运用惊奇、计谋和诱惑，引发消费者产生统一或各异的想法。在高科技产品宣传中，思考式营销被广泛使用。

1998 年苹果电脑的 IMAC 计算机上市仅六个星期，就销售了 27.8 万台，被《商业周刊》评为 1998 年最佳产品。IMAC 的成功很大程度上得益于一个思考式营销方案。该方案将"与众不同的思考"的标语，与许多不同领域的创意天才，包括爱因斯坦、甘地和拳王阿里等人的黑白照片结合。在各种大型广告路牌、墙体广告和公交车身上，都能看到该方案的平面广告。当这个广告刺激消费者去思考苹果电脑的与众不同时，也同时使他们思考自己的与众不同，以及产生通过使用苹果电脑而使他们成为创意天才的感觉。

（4）行动式营销

行动式营销是通过偶像、角色，如运用影视歌星或著名运动明星来激发消费者，使其生活形态予以改变，从而实现产品的销售。在这一方面耐克的营销可谓经典。该公司成功的主要原因之一是有一句出色的广告"Just Do It"，并经常描述运动中的著名篮球运动员迈克尔乔丹，从而升华身体运动的体验。

（5）关联式营销

关联式营销综合了感官式、情感式、思考式和行动式营销。关联式营销战略特别适用于化妆品、日常用品、私人交通工具等商品。美国的"哈雷牌"摩托车车主们经常把它的标志纹在自己的胳膊上，乃至全身。他们每个周末会去全国参加各种竞赛，可见哈雷品牌的影响力不凡。

值得注意的是，这 5 种营销方式之间存在着一定的逻辑关系，体验性逐步增大。同时，对企业来讲，营销的难度也会逐步加大，成本也逐步提高。试想一下，如果一款产品同时做情感、感官、思考和行动等综合性体验，与只做情感性体验相比，所消耗的人力、物力、财力自然是相差甚大的。因此，企业在打造产品用户体验时一定要有精准的定位，根据自身的实际情况先确定一个主题，鉴别到底需要哪个层面的体验，然后再决定选择用什么样的营销方式。

3.5.3　构建用户体验的 5 个层次

用户体验是用户在使用产品过程中建立起来的一种纯主观感受。这种体验做得好，可提高所有利益相关者的利益，使产品或服务更有价值，更容易被用户接受和认可，甚至与用户形成一种内在的良性互动，使用户乐在其中。

用户体验是有层次性的。有些产品，或服务尽管有一定的体验性，但远远未达到用户的期望值，那么这种体验就是最初级的。

2004 年，Google 上市前，互联网女皇 MaryMeeker 访问中国。她说摩根斯坦利的同事们刚做过搜索引擎对比评测，评测结果显示 Yahoo 搜索引擎效果最好。

但奇怪的是评测完之后，大家平时还是习惯用 Google。为什么又都用 Google 了呢？因为这个貌似公正的用户体验评测是有问题的，用户体验不仅是搜索结果页的简单对比，还包括其他的方面。

比如，桌上的打印页面都很清晰，所看即所得，但在电脑上，想要看到那些搜索结果页，需要用户实施一个操作过程：从输入域名开始，下载完大小相差十几倍的 Yahoo/Google 首页，移动鼠标定位到 Yahoo 的搜索框中（Google 是自动定位到搜索框中），输入关键词，回车或点击搜索按钮，下载完 Yahoo/Google 相差几倍大小的搜索结果页。上述操作过程中，用户需要付出的时间成本和操作成本是不同的，尤其是那时候平均带宽还很小，这种成本的差异更明显。

因此，尽管当时 Yahoo 的搜索结果页相关性总是优于 Google，但其用户体验其实是不如 Google 的。用户体验不是一个静态页面，而是一个过程，要结合用户的真实使用过程来评测。这说明，用户体验是独特的，而且会随着体验者、体验地点、体验时间的不同而有所差异。因此，企业在打造一款产品或服务体验的同时，应避免只做单方面的体验，而是要从多个层面，如视觉设计、易用性、可用性及相关者实际利益等各方面出发全方位考虑。

做好用户体验的要素主要有以下 5 个，具体如下。

1. 战略层

成功的用户体验必须有一个明确表达的战略。了解企业与用户对产品的期望和目标，即做什么、为谁而做？做一个产品，或者服务一定要明确面向什么样的群体。如经营一个网站，要分析是针对什么样的群体，是经营者？还是普通大众？他们又想分别从网站得到什么？

用户需求就是建立网站的终极目标。同时，与用户需求相对应的，就是网站运营者对网站的期望目标。那么，在确定用户体验的战略时，具体要如何做呢？第一要参考同类产品，第二要观察市场动态。学习那些优秀产品的做法，找准其中的一到两款产品，进行精准的分析，同时结合当下的市场情况进行综合分析。

2. 范围层

所谓范围层，即在确定用户需求和目标的前提下，细化产品功能及其内容。也就是说弄清具体需要做哪些才能实现预期的目标，满足用户需求。

仍以建网站为例，当确定了用户需求后，向用户提供什么样的内容就是首先要解决的问题。范围层在信息方面表现为各种内容、要求的详细描述，在功能上则是对产品的"功能组合"描述。

如微信，目前几乎所有的人都在用，但微信运营团队仍在不断地对其进行优化和调整。对于其功能的取舍完全根据用户需求而定，如增加语音功能，删除导入 QQ 好友功能等，其实这都是范围层需要做的工作。产品功能的确定，需要紧随产品战略，否则产品会面临很大的调整，甚至夭折。

3. 结构层

结构层解决的是怎样做的问题，结构层将从范围转变成如何响应用户的请求。在信息方面，表现为信息模块化、分布结构，以及各个板块信息呈现给用户的选项的模式和顺序。

内容是构建用户体验的根本，只有做好内容，并通过可持续、合理的架构才能构建用户体验。做产品就是做用户，要不断地理解用户，按照用户需要的方式去做内容。微信 5.0 之后增加了在朋友圈中推发文字的功能（点击朋友圈右上角的相机按钮）。很多人不理解微信朋友圈为什么要添加文字内容，认为带图片发也挺好的，这样的交互设计的目的是什么呢？是开始就没有考虑用户发布文字内容的需求吗？还是根本就不需要单独发布文字内容呢？

其实最初微信朋友圈的设计思路是，看得见好友回复别人的状态，所以经常会看见一个人在那里自言自语。微信为了增加用户互动性体验，所以增加了单独推送文字内容的功能。

4. 框架层

所谓框架层，是指界面设计、导航设计和内容（信息）设计（即要做成什么样子？）。做好这个层面的工作，需要考虑如何将这些功能排列、组合，提高产品的用户体验。框架层其实需要做的是怎样把需要做的功能进行排列。

框架层的内容主要包括界面设计（确定框架，"按钮、输入框、界面控件"的领域）、导航设计、呈现信息、信息设计（呈现有效地信息沟通）。

例如，很多 APP 会非常重视界面设计。因为成功的界面设计往往能让用户一眼就看到"最重要的东西"。一个设计良好的界面是组织好用户最常采用的行为。企业应为用户想完成的任务选择正确的界面元素，通过一种能迅速理解和易于使用的方式，把他们放置到页面上去。

任何一个产品的框架设计都需要达到 3 个目标：一是必须给用户提供一种在网站间跳转的方法；二是必须传达出这些元素和它们所包含内容之间的关系；三是必须传达出它的内容和用户当前浏览页面之间的关系。

5. 表现层

所谓表现层，即功能与内容的视觉呈现，要求内容、功能和美学汇集到一起来产生一个最终设计，从而满足其他层面的所有目标。表现层解决的是网站框架层的逻辑排布的视觉呈现问题。

设想一下，无论是实体店还是网店，当一个产品呈现出来时，用户的视线首先落在什么地方？哪个要素在第一时间吸引用户的注意力？肯定是产品的外观，买一件衣服首先看颜色和款式，买一本书首先看封面和版面设计。也就是说，外观是一个表现层面的东西，它们对战略目标的实现也很重要。用户第一时间看到的东西，很多时候将决定这个产品的受欢迎程度。

3.5.4　体验营销的六大模式

体验营销的目的在于促进产品销售。企业通过研究消费者状况，利用传统文化、现代科技等手段来增加产品的体验内涵，在给消费者心灵带来强烈震撼的同时促成销售。

体验营销主要有以下 6 种实施模式。

1．感情模式

感情模式是指企业通过寻找消费活动中导致消费者情感变化的因素，掌握消费态度形成的规律以及有效的营销心理方法，从而激发消费者积极的情感，促进营销活动顺利进行。

2．文化模式

文化模式是指企业利用传统文化或现代文化，使商品及服务与消费者的消费心理形成一种社会文化气氛，从而有效地影响消费者的消费观念，促使消费者自觉地接近与文化相关的商品或服务，促进他们发生消费行为，甚至形成一种消费习惯。

3．美化模式

每个消费者的生活环境与背景不同，对于美的要求也不同，这种不同也会反映在他们的消费行为中。人们在消费行为中求美的动机主要有两种表现：一是商品能为消费者创造出美；二是商品本身存在客观的美的价值。这类商品能给消费者带来美的享受和愉悦，使消费者体验到了美感，满足了对美的需要。

4．服务模式

对企业来说，优越的服务模式可以征服广大消费者的心，取得他们的信任，同样也可以使产品的销售量大增。

5．环境模式

消费者在体验良好的过程中，容易对产品产生喜爱的特殊感觉。因此，良好的购物环境不但迎合了现代人文化消费的需求，也提高了商品与服务的外在质量和主观质量，使商品与服务的形象更加完美。

6．个性模式

为了满足消费者的个性化需求，企业开辟出一条富有创意的双向沟通的销售渠道。在提高消费者忠诚度之余，满足了消费大众参与的成就感，同时也增加了产品的销售量。

问题与思考

互联网的发展一方面强化了产品的体验性，如在新技术的驱使下，消费者的视觉、听觉等体验可能会更刺激、更真实；另一方面互联网在某种程度上也限制了这种体验性，如在环境和服务方面，有的产品对线下环境、服务的要求较高，而线上虚拟体验往往很难使消费者感受到同等效果，如何突破这种障碍？

3.6 社交性——网络营销传播的基础

案例导入

京东手机 QQ 购物开启移动+社交购物模式

京东手机 QQ 购物作为一个购物平台深受年轻消费者的推崇，其中最主要的一个原因就是其坚持走社交化路线，将社交与购物完美结合。"金九银十"，每年的九月和十月都是大学生开学的时间，也是很多企业进行营销，打开大学生市场的一个重要时机。2016 年大学生开学季，京东手机购物走进大学校园，推出了一系列校园活动，希望利用社交带动大学生消费。

活动的具体方案：通过有趣的社交购物、新奇的 AR 校园寻宝，时尚的 AR 夜跑，以"人友互动""人景互动""人心互动"的递进形式实现了三级快跑，为处于校园时期的学生带来更多的创新体验。

人友互动是京东手机 QQ 购物专门推出的校园版活动，吸引了很多学生注册、登录，并进行交流。京东手机 QQ 购物校园馆通过"身份认证"和"地理识别"的画像技术提供了针对性很强的互动。它以身份认证赋予学生族群专属特权，以更多萌动有趣的社交购物玩法制造"邂逅"机会。同学通过拼购功能，可以与舍友一起，以更低价格买下新学期必备物件。

人景互动是通过新奇的 AR 校园寻宝活动让新生认识校园。新生入学，对校园环境的熟悉，是融入大学校园生活必备的一环。传统方式下，多是通过辅导员的宣讲、高年级学长的引导以及同学们自己的探索而完成，较为零散和平实。而通过京东手机 QQ 购物 AR 地图寻宝活动，则以一种更加数字化、互联网化、智能化的方式，以趣味、娱乐的互动方式，让新生们快速熟悉校园，体现了京东手机 QQ 购物对校园人群的高度重视。

总结

2016 届大学生一般都是"96 后"，这一代人可以说是在手机、QQ 影响下长大的一代人。以这一人群为代表的新生，他们进入到大学校园后，首先面临着就是"人和人""人和环境"的互动问题。京东手机 QQ 购物校园馆推出系列移动社交购物，是一种介于线下互动与线上聊天之间的轻社交模式，对于学生们达成合作默契，消融陌生感、打破社交恐惧、增进学生相互之间的互动大有裨益，同时也强化了京东手机 QQ 购物在大学生心中的印象，为日后的消费奠定基础。

思考

京东手机 QQ 购物开发以社交为主的购物模式的本质是什么？做好社交营销的关键是什么？如何围绕营销主题策划一个互动性、体验性更强的社交活动？

3.6.1　概述

本节主要阐述网络营销的社交特征，包括社交的概念、特点、在营销中的优势，及企业强化社交性的关键。本节重在让读者对网络营销的社交性特征有个基本的认识，并能够通过强化营销工作的社交性，来搭建一个更完善的营销链，进一步提高企业营销竞争力。

3.6.2　社交性——网络营销的必然趋势

随着社交媒体、社交平台的大量产生，越来越多的互联网用户成为这些媒体和平台的忠实用户。基于这些粉丝的忠诚度有些企业就开始做社交性的营销，将这些媒体或平台当作产品宣传、品牌树立、提供服务的媒介。如微信本是一个聊天软件，如今已成为微商卖东西的工具。秒拍、斗鱼等直播平台，也被很多企业和商家用于营销和推广。如今，网络营销已经普遍具有了社交性的特征。

社交性营销亦称社交性媒体营销，通常是指利用社交性网络，如在线社区、微信、博客或者其他互联网平台进行产品宣传，维护公共关系和客户服务的一种营销模式。这些互联网平台被称为社交性媒体，在互联网发展异常迅速的大形势中，社交性媒体逐渐从一个单纯的交流平台向具有综合作用的站点发展，其内容提供也由商家直接雇佣向用户自愿提供为主转变，信息流动也由单向传播向双向互动转变。这就要求企业在营销时应具有社交思维，停留在传统思维已经无法满足企业的发展需求。

借助微信强大的社交平台，以及红包这个"核武器"，微信的支付功能在很短的时间内就推广开来，被很多用户所接受。同时，依靠社交平台打开市场的还有支付宝。支付宝诞生于电子商务 C2C 时代，已在支付领域深耕 10 年，而到了社交网络时代却有明显落后的迹象。于是支付宝也开启了向社交平台的前进步伐。2016年春节发起的集五福活动即是其最典型的做法如图 3-18 所示，首先加好友，然后好友之间可以分享五福。支付宝希望以此来扩大支付宝在用户心中的分量，激发用户使用支付宝的欲望。

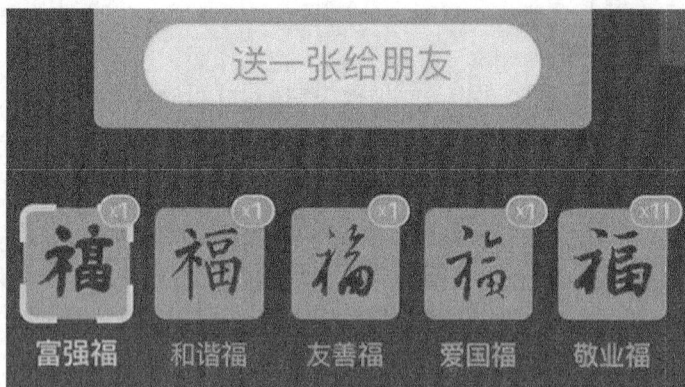

图 3-18　支付宝在春晚期间的集五福活动

其实，深入研究便会发现，微信、支付宝活动的目的不在发红包，而在打通用户之间的关系，构建起一个社交网。除此之外还有许多企业也开始尝试社交营销，包括阿里、京东、百度平安，大批 P2P、众筹公司以及传统企业。

总之，社交性最大的优势就是增强了互动性，拉近了企业与消费者之间的距离。传统媒体投放广告无法看到用户的反馈，单纯的网络营销反馈也是单向的或者不即时的，互动持续性较差。这种情况下即使企业发布了广告或者信息，由于缺乏用户的评论和反馈，无法继续深入互动，造成企业与用户持续沟通信息不对称；而社交平台的开放性，可使得企业和消费者实现更好的互动。

此外，社交平台还是一个天然的客户关系管理系统。如果企业官方账号能与消费者或者潜在消费者形成良好的关系，让消费者把企业账号作为一个朋友的账号来对待，那企业获得的价值是难以估量的。

3.6.3　社交营销八大优势

在互联网时代，尤其是第二代互联网技术的应用和推广之后，开发出来的应用程序越来越多，功能也越来越完善。共享、社交、协作等功能对企业都具有极大的吸引力。那么这些被人们推崇的社交性媒体在营销中具体有哪些优势呢？经过总结其优势主要表现在 8 个方面。

1. 可精准定位目标客户

社交网络可快速掌握大量的用户信息，这是一个自动搜索的过程，并不需要付出太大的成本。随着移动互联网的发展，社交用户使用移动终端的比例越来越高。移动互联网基于地理位置的特性可搜集很多有价值的信息，这些信息不仅包括年龄、性别、地址等表层的信息，还有很多深层且极具价值的信息。企业可通过这些信息进行分析，有效地判断出用户的喜好、消费习惯及购买能力等。

2. 使信息传达更及时

消费者出现在哪里，企业的营销传播活动就应该出现在哪里。社交性媒体营销正在改变，甚至颠覆了传统时代的营销模式。如微博出现之前，优质的媒体资源基本上都被电视台、广播、报纸、门户网站垄断，企业重大营销活动基本上只能借助上述媒介平台进行扩散。

微博一出现，便已显示了对传统媒介所形成的巨大冲击波。如今微信又在以更快的速度取代微博。微信以其现场播报、"文字+图片+视频+音频"的方式，使资讯传达更为及时和迅速，基本上成了网民获取资讯的第一阵地。由此可见，就媒介性质而言，新媒体是当前企业最佳的宣传阵地。

3. 可更直观地看到传播效果

广告投入产出比是每个企业最为关心的事情之一。社交性媒体营销对于企业而言具有更高的投资回报率。在社交性媒体营销平台，广告主可以通过转播或评论，了解和预估广告的传播效果，也可以通过数据分析后台精准计算出传播效果，最后根据这些分析结果调整广告策略。现在有些社交性的平台可以通过广告的实际效果按比例付费，这种方式对广告主来说更有利。

4. 可与用户零距离互动

传统媒体时代，企业几乎无法看到用户的反馈。在网站或者博客时代，反馈也是单向或者不即时的，互动的持续性较差，企业跟用户的沟通也很难持续进行。而到了社交网络时代，有了微博、微信公众平台以及企业官方主页，在这些平台上企业和消费者都是用户，先天的平等性和便利的社交网络沟通特性使企业和消费者能更好地打成一片，形成良好的企业品牌形象。

5. 传播范围更为广泛

社交性媒体传播可以使信息如同核裂变式地扩散、蔓延。企业一旦发布有价值的信息，就有可能被众多粉丝自发转播，然后粉丝的粉丝再继续传播，而这些粉丝，或者与粉丝相关的人很可能就是潜在消费者。如此，每一个粉丝都可能成为一个小小的广播电台，将企业发布的资讯不断传递，直至最终衰减。

而在传统传播模式下，这些传播过程既费时、费力、费钱，还可能造成很大误差。在传统模式下，老客户帮忙拉新客户，尽管也给予一定的激励措施，但实际操作起来却不太容易。这就是社交性媒体营销之所以能在短时间内获得如此大的成绩和影响力的原因。

6. 低成本获得组织宣传

企业可以利用粉丝以很低的成本，组织起一个庞大的粉丝宣传团队。那么，粉丝到底能带给企业多大的价值呢？举一个例子，魅族手机现在有着庞大的粉丝团队。每当新手机有活动或者出新品，总一些铁杆"煤友"奔走相告，做宣传，这些铁杆粉丝就是意见领袖，具有很大的号召力，而这些几乎是不需要成本的。试想一下，如果没有社交网络，魅族企业想要把粉丝们组织起来做宣传，必然要花费极高的成本。

社交性媒体的公开信息也能帮助企业有效地寻找到意见领袖，通过对意见领袖进行精准的宣传，自然可以收获比大面积撒网更好的效果。

7. 进行市场调研

通过对社交平台的大数据进行分析，企业可以有效地进行市场调查，挖掘用户的需求，为新产品设计开发提供良好的市场依据。

例如，一个蛋糕供应商如果发现在社交网站上有大量的用户寻找欧式蛋糕的信息，就可以加大这方面的蛋糕设计开发。在社交网络出现以前，这几乎是不可能实现的，而现在，只要拿出些小礼品，在社交媒体做一个活动，就会收到海量的用户反馈。

8. 可进行舆论监控

社交性媒体的最大优势是通过大数据特性帮助企业低成本进行舆论监控。这主要表现在企业进行危机公关时。因为任何一个负面消息都是从小范围开始扩散的，只要企业能随时进行舆论监控，就可以有效降低企业品牌的危机产生和扩散的可能。

在社交网络出现以前，企业进行舆论监控的难度是很大的，而现在利用社交媒体解决危机公关已经得到了广泛认可。

3.6.4 做好社交营销 3 个关键

在社交性媒体大阵营中，逐步呈现出了多极化的发展趋势。新浪微博逐渐走向衰落，豆瓣、人人、QQ 空间等开始在营销上大步迈进。作为后起之秀，微信的表现是近年最大的惊喜，它在移动端的表现严重挑战着传统 PC 端的社交性媒体。社交性媒体目前形成了多极化格局。

鉴于社交媒体错综复杂的形势，企业在开展社交营销时必须要有自己的思路，先分析后决定。再者是不能过于依赖一个或少数几个媒体，而是要综合各种媒体资源的优势，打造一个健康的关系链。

1. 做好关系链

做社交性媒体营销最关键也是最基础的是做好关系链。关系链即链接人和组织之间的社会关系。而社会能够称之为社会的关键则是人与人、人与组织及组织与组织之间的关系链，关系网示意图如图 3-19 所示。

图 3-19　社交营销关系链

在社交性属性日益增强的互联网中，关系链自然是社交性媒体最重要的组成部分。社交性媒体营销的一个显著优势就是用户对于信息的信任度高，而信任度高的原因就是有社交关系链。只有很好地利用了用户的社交关系链，才能发挥社交性媒体营销的优势。

2. 增大传播动力

我们既然知道了关系链对于社交性媒体营销的关键作用，就要考虑如何利用关系链。显然，更好的手段是利用用户之间既有的关系链，在关系链的某一个点注入信息，通过关系网迅速传播。然而就像电流需要电压才能传输一样，没有传播动力的内容即使投入关系网中，也激不起一丝涟漪。对于社交性媒体营销来讲，最困难和最重要的就是增大营销内容的传播动力。

3. 实现多样化的传播

营销内容有了传播动力后，只需要依靠自己的优势资源将内容的"石块"投入用户关系链组成的"池塘"中，便可以迅速传播出去。而营销传播的方式可以是多样化的，这要依据企业自己的优势和能够利用的资源而定。采取的方式可以是电视节目中的曝光，可以是网络媒体的报道，可以是微博大 V 的转发，可以是大量投放的广告，甚至是靠水军冲上的热门话题榜。只要能启动内容传播的程序，击中关系链中的任意一个点，就可以作为传播的开端，这个开端可以是单点，但最好是多点同步启动传播，这样的叠加效应会很明显。

有了具备传播动力的内容，依托既有的社交关系链进行传播，加上社交关系链附加的高信任度，内容传递带来的营销效果就会越来越好。

问题与思考

　　很多企业常常有这样的困惑，什么样的企业才适合做社交媒体营销呢？按照惯例回答就是根据行业、企业规模、产品服务来逐个分析哪些适合，哪些不适合。也许换一个维度来评判会更合理，即社交媒体营销是适合所有行业、所有企业来做的，因为社交媒体只是营销载体和通道而已，最终企业目的还是营销。

　　做社交媒体营销的重点是抓住社交媒体，理解社交网络是什么。社交网络上的营销与其他营销区别在哪里？它的核心是什么？

第4章
方法 | 网络营销的六种常见工具

导语

"工欲善其事，必先利其器。工欲善其器，必先利其法。"网络营销的开展必须依赖于一定的营销工具。网络营销工具是伴随着网络营销发展起来的。在网络营销诞生之初就有了第一代工具：搜索引擎。随着网络营销理论的不断丰富和创新，也涌现了出了不少新的工具，如即时通信工具、博客、电商平台等。本章主要介绍搜索引擎、即时通信工具、电子邮件、微博、电商平台、企业网站这六种常用的工具。

4.1 搜索引擎——网络营销中的"不老神话"

案例导入

Google 广告成就移动英语

Google 是全球最有影响力的搜索引擎之一，其用户也是不计其数。正因为如此，很多企业选择与其合作，目的就是通过其巨大的客流量来提高点击率。

移动英语——一项由美国哈佛大学数十位资深语言专家经过十多年的努力开发而成的口语学习业务。其提出"不用背单词，不用学语法，45天说一口流利的英语！"的概念深受消费者欢迎。它是目前市场上唯一完全脱离书本的一套课程，真正解决了非英语国家学习者面临的最大困境：至始至终坚信书的力量，认定只要把书翻烂就一定能学会英语。

2006—2008年，移动英语与 Google 进行了为期3年的合作。在合作初期采取的是关键词搜索，即购买"英语口语"相关关键词做竞价推广，事实证明效果不是很好。因为类似于"英语口语"的相关词比较多，同行在做关键词竞价时基本上也是以这些词语为主，如英语培训学校、英语口语学习教材等，所以每天只能买到几百个IP，产生1~2单业务。

随后，移动英语开始在 Google 上投放内容广告。之后，凡是与"英语口语"相关的内容在 Google 合作的网站上都会出现移动英语的广告。再加上点击单价比较低，网站访问量在很短的时间内就大幅提升，而且面对的群体范围大大拓宽。以前利用搜索广告宣传时大多数关注用户都是准备学习口语的，意向性比较强，群体较集中；而利用内容广告宣传时点击广告的多数都是好奇者，并不是有迫切需求的消费者，这无形中就增加了访客量。

尽管经历了一段"流量非常高但不赢利"的尴尬期，但移动英语的营销很快进入正轨。在这段时间里，移动英语的广告基本上覆盖了所有网站的前三名。最主要的是，通过这种高密度、无缝隙的宣传，移动英语在短短几个月内就树立了自己的品牌，在英语口语学习人群/领域中影响力大增。

总结

借助 Google 在全球范围的影响力，移动英语很快打开了全球市场，成为全球英语爱好者非常喜欢的一门英语教学课程。

思考

Google 为广告主提供了两种广告形式，一种是搜索广告，即先确定某关键字，然后再提供给消费者，通过消费者搜索关键词而达到宣传的目的；另一种是内容广告，是直接展示网页的一种广告方式，后者业务较多，占到 Google 全球总业务的 76%。请分析两种广告形式的优劣势。

4.1.1　概述

本节主要阐述搜索引擎营销的概念和特点，以及利用搜索引擎工具进行营销的核心、方法等。最后对如何选择搜索引擎工具做了简短的说明，目的在于使读者快速了解、熟悉搜索引擎营销这种方法。

4.1.2　搜索引擎营销的关键在于搜索

搜索引擎是一种信息搜索系统，其主要作用是从网络上自动搜集一些信息。它能提取各个网站的信息（以网页文字为主），按照一定的方法、规律整理以后建立起数据库，再提供给用户，以便用户查询，同时也可以根据用户的查询记录进行匹配，按一定的排列顺序返回结果。

利用搜索引擎工具进行营销因使用率和精准率较高，被越来越多的企业认可。从全球范围来看，85%以上的企业或产品信息都是通过搜索引擎被人们查找到的。

搜索引擎营销，英文全称为 Search Engine Marketing ，所以又叫 SEM。这是一种非常重要的网络营销方式，是指基于搜索引擎平台，利用人们对搜索引擎的依赖和使用习惯，将营销信息传递给目标客户，因此也被定义为"精准营销"。

搜索引擎在互联网上的作用非常重要，大多数网民在寻找某个信息的时候都会使用搜索引擎。搜索引擎的出现颠覆了人们获取信息的方式，也改变了人们在消费中的决策流程。人们通过主动搜索来了解品牌和商品，建立深度认知，从而进行购买决策。因此，将网站地址排在搜索结果的第一名就成为搜索引擎营销推广的最终目标。

曾是传统广告"大鳄"的宝洁，在 2008 年经济危机之后开始重视在搜索引擎营销方面的投入，将更多广告预算倾斜至性价比更高的互联网广告。2012 年 5 月，宝洁公司负责全球营运的副董事长葛斯勒先生与大中华区总裁施文圣拜访了百度，并代表宝洁中国与百度建立了在数字营销上的战略合作伙伴关系。这一事件有力地证明了搜索引擎是不可忽视的品牌营销阵地。

搜索引擎营销主要的方法就是通过搜索工具，设置搜索关键词，实现主动营销。让用户主动发现信息、使用信息、传播信息，从而使企业品牌信息、产品信息进一步与消费者结合。搜索引擎营销中信息传递基本流程如图 4-1 所示。

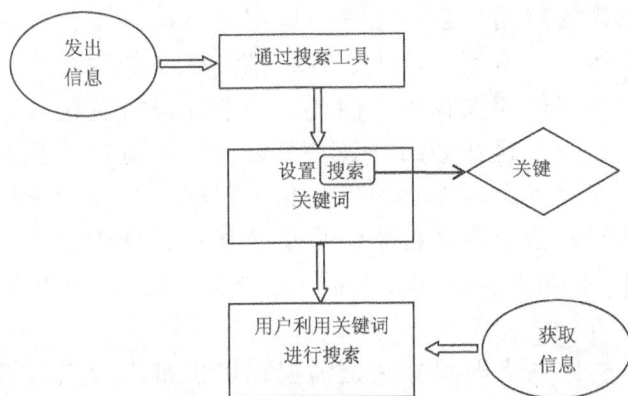

图 4-1　搜索引擎营销中信息传递的基本流程

从以上流程中不难看出，这种营销方式的关键在于"搜索"这个环节上，一是搜索工具的选用，二是搜索关键词的设置，三是用户的搜索行为。通过这三个步骤基本可以达到用户主动搜索、发现信息、使用信息的目的，从而大大提高信息从源头到用户的效率。

4.1.3　设置搜索关键词

美国联合航空公司（以下简称"美联航"）在 2007 年第一季度期间，充分利用了搜索引擎营销方式，在消费者购买机票前就与之充分互动，将消费者最想预先知晓的机票信息做最有效的传达。在广告预算没有增长的情况下，销售业绩增长超过两倍。

美联航通过调研获知：有 65%的消费者在做出旅行决定前，会进行至少 3 次搜索；有 29%的消费者会进行 5 次以上的搜索。而用户关注的信息主要体现在 3 个层面：价格、服务和关于航空公司的详细信息。因此，针对这 3 个层面的信息，美联航分别对关键词的选择以及结果的呈现方式做了优化，使消费者在决策前就知晓相关的信息，从而带动了机票的销量。

美联航的案例说明搜索关键词的重要性，那么什么是关键词？如何选择关键词是进行搜索引擎营销中的重中之重。关键词，顾名思义就是用户在搜索信息时，能最大程度概括用户所要查找的信息内容的字或者词。企业进行搜索引擎营销之前，首先就应考虑好设置什么样的关键词，因为这将直接决定信息搜索时的曝光度，过多、过少或不够精准都会影响到信息搜索的结果。

为了更好地设置关键词，企业需要了解关键词有哪些类型。通常来讲，关键词包括相关关键词、长尾关键词、错误关键词和生僻关键词。

（1）相关关键词

相关关键词即设置与被搜索信息内容相关或相近的关键词。如"2016年国内十大新闻"的关键词可以是"2016年国内十大新闻"，同时也可以设置为"2016年国内十大事件"，这样设置就会扩大搜索范围，增加被搜到的可能性。

关于相关关键词的运用，各个搜索引擎都持开放态度，允许搜索者在搜索时出现谐音相关词。例如，百度、雅虎、谷歌都设置了相关搜索，而且有热门搜索提示，会显示近期常用的相关词语。因此，企业在设置关键词时可以把相关关键词作为网站的分类栏目。这样做的好处是可以突出关键词，且可让该关键词在网站内重复出现。很多时候，虽然页面里无相关内容，只要分类栏目与搜索的关键词相同，相关信息同样会出现在搜索结果里。如在百度中输入"苹果公司"会出现与之相关的信息——与苹果公司相关的人、企业、品牌、产品等，如图4-2所示。

（2）长尾关键词

长尾关键词是指网站上非目标关键词但也可以带来搜索流量的关键词。长尾关键词往往是2-3个词组成，甚至是短语，具有搜索量非常少，且不稳定的特征。

长尾关键词存在于内容页面的标题和内容中，方便用户快速找到自己需要的内容。比如"2016 创新 智能制造"就属于一个长尾关键词。用户在搜索时首条就会出现"2016中国智能制造十大变革趋势"这样的信息，从表面上看只含有"2016""智能制造"等关键词，但"创新"一词会多次出现于文中。

图4-2　相关关键词

扫一扫 延伸阅读 2016 中国智能制造十大变革趋势
http://www.jiemian.com/article/792412.html

选择长尾关键词首先要考虑并分析大部分用户的搜索习惯，然后才能确定与网站内容最符合的长尾关键词。因此，不能忽略长尾关键词的作用，尤其是对商业站点而言，这样的流量最有价值。

（3）错误关键词

有的用户使用搜索引擎时，无意中输错了字，这会导致关键词错误。企业如何合理"利用"这种错误呢？因此就出现了错误关键词。在不影响整体效果的情况下，企业可以多做几个相关的错误关键词，这样可以扩大被搜索的范围，增加被搜索到的机会。较典型的错误关键词是谐音字、词等。如要查找"蛋黄酥"，当用户写成"蛋黄速"时同样可以搜索到相关信息。同时，搜索结果也会显示"您要我的是不是'蛋黄酥'"的提示，如图 4-3 所示。

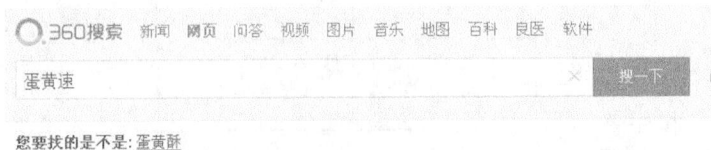

图 4-3　错误关键词

（4）生僻关键词

企业可以根据自己的网站内容，寻找一些相关的，但是很少被竞争对手使用的关键词。虽然这类关键词带来的流量很小，不过排名容易靠前。也许一个页面被收录后当天就能显示在第一页。另辟蹊径、提炼生僻的相关关键字，比做一堆跟风关键字更有可能带来流量。特别是对于一些局域性强的地方网站、行业网站，这是个比较好的方法。

4.1.4　搜索引擎营销的特点

与其他传统媒体相比，搜索引擎具有许多得天独厚的优势，如主动性强、信息的多媒体化、传播模式灵活、互动性强等。经总结，搜索引擎营销的主要特点有以下 5 个。

1．主动营销

互联网时代是个信息大爆炸的时代，消费者接受的信息越来越多，渠道越来越杂，导致的后果是消费者对信息的辨别能力和敏感度越来越低。因此，企业要想让产品快速、精准、有效地到达消费者那儿，就必须主动。搜索引擎营销由于利用了搜索工具充分迎合企业的这一需求。用户只要通过搜索引擎进入网站或网页，就可获取所需信息，而且这些信息由于已经经过进一步处理，非常具有针对性。

企业网站中的信息大部分经过针对性地处理，因此往往能更加符合消费者的需求。企业进行信息处理的流程如图 4-4 所示。

2．实现资源的高度整合

搜索引擎营销为企业提供了一站式、全方位的资源整合模式。它通过对各种营销渠道、营销平台、营销手段的全面整合，使企业在交互中实现价值增值，实现回报率最大化。

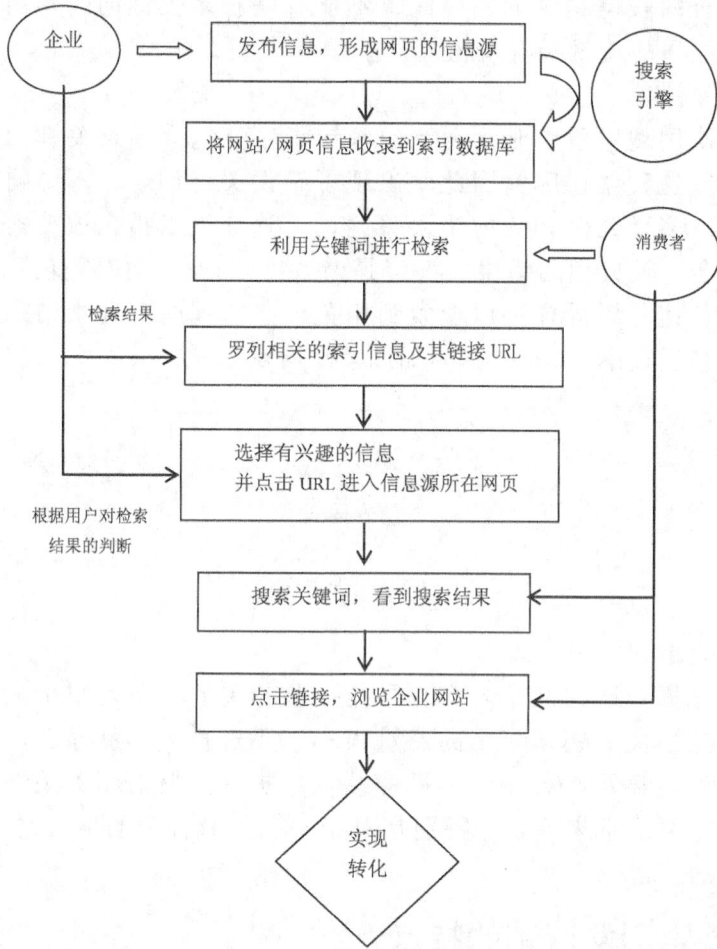

图 4-4　企业处理信息的流程

搜索引擎营销资源的整合能力体现在多个方面，如搜索媒介、搜索路径、企业营销战略等，具体如图 4-5 所示。

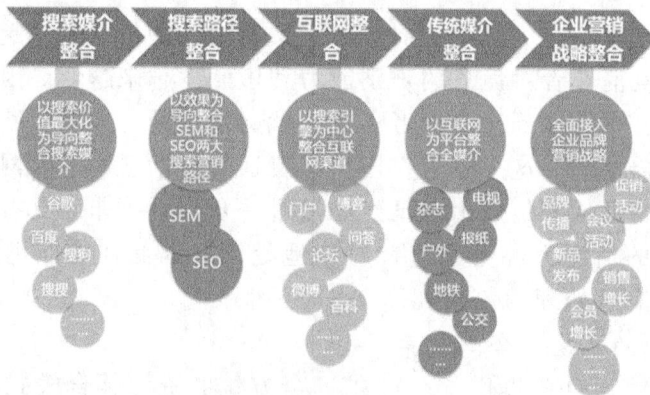

图 4-5　搜索引擎营销中资源整合的内容

3．成本低廉

搜索引擎营销与大多数网络营销形式一样，最大的特点就是成本低。即能够以低成本的投入获得高访问量。搜索引擎营销常见的计费方式有 6 种。

① CPA（Cost Per Action）：按用户行为效果计费

这是一种按广告投放实际效果计价的广告方式，广告完全按照有效问卷或订单来计费。如一次交易、一个注册，或者一次点击、一次下载等。

特点：收益高，但也有一定的风险。

② CPM（Cost Per Mile）：按千次展示次数计费

这通常是指在广告投放过程中，听到或者看到某广告的每一人平均分担到多少广告成本。简单地说就是只要展示了产品，就以千为比例进行收费。计算公式为：千人成本=（广告费用/到达人数）×1000。

特点：效果不是很好，适用于有稳定用户量的产品。

③ CPC（Cost Per Click）：按点击次数计费

这是根据广告被点击的次数收费的方式。

特点：这样的方法加上点击率限制可以加强作弊的难度，网民的每一次点击就会为广告主带来真实的流量或是潜在的消费者。这是最常见的收费方式之一，也是宣传网站站点的最优方式。

④ CPV（Cost Per View）：按访问网站的客户数量计费

这是一种按照实际广告显示量来计费的广告模式。当用户访问了会员站点，只要显示一次即计费一次。这种计费方式主要运用在中易、乘风、联赢等广告联盟系统中。

特点：可投放图片、图文、Flash、视频等，集各种媒体于一体。价格低、效果丰富，可满足不同广告需求。

⑤ CPS（Cost Per Sale）：按实际成交额支付佣金

CPS 是指以销售产品的提成来换算广告刊登金额的一种广告计费方式，一般有两种计算方式：一是按照订单额的比例算；二是不区分订单额，每个订单有固定价值，订单固定价值乘以订单量即为广告主的收益。这种广告计费方式更适合购物类、网址导航类网站。

⑥ ROI（Return On Investment）：按收益额与投放额的比值计费

ROI 是 CPS 另一种表示方法，是由广告产生的收益额与投放额比值来计费，计算方法多为收益额/投放额。如果一个电商的合作 ROI 是 1:2，其意思是广告主愿意支出其订单额的 50%付给媒体。这种模式大多运用于电商、游戏类广告中。

4．受众自主选择性大增

相较于报刊、广播、电视等大众媒体广告及户外、直邮、POP 等小众媒体广告，搜索引擎广告的接受没有强迫性。消费者有更多的自主选择权，可以根据个人的兴趣和喜好选择是否接受以及接受哪些广告信息。由于消费者是心甘情愿地主动选择，从而避免了传统广告在信息传递方面的强迫性和被动性的局限，增强了广告的有效到达率。

5. 表现手段多样

搜索引擎营销可以综合运用多种形式，包括文字、声音、动态影像、静态画面、动画、表格、三维空间、虚拟视觉等表现方法，充分表现创意，实现完美统一，视听效果更佳，给消费者以传统媒体广告所无法企及的体验。

与此同时，搜索引擎营销也有效解决了企业，尤其是中小企业网络营销开展难、效果差、形式单一等问题。在最低投入、最短时间、最多平台、最大效益的情况下实现真正的网络营销，不断增加企业的曝光率，提高用户的转化率，促进企业的成交率。

4.1.5　提升搜索排名的两大方法

在搜索引擎营销中，只有排在最前列才有被关注的可能性，搜索排名成为决定营销效果的重要因素。

提升的方法主要有两种：一种是搜索引擎优化（SEO），这个在之前的章节已经详细介绍过；另一种方法是竞价排名。

1. 搜索引擎优化

搜索引擎优化又称为网站优化技术，是指它通过了解各类搜索引擎如何抓取页面、如何进行索引，以及如何确定其对某一特定关键词的搜索结果排名等技术，来对网页内容进行相关的优化，使其符合用户浏览习惯，并在不损害用户体验的情况下提高搜索引擎排名，从而提高网站访问量，最终提升网站的转化率或宣传能力的技术。所谓针对搜索引擎优化处理，是为了要让网站更容易被搜索引擎接受。搜索引擎会将网站彼此间的内容做一些相关性的资料比对，然后再由浏览器将这些内容以最快速且接近最完整的方式呈现给搜索者。

通过研究发现，搜索引擎的用户往往只会留意搜索结果最靠前的内容，所以不少商业网站都希望通过各种形式来干预搜索引擎的排序，当中尤以各种依靠广告为生的网站最甚。目前搜索引擎优化技术被很多目光短浅的人，用一些搜索引擎优化作弊的不正当手段，牺牲用户体验，一味迎合搜索引擎的缺陷，来提高排名。这种优化方法是不可取的，最终也会被用户所唾弃。

2. 竞价排名

竞价排名服务是按点击计费的一种服务，用户可以通过调整每次点击付费价格，控制自己在特定关键词搜索结果中的排名；并可以通过设定不同的关键词捕捉到不同类型的目标访问者。排名的算法和用户出价、关键词质量度等一系列因素有关。通常来说，付费越高者排名越靠前。

国内最流行的点击付费搜索引擎有百度、360、搜狗和谷歌。值得一提的是，企业即使是做了竞价排名，最好也应该对网站进行搜索引擎优化设计，并将网站登录到各大搜索引擎中。

搜索引擎竞价排名推广主要包括以下几个步骤：（1）在各个搜索推广平台申请搜索引擎营销推广账号；（2）制作并优化网站登录页；（3）确定关键词，创建推广计划；（4）安装统计代码，确认网站转化目标；（5）投放广告；（6）跟踪并评估广告投放效果。

4.1.6　搜索引擎工具的选择

搜索引擎是实现搜索引擎营销的前提条件，所有的工作都是基于搜索引擎来实现的。目前，就各大搜索引擎占有的市场率来看，国内的百度、搜狗、360、腾讯和海外的雅虎、Google 的市场占有率最大，使用用户也比较多。

（1）国内主要的搜索引擎

目前中国已经是全球第二大搜索市场，在全球的搜索市场份额中占到 10%，其中又以 Google、百度份额最大。中国的主要搜索引擎网站见表 4-1。

表 4-1　　　　　　　　　　　　　　　中国主要搜索引擎网站

百度	简称 BIDU，是全球最大的中文搜索引擎，致力于向人们提供"简单、可依赖"的信息获取方式
360	属于元搜索引擎，是通过一个统一的用户界面帮助用户在多个搜索引擎中选择和利用合适的（甚至是同时利用若干个）搜索引擎来实现检索操作，是对分布于网络的多种检索工具的全局控制机制
搜狗	搜狐公司旗下的子公司，于 2004 年 8 月 3 日推出，目的是增强搜狐网的搜索功能，并推出搜狗输入法、免费邮箱、企业邮箱等业务。2010 年 8 月 9 日搜狐与阿里巴巴宣布将分拆搜狗成立独立公司，引入战略投资，获得注资后的搜狗有望成为仅次于百度的中文搜索工具
搜搜	腾讯旗下的搜索网站，是腾讯主要的业务单元之一。网站于 2006 年 3 月正式发布并开始运营。搜搜目前已成为中国网民首选的三大搜索引擎之一，主要为网民提供实用便捷的搜索服务，同时承担腾讯全部搜索业务，是腾讯整体在线生活战略中重要的组成部分之一
有道	有道搜索是网易公司的搜索服务，在网易结束与谷歌的合作后，公司自行研发的有道搜索成为其搜索服务的内核。核心是将设想中的服务一点点变成现实，分享给大家使用，让搜索引擎使用者更快一秒找到想要的好东西

注：网站排名顺序基于用户覆盖数大小。

（2）国际主要的搜索引擎

在国际市场上，Google 所占市场份额最大，达到 60% 以上，高居榜首。其次是雅虎，百度第三，微软第四，其他依次为 eBay、NHN、Yandex、Facebook、Ask和阿里巴巴。

雅虎（Yahoo）搜索：雅虎（Yahoo!，NASDAQ：YHOO）是美国著名的互联网门户网站，其服务包括搜索引擎、电邮、新闻等。业务遍及 24 个国家和地区，为全球超过 5 亿的独立用户提供多元化的网络服务。同时也是一家全球性的互联网通信、商贸及媒体公司。

2012 年 4 月 4 日美国雅虎公司宣布将裁员 2000 人，约相当于雅虎全球员工数量的 13%。2013 年 5 月，雅虎宣布将收购微博服务 Tumblr。基于阿里巴巴集团 2012年和雅虎美国签订的协议，中国雅虎将调整自己的运营策略。于 2013 年 9 月 1 日起，中国雅虎不再提供资讯及社区服务。原有团队将专注于阿里巴巴集团公益事业的传播。

谷歌（Google）搜索：这是 Google 公司旗下的一款互联网搜索引擎，于 1998 年 9 月 7 日在美国加利福尼亚山景城创立，总部为 "Googleplex"，Google 被公认为是全球规模最大的搜索引擎，它提供了简单易用的搜索服务。

尽管搜索工具有很多，但每种工具都有自己的特色，侧重的领域也不同。也就是说在选择搜索工具时要结合市场影响力、所处的行业、专业程度等多种要素进行判断。如目前百度的人气最高，用户最多，如果在百度上做推广，面临的受众群体就会比其他工具要多，适合大众信息推广；如果推广的信息专业性较高，只针对某一类人群，可以选择 360 搜索，因为 360 抓取网页信息的能力最强，收录网页也较全面，可对某类专门信息进行自动分类、整合，大大减少了人们整合资料的时间。

如果针对海外客户应优先选择 Google、雅虎，或者 NHN（韩国）、Yandex（俄罗斯）、Facebook 等，而如果针对国内客户就应当优先选择百度、搜狗等。

问题与思考

1. 关键词有哪些类型，各自具有什么特点和优势，如何进行关键词分析？
2. 什么是竞价排名，如何处理竞价排名与恶性竞争之间的关系？

4.2 即时通信工具——开启了远程沟通，线上营销新时代

案例导入

农夫茶牵手腾讯

2007 年 6 月，农夫茶牵手腾讯，尝试了一种新型的营销方式，即通过一系列 "QQ 品牌空间" 活动来进行营销。在短短两个月内，农夫茶品牌空间浏览量达到 3200 万，实现了在消费群体中的全面曝光。

在前期的调查中，农夫茶将目标客户群锁定在即饮茶的最大消费群——15～25 岁的青少年。为此，农夫茶首先建立了主题的官方空间，以此作为整个营销活动的基地，随后立即开展了 "梦幻爱情 show 博客" 活动。数千万 QQ 空间用户通过这个活动与大家共同分享自己的心动故事、爱情观点。

此次活动受到了千万用户的关注，在 QQ 空间、QQ 消息、腾讯网以及 QQ 机器人的全方位推广下，活动达到了空前的火热状态。

在品牌空间中，每个用户都可以投票选举自己心目中的浪漫博文，这使得 QQ 空间成为一个可触及的媒体。每一个参与者都可以在其 QQ 空间中获得一个 "农夫茶挂件"，高挂在空间首页，用来识别参赛身份。数十万参与者由此带动了上千万农夫茶品牌受众，这无疑又成就了一次极具连锁效应的品牌传播。而更大规模

的主题活动才刚刚开始,"梦幻爱情 show 博客"活动积累的巨大人气为"农夫茶梦幻爱情世界"的诞生拉开帷幕。

　　每个企业品牌都试图建立一个将自身产品与消费者精神世界相连接的通道,但这需要长时间、大投入或极佳的机遇,而农夫茶却拉近了营销理论同实际成功的距离。庞大的受众、精良的制作,加上创意独特的空间运营,为农夫茶在短时间、小投入的情况下,达成了一次将品牌、产品同浪漫爱情紧密关联的完美诠释。活动完成了页面浏览人次过 9000 万,参与游戏活动超 800 万人次的终极营销任务。

　　总结

　　营销的根本其实就是在寻找一种与消费者之间的沟通方式。农夫茶选择了 QQ 空间作为提升品牌、接触最终用户的介质。QQ 空间也是当前网络营销中最具互动性的平台。

　　对于企业网络营销而言,腾讯 QQ 空间正逐渐成为创新营销的上佳选择。此外, QQ 空间还拥有其他竞争对手难以超越的海量用户。

　　思考

　　农夫茶是通过 QQ 空间策划营销活动来实现传播的,分析下这场营销活动具有什么特征。

4.2.1　概述

　　本节阐述搜索即时通信营销的概念、优势、利用即时通信工具进行营销的方法等。最后列出了几种常见的即时通信工具,目的在于帮助读者快速掌握即时通信营销的方法。

4.2.2　IM 的优势

　　即时通信(Instant Message)简称 IM(以下统称 IM),是 Internet 上最为流行的通信方式。基于此,各种各样的实时通信工具层出不穷,例如 QQ、MSN、淘宝网的旺旺等。利用这些工具可实现文字信息、文档、语音以及视频等信息的实时传递,方便与客户沟通,为网络营销中的买卖双方提供了必要的交流媒介。

　　IM 作为互联网的一大应用,其重要性日益突出。有数据表明,IM 工具的使用率已经超过了电子邮件的使用率,成为仅次于网站浏览器的第二大互联网应用工具。

　　即时通信工具是开展网络营销的必备工具,是进行在线客服服务、维护客户关系等有效沟通的利器。有了即时通信工具,可以实现与客户零距离、无延迟、全方位的沟通。特别是对企业网站或电子商务网站而言,合理利用即时通信工具既可以与客户保持密切联系、维系良好关系,也可以有效促进销售、实现商务目的。

　　最早的即时通信的软件是 ICQ。ICQ 是英文"I seek you"的谐音,意思是我找你。4 名以色列青年于 1996 年 7 月成立 Mirabilis 公司,并在 1996 年 11 月发布了最初的 ICQ 版本。ICQ 在 6 个月内就有 85 万用户注册使用。

　　早期的 IM 只是个人用户之间的信息传递工具。现在随着 IM 工具在商务领域内的普及使 IM 营销也日益成为不容忽视的话题。最新调查显示,IM 已经成为人们在工作上沟通业务的主要方式，有 50% 的受调查者认为每天使用 IM 工具的目的是方便工作交流，49% 的受调查者在业务往来中经常使用 IM 工具，包括交换文件和沟通信息。

✖案例

小 i 机器人伴侣是一个由赢思软件（微软全球合作伙伴）推出的 MSN 的功能增强组件，是以 MSN 联系人的形式出现的。只要用户添加相关机器人的 MSN 账号，就可以像与真人聊天一样与机器人聊天，并可查询地图、天气预报、电视节目等信息。

平台中拥有家喻户晓的小 i 聊天(xiaoi900@hotmail.com)、小 i 地图(map@xiaoi.com)、小 i 天气(weather@xiaoi.com)、小 i 问答(ask@xiaoi.com)、小 i 电影(movie@xiaoi.com)、小 i 收视 (tv@xiaoi.com)、小 i 竞拍 (jingpaibot@hotmail.com) 及小 i 游戏 (game@xiaoi.com) 等。

IM 营销是指将 IM 作为信息交互载体，以实现目标客户挖掘和转化的网络营销方式。针对有明确目标需求的网站访客，企业需要一套网站在线客户服务系统，随时接待每一个访客，回答访客的任何问题，然后产生交易；而针对没有明确需求的网站访客，企业则需要针对其行为特征分析进行主动出击，了解对方来访目的、购买意向，最终达成交易意向,这就是典型的 IM 营销。

✖案例

Toyota 西班牙在 WhatsApp 上创造过一次有趣的"挑逗比赛"。这次活动推动了 Toyota 的新车 Toyota Aygo 的发布。根据 Mobile Marketing Magazine 的报道，西班牙的 IOS 系统用户有 99% 都在他们的手机上装载了 WhatsApp 的 APP。

这次活动鼓励用户去关注新的 Toyota Aygo 汽车，在情人节公布的得胜者将会得到一辆全新的汽车。用户只要给 Toyota Spain 的账号发送称赞 Toyota Aygo 汽车最肉麻的口头禅、图片、声音邮件和视频就有可能赢得比赛。

Toyota 依赖自身在社交媒体上既有的影响力，给 WhatsApp 的营销活动带来了流量。潜在的粉丝从 Facebook 或者其他推广渠道获得了 Toyota 在 WhatsApp 上面的账号，才转到 WhatsApp 上来参加活动。

从上述案例中可以发现，IM 营销具有很多其他营销方式所没有的优势，如操作上的方便性，信息传播上的精准性，具体有以下 5 个优势。

1. 门槛较低

任何营销类的工作，都可以用 IM 来营销。且对于运营者来讲，IM 营销操作起来非常简单，很容易就上手。

2. 精准性高

IM 工具在信息传播方面非常精准，比如 QQ，可以根据人为需求设置。假如一位卖美容产品的商家利用 QQ 进行推广，就可以将 QQ 设置为美容方面的，专门为特定人群服务。再如购物群、女性车友群等都是一些特定的群。

3. 成本较低

IM 的试用，通常不需要太多的费用，有很多甚至是免费的，且在人力上成本也很低，通常只需要一个人就可以全权负责，主要工作内容包括主要信息的发布，与对方的互动，以及后期的维护等。

4. 回报速度快

这是 IM 营销最显著的特点，可能刚发完广告，马上就有回应，甚至成交，这就是 IM 的最大好处，也是企业想要的效果。

5. 大众化

利用 IM 工具可以实现在线人员进行语音、文字、影像的交流，给人的信息更加直观、可信、快捷。IM 工具可以在线传输文件，可以实现远程协作。因此，IM 工具格外受广大网民的欢迎。

值得注意的是，IM 工具虽然可以突破空间的限制，但无法摆脱时间的限制，这也给信息交流双方带来了实际交流上的不便。

4.2.3　常见的 IM 工具

IM 工具是基于互联网网络通信协议产生的点对点或点对面通信的一种软件。软件种类非常多，只要可以提供即时文件、文字、图像、语音、视频等形式的媒体数据的交换，方便人们沟通便可成为一种工具。

电子邮件、电子公告板、论坛以及留言板、聊天室、博客和网站都是 IM 工具。国外最有影响力的 IM 工具有：ICQ、MSN、AOL 等。国内比较流行的有腾讯 QQ、网易泡泡、新浪 UC、雅虎通等。有些网络软件与电子商务交易平台也提供这类 IM 工具，如淘宝网的淘宝旺旺。

常见的即时通信工具大致可以分为以下 4 类。

1. 综合类 IM 工具

综合类即时通信软件是指用户群体以及用途没有明显特征的工具。该类型最典型的软件是腾讯 QQ 和微软 MSN Messenger。从软件的历史分析，综合类即时通信软件出现时间较早，在功能以及用户规模上均有较好的积累，而这种积累也为其潜在价值的挖掘创造了便利条件。以 QQ 为例，通过庞大的用户积累以及门户、游戏、博客等服务的引入，均取得了良好的效果，其中网络游戏市场份额更是超过盛大，成为市场第一。

❌案例

MSN 全称 Microsoft Service Network（微软网络服务），是微软公司推出的即时通信软件。用户可以利用 MSN 与亲人、朋友、工作伙伴进行文字聊天、语音对话、视频会议等即时交流，还可以通过此软件来查看联系人是否联机。

微软 MSN 移动互联网服务提供包括手机 MSN（即时通信 Messenger）、必应移动搜索、手机 SNS（全球最大 Windows Live 在线社区）、中文资讯、手机娱乐和手机折扣等创新移动服务，满足了用户在移动互联网时代的沟通、社交、出行、娱乐等诸多方面的需求。

2. 跨平台 IM 工具

跨平台即时通信软件是指其信息传送平台已经不止局限在互联网以及计算机客户端，手机以及移动互联网络也成为即时通信服务的载体之一。实际上目前主流综合性即时通信工具均可以通过计算机或者手机使用，但真正实现与手机无缝连接的工具则是移动飞信。移动飞信发展迅速，在 3 年左右的时间里用户渗透率已经高达 20.5%，用户规模已经占据市场第二的位置。飞信最大的优势在于与移动手机的结合以及可以免费使用手机短信沟通。

3. 跨网络 IM 工具

跨网络即时通信是指其信息传输网络除了互联网之外，还将传统电信网络纳入其中。受到国家电信政策的影响，目前真正实现跨网络的即时通信软件并不多，其中最典型的是 Skype。Skype 最大的优势在于除了计算机与计算机的信息沟通以外，还能够使用户通过计算机上网实现计算机对固定电话和手机的沟通。虽然通话功能强于其他即时通信软件，但是 Skype 毕竟是一种互联网服务，而不是真正的电信服务，它也存在一些问题，如市场定位、通话安全性等。

案例

Skype 是一家全球性互联网电话公司，它通过在全世界范围内向客户提供免费的高质量通话服务，正在逐渐改变电信业。Skype 是网络即时语音沟通工具。具备 IM 所需的其他功能，比如视频聊天、多人语音会议、多人聊天、传送文件、文字聊天等功能。用户可以 Skype 免费进行与其他用户高清晰语音对话，也可以拨打国内国际电话，无论固定电话、手机、小灵通均可直接拨打，并且可以实现呼叫转移、短信发送。

4. 垂直 IM 工具

垂直 IM 工具的用户针对性较强，往往由其他互联网服务带动兴起，如门户型即时通信工具网易泡泡、新浪 UC。而近期随着电子商务、搜索、博客的兴起，一批新兴即时通信工具也应运而生。其中，以百度 Hi、阿里旺旺为代表。垂直 IM 工具的优势在于与其他互联网服务的结合，而这种结合又为其互联网服务的潜在价值的挖掘创造了条件。不同即时通信软件的发展重点也有所不同。

案例

雅虎通是由全球领先的互联网公司雅虎（Yahoo）推出的即时聊天工具，是国际主流即时通信工具之一。2007 年美国雅虎通在即时通信市场占有率排名第一，全球每天有超过 5 千万人次登录和使用雅虎通。它拥有独特的聊天情景（IMViroment），包括语音聊天室、超级视频等功能。它能让用户与朋友、家人、同事及其他人进行即时交流。

国内的垂直 IM 工具，常用的有网易泡泡、UC、百度 Hi、阿里旺旺等。

① 网易泡泡（POPO）是由网易公司开发的一款免费的绿色多媒体 IM 工具。POPO 不仅支持即时文字聊天、语音通话、视频对话、文件断点续传等基本 IM 功能，还提供邮件提醒、多人兴趣组、在线及本地音乐播放、网络电台、发送网络多媒体文件、网络文件共享、自定义软件皮肤等多种功能，并可与移动通信终端等多种通信方式相连。还有 POPO 游戏大厅，当中有多款游戏供网友选择。

② UC（Universal Communication）是新浪 UC 信息技术有限公司开发的，融合了 P2P 思想的下一代开放式 IM 的网络聊天工具。UC 服务于 2002 年正式推出，通过该服务，用户可以在互联网和移动通信网络上实时发送文本信息、图像和声音。UC 还提供聊天室、在线游戏、校友录、在线卡拉 OK 及其他娱乐服务等社区功能。UCIM 工具拥有约 8000 万注册用户，同时在线用户数最高达到 20 万左右。

③ 百度 Hi（BaiDu Hi）是百度公司推出的一款集文字消息、音视频通话、文件传输等功能于一体的 IM 软件。用户可以通过它方便地找到志同道合的朋友，并随时与好友联络感情。百度 Hi 主要有百度好友、兴趣搜人、兴趣群组、百度空间、密友排行、邮箱登录、皮肤换色等功能模块。

④ 阿里旺旺是将原先的淘宝旺旺与阿里巴巴贸易通整合在一起的新品牌。它是为淘宝和阿里巴巴量身定做的免费网上商务沟通软件，能轻松找客户，发布、管理商业信息；及时把握商机，随时洽谈做生意。

阿里旺旺品牌分为阿里旺旺（淘宝版）、阿里旺旺（贸易通版）与阿里旺旺（口碑网版）3 个版本。这 3 个版本之间支持用户互通交流。但是，如果想同时使用与淘宝网站和阿里巴巴中文站相关的功能，仍然需要同时启动淘宝版和贸易通版。目前贸易通账号需要登录贸易通版阿里旺旺，淘宝账号需要登录淘宝版阿里旺旺，口碑网需要登陆口碑版的阿里旺旺。

4.2.4　常用的 IM 营销方法

IM 营销，是指企业通过即时工具实现推广产品和品牌的过程。这种情况主要体现在一些较为大众化商品之间的竞争，比如汉堡和披萨。它们在最后比较的往往并非是食品的味道，而是谁能最快将食品送到客户的手中，以取得客户满意的评价。

常用的 IM 营销形式主要有两种。第一种是网络在线交流：中小企业建立网店或者企业网站时一般会有 IM 在线，这样潜在的客户如果对产品或者服务感兴趣自然会主动和在线的商家联系。第二种是广告：企业可以通过 IM 营销通信工具，发布一些产品信息、促销信息，或者可以通过图片发布一些网友喜闻乐见的内容，同时加上企业要宣传的标志。

IM 营销的表现形式又可分为在线客服、网络空间管理、集成应用 3 种。

1. 在线客服

IM 营销的即时性是其基本特征。即时性顾名思义就是指在最短时间内给客户提供需要的服务。因此在线客服是 IM 营销的核心表现形式，它包括人工在线导购、人工客服咨询和自动咨询应答等形式。在线客服是联系目标客户与网站方的重要纽带，也是商机挖掘的直接载体。在技术层面，IM的在线客服又分为需要客户端和直接嵌入网页不需客户端两种类型。

2. 网络空间管理

企业IM营销往往是与网络空间管理分不开的。这里的空间一般是指通过IM系统在网站分析、访客管理等方面而产生的宝贵数据和资源。

商机管理是IM营销中的重要环节，也是IM工具在线营销功能所产生的成果汇总，对于后续的网络营销活动开展及客户资源管理，起着非常重要的过渡作用。

3. 集成应用

由于IM营销工具有"无所不在、实时监控"的特性，在企业投入应用的网络营销工具中，IM营销工具的使用频率往往是最高的。IM营销工具作为企业实施网络营销管理的综合入口，还集成了相当多的各类应用在内，包括快速导航、集成登录、快捷搜索等。

IM营销应用已经渗入到人们生活中的每一个层面。如果需要进行这方面的营销，就一定要充分考虑其特殊性、眼球效应以及即时性，这些IM营销的基本要素和特征往往可以决定IM营销的成败。

不同行业、不同企业IM营销的效果是不一样的。有的行业见效快，比如服务性行业（餐饮）就是相对比较明显可以看得到营销效果的。而有些行业则相对见效较慢一些，比如一个销售电动轮椅的商家，想把轮椅推销给消费者自然是很难立刻得到好的营销效果，因为这类客户往往是针对特定群体、特定需求。因此，使用IM来营销一定要注意根据具体情况来具体分析。

问题与思考

即时通信软件以其便捷、高效的特点在网络营销应用领域中异军突起。越来越多的中小企业和个人开始借助即时通信软件寻找客户并获取订单。这时，也要注意即时通信软件存在的主要问题。搜集相关资料，总结和分析即时通信软件通常会有哪些问题，并制定有效的对策。

4.3 E-mail——初步实现了大数据分析精准推广

案例导入

亚马逊邮件营销

越来越多的人开始习惯用手机来上网、浏览网页、查看邮件……移动化已经成为互联网发展的必然趋势。邮件营销也成为非常重要的营销方式，很多企业将邮件广告作为突破口。身为全球最大的在线零售商，亚马逊自然也不会错过机会，其通过邮件投放的移动广告非常多。

亚马逊的邮件营销体系相对比较完善。它可以涵盖不同的群体，不同的时间段，适合多种方式同步进行。

亚马逊的邮件营销模版有多个，最常见的是推荐邮件和提醒邮件。

1．推荐邮件

每当有新品上市、节假日促销活动，很多在线商店都向消费者发送节日促销信息，亚马逊也会采用邮件的形式推荐给用户。

这种推荐针对性比较弱，目标不是很明确，主要是面向所有注册用户的，即凡是亚马逊的注册用户都可以看到。图 4-6 所示为新品上市推荐和促销推荐。

2．提醒邮件

提醒邮件与推荐邮件不同，主要是用来提醒特定的用户去购买，如曾经想购买而没有购买到某类商品的用户，或者曾经加入了购物车而忘记、没有购买的用户。

这种提醒主要是根据用户已购买的经历和记录，系统自动推选出相同或相近的产品，然后进行有针对性的推荐。图片底部放置颜色鲜明的"了解更多"以及"加入我的心愿单"。这些按钮除了具有引导用户点击这个基本功能外，还让整个邮件看起来更加有层次感，如图 4-7 所示。

图 4-6　新品上市推荐和促销推荐

图 4-7　推荐邮件的布局

还有一种提醒性的邮件，是针对一些人只是将商品先放入购物车，随后却没有购买，也没有从购物车中删除的情况。在这种情况下亚马逊会通过邮件提醒该用户购买。底端的商品列表无论是在计算机，还是手机上，几乎不会有人去一一点击查看，亚马逊选择在列表顶端给出这样一个醒目的提示——黄色按钮，大大方便了用户的购买消费。

在营销广告中，商品图片和价格以及商品描述都缺一不可。由于技术的提升，现在的邮件广告已经与网页广告无异，可清晰地展示出商品信息，提示用户可以时刻进行消费。标题和图片效果像网页广告一样可自由缩放，效果更好。

除此之外，还有日常推销邮件、广告邮件、购物车提醒邮件、Kindle 日常推销邮件等多种形式，每个形式的邮件都相对固定的模板。这些多层次、多样化的邮件模板十分有效地满足了用户的各种需求。

总结

邮件营销是亚马逊最主要的营销方式之一，且非常具有代表性。从上面的例子不难看出，亚马逊邮件营销具有内容分明、布局简单、重点突出的特点，其实这也是对所有邮件营销的要求。

思考

亚马逊为什么要分多个邮件模版，这样做的优势是什么？

4.3.1　概述

本节阐述了 E-mail 营销的概念、优势，利用 E-mail 进行营销的方法、技巧等。最后列举了几种对 E-mail 营销影响较大的因素，目的在于帮助读者更好地做好 E-mail 营销。

4.3.2　E-mail 营销的概念和优势

E-mail 又称电子邮件。电子邮件营销即 Email Direct Marketing，简称 EDM，在企业网络营销体系中是非常重要的一种营销方式。EDM 是指利用电子邮件与受众客户进行商业交流的一种直销方式，是在用户事先许可的前提下，通过电子邮件的方式向目标用户传递有价值信息的一种网络营销手段。

E-mail 是最早的一种营销工具，诞生于 20 世纪 70 年代早期，盛行于 20 世纪 80 年代。当时受制于网络的不发达，使用人数较少，E-mail 只能用于发送简短的信息，连图片也不可能发送；到了 20 世纪 80 年代中期，网络技术的进步，尤其是个人电脑的兴起，使 E-mail 大范围普及开来；20 世纪 90 年代中期，E-mail 就普及到全球范围，各个国家和地区的网民都开始使用这种工具，E-mail 被广为运用。

阅读链接

电子邮件的发明

雷·汤姆林森（Ray Tomlinson）是电子邮件的发明人，大约在 1971 年秋季（确切的时间已经无法考证）。他是马萨诸塞州剑桥的博尔特·贝拉尼克·纽曼研究公司（BBN）的重要工程师，当时，这家企业受聘于美国军方，参与 Arpanet 网络（互联网的前身）的建设和维护工作。

电子邮件最初只是一种可传输文件的计算机程序，或者说是一种原始的信息程序。这时的电子邮件有极大的局限性——只能给接收方发送，且接收方的计算机还必须与发送方一致。

后来，汤姆林森对已有的传输文件程序以及信息程序进行研究，并研制出一套新程序。它可通过计算机网络发送和接收信息，再也没有了以前的种种限制。为了让人们都拥有易识别的电子邮箱地址，汤姆林森决定采用@符号，符号前面加用户名，后面加用户邮箱所在的地址。

后来，E-mail 被广泛应用于网络营销领域，成为营销中不可或缺的一个工具。Forrester 咨询公司的一项研究结果表明，在 2004 年每年有 2000 亿次商业活动是通过 E-mail 进行的，形成了一个 48 亿美元的市场。

事实证明，E-mail 营销是一种效果很好的网络营销方式。E-mail 营销已经受到广泛重视。作为现代营销的一种主要手段，E-mail 营销具有其他营销方式不可比拟的优势，具体如下。

1. 成本低

E-mail 营销之所以被广泛运用，最重要的原因之一是成本低廉。这种营销方式只需要满足三个基本条件即可：一是技术，二是用户的 E-mail 地址资源，三是E-mail 营销的内容。现在 E-mail 的技术完全普及，对任何企业可以说已经不是问题，只要有网络和邮件服务器就可以完成 E-mail 的发送。关于第二、三个条件的成本也非常低，且联系 10 个用户与联系成千上万个用户，成本上几乎没什么区别。当然如果要发上百万封邮件，情况就有所不同了，因为需要专用的服务器、大浏览量带宽。

2. 速度快

相比其他网络营销手法，E-mail 营销到达用户十分快速。以搜索引擎营销为例，如果对该引擎进行优化，至少需要几个月，甚至几年的时间；博客营销需要更长的时间，以及需要大量的文章来支撑。社会化网络营销中建立广泛关系网需要很长的时间积累。

而 E-mail 营销只要有邮件数据库在手，发送邮件后便可达到用户。唯一不确定的地方就是无法即时通知用户，用户有可能在几小时、几天后看到。但这一缺陷可以通过外部运作完善来弥补，如培养用户接收邮件的习惯，设置用户提醒等。

3. 精准度高

E-mail 营销的对象是最有可能转化为付费客户的人，这比其他绝大部分营销手段都有优势。其他网络营销手法获得的用户大多是随意的。如网站营销，基本靠浏览网站量来搜集客户信息，其中有很多随意浏览网站的人。这群人就是无效客户，因为他们并不是非常主动的，很可能没有任何目的地进入网站。

而 E-mail 则不同，凡进入邮件数据库的都是主动填写表格，主动要求发送相关信息给他们的一群人。在经过几封邮件的联系后，只要发送的信息对用户有帮助，客户将变成一群忠诚的潜在客户。

4. 可长期与用户保持联系

E-mail 营销还有一个优势是可长期与用户保持联系。只要是订阅客户，可永远看到所发的邮件。互联网上信息令人眼花缭乱，企业能数年保持与同一个订户的固定联系，在当今的互联网上是十分难能可贵的。

以这种方式建立的强烈信任和品牌价值是很少有其他网络营销方式能够达到的。网站有任何新产品，或打折促销活动，都能及时传达给这批长期订户，销售转化率也比随机来到网站的用户高得多。

4.3.3　做好 E-mail 营销的技巧

E-mail 营销虽然相对简单，但想做好并不那么容易。有很多企业就发现尽管发出几百封邮件，也很难得到一个回复，效果甚差。这就是缺少规划的结果。任何一次营销都需要精准地分析，然后根据对方需求设计专门的方案。

企业在发邮件之前对目标群体的需求进行分析，比设计营销方案更加重要。那么如何对邮件营销方案进行分析和设计呢？可按照以下步骤进行。

1. 制作邮件，设计邮件

电子邮件的制作需要符合 3 个标准：针对性、艺术性、合法性。

所谓的针对性是指在不违背合法性的基础上，尽量个性化，对不同的客户，传递不同的信息，提供不同的刺激。

艺术性是指文字要得体、图像要美观，风格、格局、基本设计符合营销创意的理念。

合法性指信件内容不能涉及客户隐私，比如年龄，不能向受礼人透露礼品价值等。同时，要保持邮件内容的相关性和新鲜性，这对增加邮件订阅数来说至关重要。提前为节假日营销创建好新的邮件模板（包括使用响应式设计的邮件），这样能留有时间解决营销中出现的问题，分析邮件接收者们的点击关注点在哪里。设置 A/B 测试有助于提高邮件开启率和点击率。

2. 尝试新办法突出邮件

据 Yesmail 近期发布的一份白皮书显示，营销者发送了越来越多的节假日邮件，但是邮件接收者的互动性却是在下降的。Yesmail 发现，在 2015 年利用邮件营销的企业比 2014 年多了 13.4%。可是，尽管邮件发送量上升了 29%，2015 年第四季度的邮件开启率比第三季度下降了 13%。

简而言之，如今零售商要让自己的营销邮件从一大堆营销邮件中脱颖而出，还要更对受众的胃口，这比以前更难实现了。

为了克服这一困难，可以考虑采取以下措施：

（1）Emoji（表情符号）：可以尝试在标题添加 E-moji，尤其是之前还没使用过的新符号。

（2）更改“发件人”：更换“发件人”名称，可以换成品牌名称的一种变体，或者是以公司员工的名义发送邮件。

（3）使用 Preheader（预编译头）：Preheader 文本通常用于概述、简短的摘要，或用于标记邮件类型。作为邮件主题的一个延伸，这是吸引更多用户打开并阅读邮件的另一个机会。这个办法在用手机查看邮件时的效果尤其显著。

（4）改变发送时间：尝试更改邮件的发送时间。如果平时是在工作日上午发送，可以把发送时间改到周末或者工作日夜晚，看看这样是否能吸引流失的客户。

3．整理邮件订阅者数据

只有当邮件订阅者的数据库足够强大时，E-mail 营销才能起到更好的效果。邮件数据库需要定期清理和整顿，防止数据库的混乱，这还能帮助企业找到潜在的营销机会。在节假日促销季时整理优化数据库是十分有用的。

（1）验证数据库里的邮件地址是否有效：把那些无法送达邮件的地址整理出来，添加到一封邮件中发送测试。这样一来可以挖掘一部分新的邮件用户，如之前一些僵死账号重新活跃起来了，这部分账号就可以添加进自己的客户数据库。

（2）列表分组：分析邮件开启率、最后一次点击及最后一次购买的日期等信息。这有助于对这些邮件订阅者进行分组，提高推送效率。

4．抽样试销

邮件制作完成后，营销进入抽样试销阶段。营销部和客户关系部从三组客户中每组随机抽取一定数量的人进行试销。试销客户收到促销电子邮件后，可以通过信中的网址链接进入企业网站，或拨打免费电话购买。

抽样试销是正式促销开始前的最后一步准备工作，其目的是为建立促销预测模型提供基本数据，检验客户分类的准确性。抽样试销可以检验电子邮件中各个要素的设计，探查营销战役的各个业务环节的衔接和漏洞，帮助企业提前准备追踪客户回应的报告系统。

5．定量群发

（1）建立预测模型

有了试销结果，营销部门和分析人员就可以分析究竟哪些因素影响客户对促销的反应（购买），并对每个变量的重要性作出估计，这就是促销预测模型开发。模型简要表述如下：$\tilde{y}$ = 客户分类序号 + 客户所在地区居民自有房率 + 客户家庭年收入 + 客户年龄 + 客户性别 + 两年中要求商品当天投递数 + 购买动因（事件）数。

（2）投放模型

投放模型，即把已建立的预测模型运用到实际中去检测（这些客户数据最好是新近两年所搜集的），目的是检测模型与每个客户的匹配程度。匹配度越高，效果越好，获得客户回应的概率越大。

（3）确定发送频率及发送名单

客户对促销的回应概率是决定邮件群发量和具体发送名单的关键参数，但是最终决策还要考虑到公司的盈利目标和营销成本。不同于其他形式的直效营销，E-mail 营销的直接成本几乎为零。但这并不意味企业可以滥发邮件。过于频繁的发送促销邮件，效果可能会适得其反。

一旦客户产生反感，就会要求公司从数据库中删除其资料，或通知互联网运营商屏蔽公司的邮件，结果是公司从此失去这个客户，即客户出局，频率太低也会导致客户出局，因为客户对公司没有印象，把公司的邮件混同为垃圾邮件而拒收，公司被互联网运营商屏蔽。

根据历史数据，客户出局率 r 与发送频率 f（次／月）的关系可以用以下公式表述：

$$r = af2 + bf + c, a>0$$

最佳频率可以通过对上述公式求解确定。如果按不同客户分组计算最佳发送频率则效果更好。比如有些客户一年中只在特定时机，如情人节，购买鲜花，对这类消费者就不宜多打扰；而另外一些消费者，习惯逢年过节就给亲戚或朋友送礼，对这类客户，促销的密度不妨高一些。

4.3.4 影响 E-mail 营销的外部因素

对于 E-mail 营销，究竟有哪些关键因素会影响邮件营销的效果？为此，下面将介绍决定邮件营销效果的 4 个关键性因素，以帮助企业或营销人员做好邮件营销工作。

1. 信息的价值大小

信息的价值可以理解为信息的相关性。在邮件内容中相关性非常重要，如果给客户发送一些毫不相关的 E-mail，就是浪费资源。那些成功的 E-mail 营销都具有很强的针对性，对于客户来说具有很强的实用建议。例如，指导客户怎么去做，有促销的活动怎么才能捷径得之，提供真实的信息，告诉客户什么应该做而什么不该做等。应该考虑如何把实用的信息传递给客户，不断获取客户的信任，赢得更多的交易机会。

2. 信息的分享渠道是否通畅

信息已经成为了一个重要的社会资产，客户之间的信息共享会传递更多的信息。这个概念可以应用到 E-mail 营销中，如在邮件中让用户分享报价或者品牌产品信息，并给予一定的奖励，使用户能够开心地接受或者邀请朋友加入。

3. 传递的信息是否有感染力

E-mail 是一个关系渠道，它以自己的传递方式保持着企业与客户的良好关系。情感的因素也成为触发客户购买欲望的关键部分。"触发"这一词，简而言之，可以理解为让客户总是在特定的时间内想到某种产品、服务或一种想法等。

企业为客户发送的每一条信息，都期望给客户最好的品牌形象，这些会让客户感觉所发的任何信息都与自己相关，商家时刻在为自己的利益考虑。这样客户在无形中会被情感打动，不仅更愿意去分享信息，而且愿意进行更多交易。

带有情感成分的 E-mail 信息更容易被记住。为此，企业构建情感共享的 E-mail 内容显得尤为重要。

4. 传递的信息能否强化品牌形象

一个好的故事可以代代相传。E-mail 营销也可以通过故事性的方式来改善营销的活动效果。企业可以每隔一段时间，把一个真实的故事转变成一封 E-mail 发送给客户。企业也可以使 E-mail 的内容保持新鲜，让客户参与进来一起互动。因此，企业发送的每一封邮件，所包含的信息都必须有利于强化自己的品牌形象。

问题与思考

有人问为什么我发出去了几十万封 E-mail 却没有得到一个消费者呢?这是大多数人对 E-mail 营销理解的局限性造成的。许多人往往把普通的 E-mail 群发与 E-mail 营销划等号。做 E-mail 营销首先需要明确的是不能靠群发来做邮件营销,而是一定要做许可式的操作,与用户有沟通、有交流,或在特定的时机内如新品上市,折扣促销的进行推广,并配以高质量的软文才行。

试着写一篇与女式包有关的 E-mail 软文。

4.4　微博——高效沟通和互动的直通道

案例导入

美国百思买公司的 Twitter 营销

美国百思买公司是全球最大的零售企业。每年圣诞节,公司的市场营销部都要策划大型的促销活动。这些促销活动的信息基本上都是以广告的形式通知消费者。

2009 年圣诞节,百思买开始利用 Twitter 进行营销,所有的产品促销信息都公布在公司 Twitter 上,并组织 2500 名员工负责维护和互动。结果,这一年的圣诞节,百思买获得了比以往任何一年圣诞节都要好的销售效果。

百思买这支 2500 名员工的 Twitter 营销团队,是由百思买公司最热情、产品知识最丰富的员工组成的。他们来自不同的市店,或者分公司。在整个活动期间,他们负责通过 Twitter 回答客户的各种疑问和反馈,解决技术难题、客户售后服务等。在感恩节周末访客比较多的时候,一个员工平均回答客户的问题高达 2.5 万个。

在百思买的 Twitter 上,可以看到百思买所有的在线工作人员的头像,客户点击任意一个人的头像都可以与其进行沟通和咨询。公司负责人说,客户可以 24 小时与我们的员工交流。这大大提升了服务的便捷度和质量。

阅读链接

美国微博 Twitter

Twitter 中文习惯上又称推特,是美国一个著名的社交网站(Social Network Service),2006 年 3 月由博客技术先驱 blogger 创始人埃文·威廉姆斯和杰克·多西共同创建。该网站允许用户将自己的最新动态和想法以移动电话中的短信息的形式(推文)发布(发推),可绑定 IM 即时通信软件。所有的 Twitter 消息都被限制在 140 个字符之内。

另外,Twitter 也是全球互联网上访问量最大的十个网站之一,用户遍及全球各地。国内用户也可登录其官网成为注册用户。

同时，这些问题及问题回复都会完整地公布在 Twitter 上，其中比较好的回复还会特别列出，得到访客的赞扬，引发新的互动。

总结

通过 Twitter，百思买提高了服务质量，提升了消费者的购物体验，实现了良好的互动营销。Twitter 作为一种及时聊天工具，可以最大限度地实现企业与消费者的无缝对接，便于企业与消费者的互动。

思考

Twitter 的优势有哪些？百思买是如何利用这些优势的？利用国内的微博能否实现同样的营销效果？

4.4.1 概述

本节阐述微博营销的概念、优势，利用微博进行营销的方法、技巧等，并列举了几种常见的对微博营销影响较大的因素，目的在于帮助读者更好地做好微博营销。

4.4.2 微博营销的概念和优势

微博，是微型博客（MicroBlog）的简称，隶属于博客的一种，是一种通过关注机制分享简短实时信息的广播式的社交网络平台。用户可以通过 WEB、WAP 等各种客户端组建个人社区，以精简的文字更新信息，并实现更便捷的沟通和即时分享。微博通常分为单向、双向两种沟通机制。

微博在中国新媒体的发展过程中起着重要作用，是新媒体这个大家族中重要的一分子。这个基于用户关系间的信息分享、传播以及获取的平台，使信息能够以前所未有的速度传播，并能进行实时地完美互动，从而开创了信息传播的一个新时代。

阅读链接

新浪微博

2009 年 8 月，新浪微博上线内测。此后 2~3 年时间内，凭借着新浪微博自己此前在博客和门户时代积累下来的大量资源，以及微博本身"快速传播"式的产品机制，它以暴风雨般的速度席卷着整个互联网，成为了网圈内最令人瞩目的产品。

在 2010—2012 年，从"免费午餐"公益到拯救乞讨儿童再到明星娱乐八卦绯闻，在无数社会、娱乐重大事件中，微博都成为了第一舆论阵地，其信息传播发酵的能力和发现重大事件的及时性，几乎让任何一个传统媒体都黯然失色。

微博巨大的向心力就是其优势，这种优势几乎可将所有人卷入其中。娱乐明星、企业、政府机关等"无一幸免"。而微博也成为了这一时代最大的"流量"和"用户"聚集地。由此可见，微博也给运营带来了新的可能性。有很多敏锐的企业发现，基于微博的生态和产品逻辑，只要能够做好一些微博内容和用户互动的维系，就可以在这里收获巨大的粉丝数和传播力。而且通过微博来做推广可能要比其他渠道的广告投放要划算很多。

微博的强互动性和传播属性也让它成为了诸多产品和品牌用于维系用户的一个最佳选择。于是，一类叫作"微博运营"和"社会化媒体营销"的职能出现了，它成为了这个时代另类运营的代表。如在微博上渐渐诞生了一些诸如"冷笑话精选""魔鬼经济学"这样的"大号"。他们的经营者多是 PC 时代的草根站长，对于互联网世界的变化以及网民们的心理喜好有着天然的敏感，凭借着自己在微博早期时代的苦心经营，都迅速开辟了新的流量分发和推广渠道。

4.4.3　企业打造官方微博的 4 个关键点

很多企业开通了企业微博，也投入了人力、财力去运营，但效果并不好。其主要原因在于没找到方法。网络营销的发展势不可当，对于企业来说，微博是网络营销重要的拼图。

那么，企业该如何打造自己的官方微博呢？企业可从以下 4 个方面入手。

1. 将企业 Logo 作为背景

企业形象的树立对于任何形式的营销都至关重要，微博营销也是如此，在具体运用中也需要与企业的形象相结合。拥有良好企业形象的微博将直接影响着企业、产品在粉丝心目中的印象。因此，企业做官方微博必须带有自己的特征，尤其是背景的设置可将企业 Logo 作为标识。图 4-8 和图 4-9 所示分别为央视新闻官方微博和中国工商银行电子银行官方微博。

图 4-8　央视新闻官方微博

图 4-9　中国工商银行电子银行官方微博

企业在设计微博背景过程中首先需要思考的便是定位，只有定位明确了才能更准确地传递品牌精神，吸引更多的受众，为将来的营销积攒有价值的粉丝。一般来讲，这样的微博都属于企业官方微博。企业官方微博是企业品牌的表征，传递着品牌的价值观。

2. 营造企业文化氛围

打造企业官方微博需要考虑企业文化的氛围，要能使客户进入微博，就像走进实体店内，可以看到、听到、感受得到企业的文化。

例如可以在微博上链接视频、图片、文字等，还可以设置丰富的设计模板，将重要内容置顶，展示企业地图、子品牌，设置微博在线客服等，从而建立品牌与消费者之间的桥梁。如麦考林的企业文化是给消费者打造一个"生活家"，其微博就延续了这一主题，处处彰显着家的味道，如图 4-10 所示。

图 4-10　麦考林的官方微博

3. 提高粉丝数量和质量

粉丝数量、质量代表着企业微博的影响力，那么如何提高粉丝数量、质量呢？

纵观国内当下的微博营销，形式多样。一些企业微博不仅有专门的团队去运营、维护，而且还雇专门的分析师，对粉丝的数量、质量、特征和内在需求进行深层挖掘，以实现供需的对称。

当年，"凡客体"的出现让凡客成为当之无愧的微博营销典范。这是因为凡客在品牌塑造和微博话题营销方面有众多引人注目的突出和创新之处。分析数据显示，@vancl 粉丝团的微博内容与企业品牌相关度高达 80%以上。凡客的官方微博信息时刻保持与凡客产品、消费者、代言人、行业新闻相关，但又不是刻意揉捏生硬的广告。与此同时，凡客微博每天都会与粉丝大量互动，转发粉丝的微博并加入自己的评论，语言时而幽默诙谐、时而机智灵敏。不管是明星红人还是无名人士，微博运营者都与之对话，这恰恰与凡客平民化的步调一致，其品牌的定位在微博上得以充分展现并延伸。

4. 巧妙利用微博中的促销工具

微博中有很多工具和设置都暗藏着巨大的商机，关键是企业如何巧妙运用。如微博的短链接功能和导入功能让用户很容易就能进入网店，最典型的两个例子是蘑菇街和美丽说。蘑菇街微博互动如图 4-11 所示。

图 4-11　微博中的短链接

蘑菇街网站通过微博短链接的跳转，获得了众多潜在用户，其网站 90% 流量来自新浪微博。美丽说用户使用分享按钮到新浪微博，近 1 / 3 的美丽说用户是通过微博导入的。

另外，还有很多企业运用，如图 4-12 所示的"微热卖"应用。消费者只要点击图片就可以直接购买产品。企业通过活动平台发起推广活动，以趣味方式吸引用户、刺激消费。当然，并不是所有粉丝都是有效的目标用户。这就需要企业从茫茫粉丝中找到自己的目标用户，而微博搜索、微博分析工具等都可以成为很好的助手。

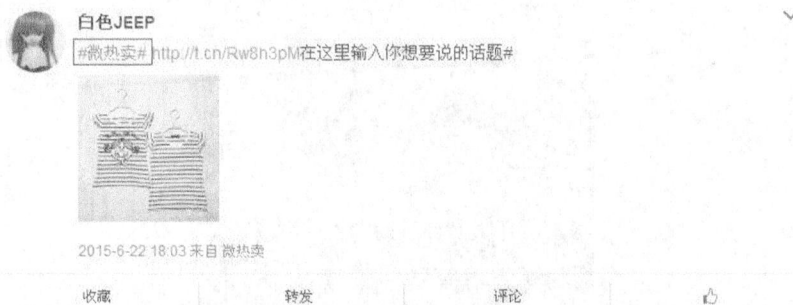

图 4-12　微博中的微热卖

新媒体的沟通形式与其他媒介最大的区别就是新媒体可以让营销人员与潜在消费者、实际消费者以及大众进行互动。正因为如此，营销人员都希望可以跟所有的粉丝建立联系、进行沟通。新浪微博恰恰就是进行这种沟通的最佳平台。

企业可以做一些不以营销为目的的内容来解决和回答用户们可能有的困惑，比如写一些扩展的常见问题解答、图示、使用指南等。此外，企业还要充分利用微博中的各个产品和功能与消费者进行互动，在互动过程中展现品牌价值，实实在在地为用户提供服务。

微博可以做的事情很多，如品牌塑造、话题营销、事件营销、客户关系管理等。微博营销的成功没有统一的标准，比如"凡客体"走红是成功，"快书包"获得用户口碑是成功，不知名的小卖家年销售额达百万也是成功。只要企业能够利用微博做出有益企业发展的事情，都可以算是微博营销的成功。

4.4.4　做好粉丝互动，提升转发量

微博营销与其他营销方式的不同在于微博营销更注重推广内容的质量。简而言之，即使有大号做推广，如果所推广的内容得不到大众粉丝的认可，没有转发量，传播效果自然也不会好。那么，如何提高微博内容的转发量呢？首先要获取粉丝的认可，让粉丝自主地分享、转发，必须依靠高质量的内容打动粉丝。

现实中有很多微博营销案例堪称经典，如康师傅牛肉面的独特形象，红牛依靠"五环变四环"的文案等，都从不同角度强化了互动效果。

案例

红牛依靠俄罗斯索契冬奥会让品牌"能量"更加深入人心。2014年俄罗斯索契冬奥会是一次全球性体育盛会，吸引了全球体育爱好者的目光。在开幕式出现了"戏剧性"的一幕，奥运五环灯光有一个环没有打开，给人留下深刻印象。富有市场敏感性的红牛借机在微博上展开借势营销，推广其"能量"诉求，吸引体育爱好者目光。红牛微博上的宣传图案如图4-13所示。

图4-13　红牛微博上的"五环变四环"宣传图案

奥运五环变四环本是俄罗斯索契冬奥会上的一次失误，充满了"负能量"，代表着不完美和瑕疵。红牛却能翻转剧情，将大众认知中的"负能量"认知，从"能量""潜能"的正能量角度出发，对这次事件给出正面、积极的寓意。

案例

艾沃科技在微博上借助烧烤事件聚焦话题——将植入其中的艾沃空气净化器

呈现在了众网友眼前，使产品被人所熟知，从而达到了广而告知的目的，如图 4-14 所示。

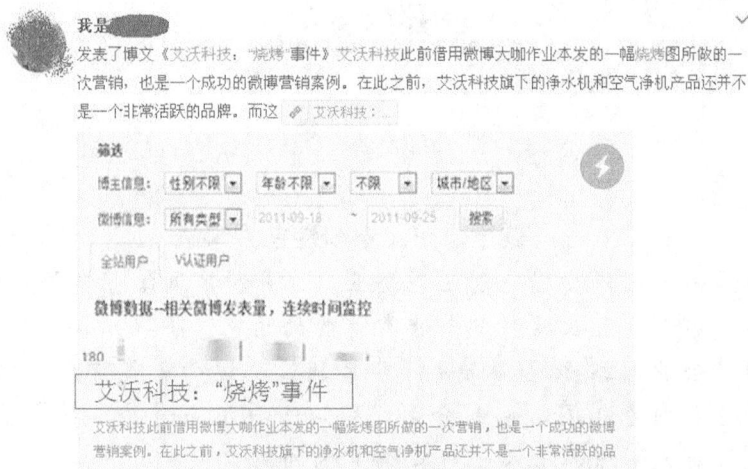

图 4-14　艾沃科技与烧烤事件

通过与拥有 850 多万粉丝的微博大咖互动，巧妙借助"烧烤"事件进行营销。据艾沃科技相关负责人介绍，自从与作业本微博互动之后，仅仅三天时间此条微博的阅读量就达到了 500 多万人次，而艾沃科技微博的粉丝也快速增加了 2000 多人。

纵观这些案例可以发现，微博营销并非是简单的"博彩式营销"，而应该创新性地制定一个详尽而周密的计划。

可按照以下 4 个步骤来策划微博营销：

第一，为品牌贴上个性化标签，让粉丝能够对企业品牌、产品产生联想。

第二，通过有效的手段获取更多的粉丝关注，最好能与名人、大 V 取得互动。

第三，学会借力社会事件，营造氛围，积极跟进与自身产品或服务形象相符的公共事件，给粉丝一个参与的理由，如红牛借力奥运事件。

第四，融入粉丝之中，与粉丝进行持续互动，组织自己的微博圈子，开发 APP 应用等，秀出自身特点让博友去分享和转发。

努力做好上面 4 个步骤，微博营销就会做得有声有色，实现预期的效果。

问题与思考

对大多数企业来说做微博营销要想脱颖而出已经很难。但这并不意味着微博营销就失去了作用。因此，当前做微博营销更需要注重内容，进行大范围传播之前要先打造优质的内容，然后用内容来吸引用户/粉丝。那么企业该如何做好微博内容，做内容时应注意哪些细节呢？

4.5 企业网站——最早在网络上构建的虚拟空间

蒙牛集团大空间性官方网站

蒙牛集团是一个比较典型的创业型企业，也是构建网络营销最早的企业之一。在蒙牛的网络营销中，企业网站是个非常重要的角色。

蒙牛集团的企业网站建设工作做得非常到位，设计极具特色。网站首页整体比较简洁，绿色和白色相间，色彩分明，给人一种清新自然、明亮整洁的感觉，同时绿色也代表着大草原，给人一种心胸宽阔的感觉。

蒙牛在页面最主要位置（左侧）鲜明的标示出公司的 Logo 图标和网页导航系统，导航系统右侧是幻灯片广告，如图 4-15 所示。

图 4-15 蒙牛集团的企业网站

在末页幻灯片的下方，设有 7 个栏目，分别为"关于蒙牛""媒体中心""投资者中心""加入我们""蒙牛微客服""蒙牛天猫旗舰店""蒙牛幸福商城"。这 7 个部分囊括了蒙牛企业文化、渠道招商、产品信息发布、销售、售后服务等所有的环节，从而构建了一个全方位、多层面的网站营销系统。想对蒙牛企业、产品等有进一步了解的消费者可单击进入。

消费者如果单击"蒙牛幸福商城"即可进入蒙牛自建的销售平台，并根据需求查看产品，下单购买，如图 4-16 所示。

图 4-16　蒙牛幸福商城界面

总结

蒙牛企业网站成为蒙牛集团打造品牌影响力、开拓国内外市场、构建网络营销体系的一个主要平台，是蒙牛走向全国市场一个不可忽视的渠道。正因为此，蒙牛集团的品牌影响力才会越来越大，业务遍及全国，已经在全国多个省、市、自治区建立生产基地 20 多个，拥有液态奶、酸奶、冰淇淋、奶品、奶酪五大系列400 多个品项，蒙牛产品以其优良的品质荣获"中国名牌""民族品牌""中国驰名商标""国家免检"和消费者综合满意度第一等荣誉称号。

思考

结合案例思考蒙牛集团建设企业网站的思路。

4.5.1　概述

本节阐述企业在营销工作中的作用、优势、局限性，以及如何建立企业网站，如何对其进行管理、完善和优化等，目的在于帮助读者更好地进行企业网站营销。

4.5.2　企业网站在营销方面的作用

企业网站是企业在互联网上进行网络营销和形象宣传的平台。已成为企业的门面、名片，企业网站在当代企业营销中的作用已经越来越显著。企业网站对企业形象宣传和提升有很大的推动作用，同时，也可以辅助产品的销售，提高销量。

随着互联网的发展，人们对网络的依赖越来越强，因此，很多企业也越来越重视企业网站的建设，而且投入越来越大。

2001—2007 年，我国的网站数量从 24 万个增至 150 万个，其中大多数为企业网站。企业网站数量的极速增长反映了网站建设已经成为企业网络营销的基础。

在这些企业网站中，相应的网络广告形式和内容也在不断丰富起来。2002 年之后，新浪和搜狐都在网络广告上取得了令人瞩目的业绩。

2014 年以后，网络营销进入了崭新的阶段。网络营销每半年都会呈现出一个小高潮，如 2014 年 6 月我国网站数量为 273 万，2014 年 12 月则上升到 335 万，2015 年 6 月上升为 357 万。说到企业网站，很多人都认为建立一个简单的、具有展示性能的网站就可以了。其实不然，这种认识往往忽略了很重要的一点——营销。网站建设为企业的网络营销奠定了坚实的基础，建立一个企业网站的核心就是利用这个网站树立企业形象，推进或者推动企业营销，进而建立全面的网络营销体系。

企业网站对营销的促进作用主要体现在以下两点。

1. 品牌宣传和产品展示

品牌宣传主要面向上游的商家、下游的客户或者企业产品（服务）的消费群体来宣传企业的核心品牌形象或者主要产品（服务），展示产品的详细情况以及公司的实力。

图 4-17 所示为戴尔官方（中国大陆）网站，该网站的主要功能是产品宣传和展示。网站内容以提供信息为主，如戴尔新品信息、戴尔热卖信息、戴尔新闻速递等。

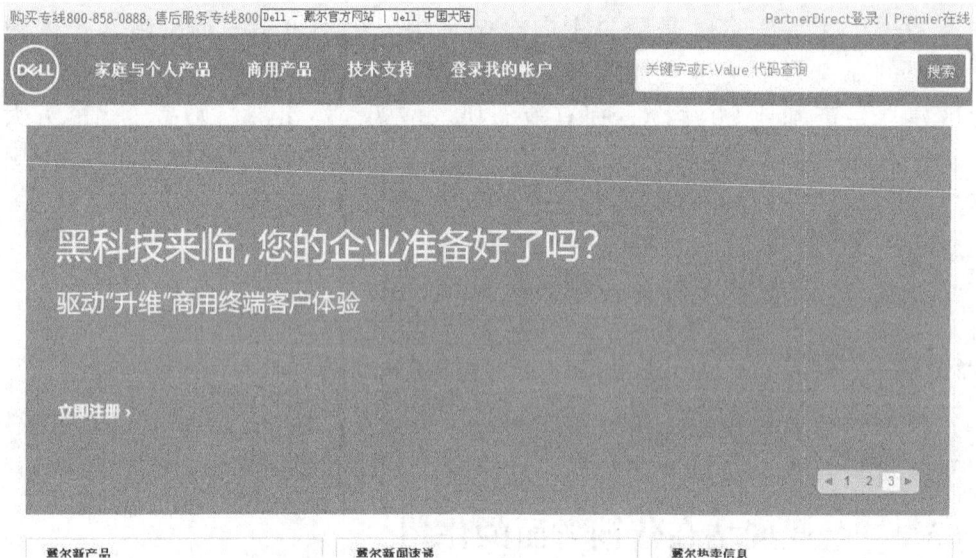

图 4-17 戴尔官方（中国大陆）网站功能设置

企业利用网站进行宣传、发布产品资讯、进行商业合作、员工招聘等，为合作商、消费者提供各个方面的资讯。这类网站更像一个平面广告或者电视广告，主要用于宣传和展示企业形象和产品，树立品牌形象，扩大市场影响力，让更多的人通过企业网站了解企业，以及产品或服务。因此用多媒体广告来称呼这类的网站更贴切。

2．直接交易

直接交易主要面向供应商、客户或者企业产品（服务）的消费群体来提供某种直属于企业业务范围的服务或交易。这样的网站类似于电子商务平台，或者说是一个正处于电子商务化的中间阶段的产物。由于行业特色和企业投入的深度、广度不同，其电子商务化程度也不同，有的处于比较初级的服务支持、产品列表，有的处于比较高级的网上支付阶段。

这类的企业网站通常又称为营销型网站，被形象地称为"网上××企业"，如网上银行、网上酒店、网上众筹等。这类网站的目标是获得销售线索或直接获得订单。

图 4-18 所示为某众筹网的企业网站，网站主要呈现的内容是各个众筹项目、众筹金额，项目进度一目了然。项目发起人和投资者都可直接参与项目，完成众筹行为。

图 4-18　某众筹网企业网站呈现内容

一个好的营销型网站就像一位优秀的业务员一样，足够了解客户，精于沟通，能抓住访客的核心信息，能洞察访客的需求。

不过，需要提醒的是，现在单一功能的企业网站已经不多，尤其是大型企业的企业网站都是综合性的，兼有品牌宣传和直接交易的双重功能。因此企业在具体的网站构建和设计中，应该进行全方位的考虑。企业网站既是一个宣传平台，也是一个交易平台，要既能满足企业的宣传需要，也能满足买卖双方交易的需要。

4.5.3　强化对企业网站的管理

构建企业网站是网络营销的重要一步。网站既是企业信息发布的平台，也是企业与消费者的互动平台。但大多数企业在这点上做得并不好，要么没有企业网站，要么即使有充其量也是一个摆设，发布信息有限，更新速度滞后，这样的网站不可能有出色的搜索引擎营销。

案例

通用汽车是世界上最大的汽车公司。一直以来，通用汽车公司的产品始终在用户心目中享有盛誉。这除了归于通用产品过硬的品质外，还得益于通用人性化的营销理念。

通用汽车公司将网站视为收集客户信息、客户联系以及反馈的窗口。通用以巨大的人力、资金投入全力建设企业网站，并成功地将企业定位、品牌树立、服务承诺、产品优势等各种信息融进网站中，具备很强的商业感召力。

通用汽车企业网站的具体特点如下。

（1）以人为本的营销理念。通用在其品牌优势的基础上，致力于建立和强化与公众的关系，利用互联网的辐射力开展关系营销。在网页的设计上，通用以"关系唯上，客户至尊"为主题，引起客户内心的共鸣。

（2）丰富的信息内容。在通用的网站上客户不仅可以了解到公司的起源、发展、历史、产品等，还可以比较产品的性能、价格，而且可以学到有用的汽车知识。

（3）便捷的购物环境。通用汽车的网站不仅为客户提供企业的产品或服务信息。更重要的是，网站为客户提供快速选购、跟踪、估价功能，帮助客户挑选和采购适合其需要的最有效的产品。

（4）个性化的服务方案。个性化的产品和服务是提升网站吸引力的关键。通用强调以交互性和个性化信息服务来维系与广大客户的关系。通用可以使客户享受到根据其需求定制的服务。

（5）富有成效的信息收集渠道。通用公司为汽车爱好者提供了一个探讨汽车话题的场所。从中公司可以了解公众的兴趣，市场消费趋势，并引导市场消费和关注的焦点，从而为开发新产品和制定营销策略提供强有力的资料。

（6）全球信息交换系统。通用与微软合作，通用公司成为其"汽车销售点"最大的广告客户，同时又在雅虎网站上建立了广告机构。网络广告使通用公司在市场营销方面获得了巨大的回报。

综上分析可以看出，通用汽车公司在熟悉和灵活运用网络营销时，把网络营销上升到了战略层面的高度上，与此同时在其运行的过程中加入了公司特有的文化理念。

由于官网权威性很容易被潜在人群接受，建立企业官网无疑是赢得市场占有率的重要手段。假如一个知名品牌，在大众中的影响力较大，但真正熟知的人不多。这些人如果想进一步了解这个品牌，首先想到的就是看看它的官网。

可见，企业官网在企业网络营销中起着重要的作用。那么，对于企业来讲如何构建一个高质量的企业官网呢？通常来讲，构建企业网站需要注意以下 5个方面。

1. 设计吸引人的版面

网站的版面一定要能第一时间吸引住消费者，这是引导消费者进行浏览、购买的前提。因此，网站制作应注重浏览者的视觉体验，加强客户服务，完善网络业务，吸引潜在客户关注。

企业网站设计的基本原则是主题突出、功能齐全、版式新颖、便于搜索。

2. 选择网站管理人员

网站维护和管理人员对网络营销的影响非常大。网站营销人员一定要对自己的产品和竞品有足够的了解，并且有足够的热情和精力去搜集相关信息并更新。网站管理员还要保证文字的协调性、版面的间接连贯性，并突出网站重点。当然，最重要的是网站管理人员要能够抓住每一个机会进行产品销售。

3. 重视后台服务

完善后台数据库对做网站而言十分重要。任何网络营销都需要关注市场发展的动态、产品的销售情况以及产品更新的相关信息。网络用户的构成十分复杂，如果没有完善、井然有序的管理系统，那么仓库、物流、客户服务等将会一团糟，这对销售而言绝对是致命的打击。

4. 能够满足用户的互动需求

网络是一个互动平台，网络营销也需要客户参与互动。与现场销售一样，客户只有亲自参与了产品的互动才会对产品产生信任感，从而购买产品。网络营销虽然不能带来切身的体验，但让客户参与其中也同样重要——经常互动会增进彼此的感情。在同类产品出现时，客户第一时间想到的可能就是你的产品。

5. 根据消费者的喜好完善网站

有些网站因为制作粗糙，不足以吸引客户，甚至有些客户刚刚点击进入就对网站觉得反感，这对销售无疑是个不小的冲击。因此，企业在制作网站之前，要分析客户的喜好，尽量选择能够迎合大多数人的设计方案。当然，如果所销售的产品新颖并且前卫，不妨大胆采用醒目的网站风格来吸引客户。

4.5.4 企业网站的完善和优化

从辩证论角度来看，任何事物都是发展的、变化的，若不根据实际情况进行更新、完善，将不符合客观事实，甚至与事实相悖。企业网站的建设和管理也是同样的道理，随着市场需求、消费者需求的变化，企业必须持续对网站进行完善和优化。

网站优化是对网站进行程序、域名注册查询、内容、版块、布局、目标关键字等多方面的优化调整。对网站的完善、优化主要包括两个方面的内容：一个是站内优化，另一个是站外优化。

1. 站内优化

站内优化是指通过 SEO 技术，根据搜索引擎排名的指标，优化搜索流程、搜索关键字，从而在搜索引擎检索中使网站相关的关键词能有好的排名，增强搜索引擎营销的效果。这主要是由于网站更容易被搜索引擎收录，因此可通过站内优化来提高用户体验和用户转化率。

站内优化包括以下内容。

（1）网站结构

网站结构要清晰，要易于被搜索者抓取信息。有的网站布局错综复杂，重点不突出，用户连看都看不清，更别说仔细阅读了。

（2）网站页面

整个网站应该是一个整体，不单要优化浏览者的首页，其他内容页也同样需要优化并能够带来流量和客户。

（3）网站内容

企业对于网站内容要有规律地进行更新，其中最重要的是多写一些原创的软文。软文中尽量以关键词为主题，这样会事半功倍。

（4）内部链接

网站的内部链接应当合理地把整个网站联系起来，让搜索者明白每个网页的重要性，同时要避免死链。死链一方面会影响网站的整体形象，另一方面会降低网站在搜索引擎中的权重。

（5）保持关键字的频率

做好了内容结构的调整之后，应立即到搜索引擎登录，争取能尽早让搜索引擎收录新标题和新描述。

2．站外优化

站外优化是指通过 SEO 手段帮助网站和网站所属企业进行品牌推广。这个过程可能涉及的平台有百度、谷歌、相关论坛博客、各大门户等。可以说，网站推广包含网站优化，将网站优化好的目的就是为了推广。

（1）流程上

为了扩大企业网站的影响力和提高被用户搜索到的可能性，网站需要与各大搜索平台合作，使网站被搜索引擎收录、在搜索结果中的排名靠前。达到这个目标的前提就是要有合理的搜索流程，保证用户在搜索过程中能够方便快捷、轻而易举地搜索到企业网站。

搜索引擎的关键词搜索流程如图 4-19 所示。

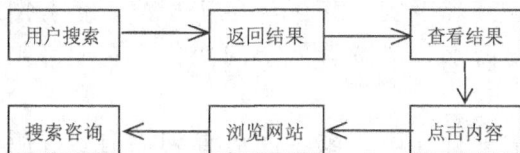

图 4-19　搜索引擎完成搜索具体流程

（2）搜索关键词

关键词往往可根据企业的核心业务来确定，例如某牙齿医院主营业务是修牙、补牙和拔牙等，则核心关键词无疑是种植牙、烤瓷牙、牙齿矫正、洗牙、口腔医院等。除了这些核心关键词外，可能还包括其他相关关键词（统称长尾关键词），例如"牙疼怎么治啊？""牙疼偏方""龋齿怎么补救？""什么牙疼药最好？""最有效的牙疼药是什么？"等。

搜索这些关键词的用户基本上都是牙齿医院的目标客户。随着搜索引擎的智能化发展，人们在搜索引擎上使用长尾关键词进行搜索的比例越来越高。

另外，企业要特别注意网站用户的指向性，即明确这些内容是写给谁看的？对方喜欢什么样的内容?网站内容要客观真实。网站内容应该融入广告学思维，内容要有主次，力求精简，美工、图片、动画等都要精心制作，从而引导用户融入其中。

4.5.5　企业网站营销的优势和局限性

企业网站是企业进行网络营销的基础，这也就决定了企业网站在网络营销中的地位和作用。企业网站营销不仅直接与其他营销方法相关，而且是做好整个网络营销最基础性的工作。

整个网络营销体系可分为无站点网络营销和基于企业网站的网络营销,如图 4-20 所示。而在企业网站营销中企业网站居于支配地位,这也是网络营销体系不能脱离企业网站的根本原因。

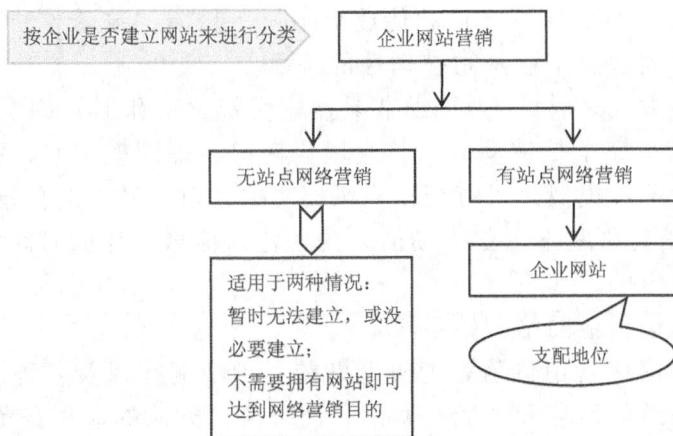

图 4-20　网站营销的两种方式

企业网站为什么能在整个网络营销体系中具有如此重要的地位？其主要原因在于企业网站本身具有的优势。企业网站的优势主要体现在以下两点。

（1）自主性和灵活性

企业网站完全是根据企业本身的需要而建立的。企业对网站可以自主经营和管理。因此，企业网站在使用上有较大的自主性、灵活性，可充分表现企业自身的需求和意愿。也正因为如此，每个企业网站的内容和功能会有较大的差别。这是较之其他网络营销工具来说，企业独立建设网站的最大优势。无论是搜索引擎、IM，还是 E-mail，都是由网络服务商所经营，这样一来就没有了自主性和灵活性。值得注意的是，运营者必须对企业网站有一个全面而正确的认识，才能使官网最大限度地适应企业营销策略的需要，并且从经济、技术上有实现的条件。

（2）相对稳定性

企业网站功能的相对稳定性表现在两方面。一方面，一旦网站的结构和功能被设计完成并正式开始运作，在一定时期内将基本稳定。只有在运行一段时间后进行功能升级的情况下，才能拥有新的功能。网站功能的相对稳定性无论是对于网站的运营维护还是对于一些常规网络营销方法的应用都很有必要。不断变化的企业网站是不利于网络营销的。另一方面，功能的相对稳定性也意味着，如果网站存在某些功能方面的缺陷，在下次升级之前的一段时间内，将影响网络营销效果的发挥。

因此，企业在网站策划过程中，应充分考虑到网站功能的这一特点，尽量做到网站在一段时间内功能完善稳定，并具有一定的前瞻性。

企业网站对网络营销的支撑和完善作用是不可忽视的，但作为网络营销最早期的一种形态，在如今互联网技术发展日新月异的时代，自身的局限性也逐步显现出来。如在信息传递方式上比较被动，大多数只能以辅助手段的形式出现等。企业网站的局限性主要表现在两个地方，具体如下。

（1）消费者接受信息较为被动

企业通过自己的网站可以主动发布信息，这是企业网站主动性的一面。但是企业发布在网站上的信息不会自动传递给用户，只能"被动"的等待用户自己来获取信息，这又表现出企业网站被动性的一面。

从信息传递方式来看，企业网站兼具搜索引擎营销和 E-mail 营销的双重特点。搜索引擎传播信息完全是被动的，只有用户使用关键词搜索时，相关信息才得以传播。这与企业网站类似，只有当用户浏览、关注时，其上的信息才能得以传递。而 E-mail 传递信息则基本上是主动的，发送什么信息、什么时间发送，都是营销人员自己可以决定的。

（2）必须辅以其他网络营销手段

企业网站的网络营销价值是通过网站的各种功能，以及各种网络营销手段而体现出来的。网站的信息和功能是基础，网络营销方法的应用是条件。

企业网站作为一个局限性比较明显的网络营销工具，如果应用不合理，将很难发挥应有的作用。无论功能多么完善的网站，如果无法吸引用户来浏览，企业网站也只能成为摆设。在实际应用中，一些企业由于缺乏专业的维护管理，呈现给浏览者的网站内容往往数年如一日，甚至用户的咨询邮件也不给予回复，这样的企业网站其作用是很难发挥出来的。

问题与思考

1. 网络营销就是网站销售吗？有人将其混为一谈，其实这是两个不同的概念。阐释其区别和联系。填写表4-2。

表 4-2	网络营销与网站营销的关系
联系	
区别	

2. 做网站应注意哪些基本要素？（可以从网站主题、层次结构、文本链接、各个程序标签书写正确以及图文信息的设置方面入手。）

3. 撰写网页内容为什么要注重用户的指向性？

4.6　电商平台——真正打通线上市场的利器

案例导入

战斗在淘宝上的品牌

淘宝作为中国目前电商平台巨头，集合了大量的消费数据。从商品拓展到服务，淘宝平台上的商家都能挖掘出新的消费商机。

2015 年 9 月 16 日，从淘宝走出的两大品牌同时"炫富"：进口母婴电商品牌蜜芽宝贝完成 D 轮 1.5 亿美元融资，互联网坚果品牌三只松鼠同时完成 D 轮 3 亿元人民币融资。就在大家认为淘宝不再赚钱，像韩都衣舍、茵曼的"淘宝式成功"难以复制时，蜜芽宝贝和三只松鼠的崛起却证明了淘品牌的创富神话仍在继续。

事实上，除了蜜芽宝贝和三只松鼠之外，在淘宝上闷声发大财的商家不在少数。

2014 年，主打新西兰原装进口的海淘品牌"新西兰常青树"获得软银赛富投资基金 4600 万元投资。

2015 年，四川卤菜品牌"老枝花卤"获得华谊兄弟总裁王中磊、前"天图资本合伙人"朱拥华等千万元投资。

2015 年，家庭服务预定平台"好慷在线"获得由赛富基金领投，海尔家庭创业投资中心与蒙发利集团跟投的 7000 万元。

粗略估算，近几年被资本盯上，获得百万元投资的淘宝店铺不下 20 家。尽管不少人认为，淘宝店难做、不赚钱，但每年仍有诸如蜜芽宝贝、三只松鼠等优秀品牌涌现。为什么会出现如此冰火两重天的局面？借用阿里巴巴 CEO 张勇近期演讲中的一句话："生意难做？是因为做生意的方式彻底变了！"现在机遇与挑战共存。蜜芽宝贝、三只松鼠适应了新的游戏规则，找到了赚钱的方法，脱颖而出，适应不了新规则、发现不了新机遇的店铺必定被淘汰。

总结

淘宝的崛起，源于赶上中国第一波电子商务浪潮，将线下丰富的商品搬到了线上。消费者足不出户就能购物消费，彻底颠覆了传统消费场景。很多品牌也通过在淘宝上开网店的形式而声名大振。

思考

淘宝的运行原理是什么？它是如何将商家与消费者联系在一起的？

4.6.1 概述

电子商务作为互联网时代最重要的一种形态，是网络营销体系中不可缺少的一环。因此利用电商平台开展网络营销成为不可或缺的手段。本节阐述了电子商务的兴起与发展，以及多种类型的电子商务平台，目的在于帮助读者更好地做好电子商务营销。

4.6.2 电子商务的兴起与发展

电子商务是利用微电脑技术和网络通信技术而进行的一系列商务活动。IBM公司首次提出"电子商务"的概念。从此之后，电子商务便经历了跌宕起伏的发展，先后经历了从概念化转化为实际运作的过程。

2000年前，电子商务无所不在、无所不能，一度成为被人们广为看好的时代宠儿。2000年后一大批依靠电子商务崛起的新兴企业成为市场经济的主体。随着移动互联网的兴起，电子商务手段更加丰富多样，形势也变得更加复杂，大众对电子商务也有了新的认识。

我国在2015年制定了"互联网+"行动计划，推动移动互联网、云计算、大数据、物联网等与现代制造业相结合。这预示着电子商务将迎来新的发展机遇，步入新时代。

在"互联网+"概念备受关注的新形势下，传统企业能否抓住这个时机，适应新的发展环境至关重要。这就要求企业及时转型，全面革新管理理念、经营模式和盈利模式。尤其是，要真正的重视电商团队的建设和完善，因为这不仅是决胜未来的关键，也是接轨"互联网+"最可靠的途径。

电子商务已经悄然渗透到各行各业，而且势不可当。卖坚果的三只松鼠开业第一年网销3亿元，科通芯城做IC元件网上分销，上市后大股东身价提升至20亿元。百度、阿里、腾讯三大巨头纷纷布局电子商务领域，打造全产业服务链。传统企业也把打通线上线下作为应对互联网挑战实业经济的唯一出路，积极打通与互联网、电商平台的障碍。

电子商务平台是基于电子商务活动而兴起的一个虚拟网络空间，其主要目的是为企业或个人提供网上交易洽谈，以及协调、整合信息流、货物流、资金流等服务。企业可以在平台上为消费者提供购买、支付、安全管理、售后等多种服务，从而保障交易顺利进行，使营销活动高效、低成本地开展。

电子商务平台的存在缩短了传统企业以及个体经营者转型升级的时间，增加了经营主体的亲和力、产品的曝光度和客户黏性，解构了传统经营思路，为经营主体重构了一个新的经营思维。因此，所有的传统型企业都需要思考如何走向互联网化和电子商务化，以及如何利用"两化"实现思路转型、行动升级和经营优化。

以往谈起"两化",仍有不少企业简单地把搭建官方网站和淘宝贩售理解为迈向互联网。其中绝大多数企业仅把官方网站定位为企业和产品展示平台。这些企业的官方网站界面粗糙,内容布置千篇一律,没有突出企业优势和产品的独特性,图片美观度也不足。

有些企业也将产品摆放在淘宝、天猫上销售,却没有组建一个团队认真经营。企业负责人对线上销售/电子商务重视不够,导致产品鲜有人问津。最后企业认为"两化"是条"不归路"。还有的企业虽然也投入了大量资金推动"两化",但是互联网运营思维不成熟,最终成效不佳。

4.6.3 电子商务平台的类型

电子商务业务只有依赖于电子平台才可存在。在电子商务的催生下,各式各样的电子商务平台兴起。根据交易双方的角色,以及运作模式的不同,电子商务平台可以分为不同的类型。

常用的电子商务平台的类型有 B2B、B2C、C2C、O2O 等。

1. B2B

B2B 是 Business To Business 的缩写,是企业与企业之间的一种交易模式,体现的是企业间的一种买卖关系,主要适用于企业、团体或社会组织,其运作模式如图 4-21 所示。

图 4-21 B2B 运营模式示意图

B2B 平台由六大模块构成,这六大模块也是运营者在构建这类平台时重点设置的几大功能。具体可归结为信息发布、企业展示、商品展示、广告管理、会员增值和会员认证等方面,如图 4-22 所示。

图 4-22 B2B 平台六大业务模块

近年来,B2B 式的平台发展很快,且已经逐步趋于成熟,其中最具代表性的平台是阿里巴巴。除此之外还涌现出如慧聪网、环球资源网、敦煌网、焦点科技、网盛生意宝等众多类似的平台。我爱 B2B 网站对国内目前最有名气的十大 B2B 平台进行了排名，如图 4-23 所示。其中阿里巴巴 B2B 的品牌影响力最强，其次是慧聪网和金银岛。

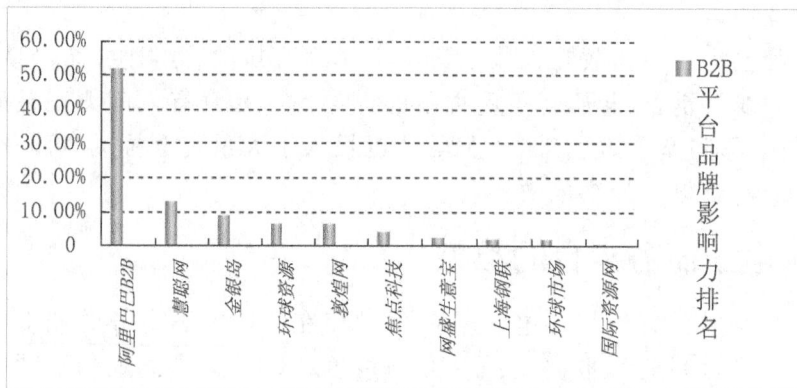

图 4-23　国内 10 大 B2B 平台排名

2．B2C

B2C 是 Business To Customer 的缩写，是企业对个人的一种交易模式。这种模式是我国最早的一种运营模式，主要是借助于互联网开展在线活动，一般以网络零售业为主。例如，8848 网上商城、京东、卓越网等。

企业通过互联网平台为消费者提供一个消费的媒介（网上商店）。消费者通过网络在该平台上购物、消费，并完成支付。图 4-24 所示是 B2C 平台五大主要功能。

图 4-24　B2C 平台五大服务模块

这种模式省去了不少中间环节，大大提高了交易效率，对企业而言节省了空间和资源，对于消费者而言节省了宝贵的时间。

3．C2C

C2C 是 Customer（Consumer） to Customer（Consumer）的缩写，是个人对个人的一种交易模式。例如，一个消费者有一台电脑，通过网络可以将商品出售给另外一个消费者，这种交易类型就称为 C2C。

最具代表性的这类平台是淘宝网。在中国 C2C 市场，淘宝的市场份额超过 60%。此外，拍拍网、易趣网都采用的是这种运用模式。C2C 平台有七大主要功能，如图 4-25 所示。

图 4-25　C2C 平台由七大服务模块

4. O2O

在 B2C、C2C 等比较单一的模式（侧重于线上）得到大力发展的同时，一个综合性的模式也应运而生，即 O2O。O2O 是 "Online To Offline" 的缩写，即 "线上到线下"。这类模式运营思路很简单，是指商家通过免费开网店，将企业信息、商品信息等展现给消费者，消费者在线上进行筛选并支付，线下进行消费验证和消费体验，具体如图 4-26 所示。

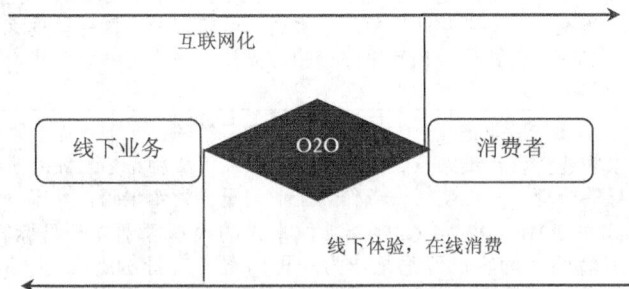

图 4-26　O2O 电商模式运营示意图

O2O 是一种新兴电子商务平台运作模式，即将线下机会与线上结合在一起，让互联网成为线下交易的前台。该模式最大的一个特点是：推广效果可查，每笔交易可跟踪，实现了商家和消费者之间信息的双向传递，满足了双方的需要。该模式既有利于商家更快、更远、更广地进行信息传播，又能极大地满足消费者个性化的需求。

除了上述 4 种常用的模式外，还有 ABC、B2M、M2M、M2C、C2B、B2B2C 等一些特殊的电子商务模式。不过，这些模式在实际运用中非常少，就国内而言这些模式可以说还没有完全成熟，大多数模式仍处于摸索阶段，缺乏科学、规范的运行制度和机制。

案例

2010 年 8 月 18 日，国内首家 ABC 电子商务模式平台——淘福啦（即 Agent——代理商、Business——企业、Consumer——个人）在广州网商创业园举行上线仪式。淘福啦是广州淘福信息科技有限公司旗下平台。该平台以 "拉内需、促消费、促创业" 为宗旨，开创立体战略营销，致力缔造新型电子商务 ABC 模式。

淘福啦以为商家提供一个高效营销渠道，为消费者提供物美价廉的产品，为创业者提供最佳创业平台为经营理念。该平台通过邮购及折扣商店的方式，提供给消费者种类众多且价格便宜的优良商品。网络渠道负责销售，传统渠道负责配送与服务，分工明确，各司其职。网络渠道销售化零为整，传统渠道的配送化整为零，从而实现虚拟和现实、网络经济渠道与传统的实体经济渠道的完美结合。在消费链中以"消费联盟"的概念联合众多商家，产品涉及生活的方方面面。

从例子中可以看出，ABC模式是结合了B2C和C2C两种模式优势的一种模式，更加符合消费者的需求。可见，这是电子商务平台一种创新性的运作模式。电子商务本来就一直处于变化发展之中，随着互联网技术的更新、消费者需求的变化，将来必会涌现出更多的新模式。无论是ABC还是B2M、M2C都是符合发展需求的。

接下来对这几种模式进行简单地介绍，见表4-3。

表4-3　　　　　　　　　　　　　　电子商务新模式

模　　式	详　　解
ABC	（Agent、Business、Consumer），三个词语英文首字母的组合。该模式是新型电子商务模式的一种，ABC分别译为代理商Agent、商家Business、消费者Consumer。由代理商、商家和消费者共同搭建的集生产、经营、消费为一体的综合性模式，且三者之间可以实现自由转化，相互服务，相互支持，你中有我，我中有你，真正形成一个利益共同体
B2M	（Business to Marketing），译为面向市场营销的电子商务企业。这种模式要求根据客户需求来建立营销型站点，并通过线上和线下多种渠道对站点进行广泛的推广和规范化的导购管理，从而使得站点作为企业的重要营销渠道。 该模式与B2B、B2C、C2C等其他模式的根本区别在于目标客户群的性质不同，另外三者的目标客户群都是作为一种消费者的身份出现，而B2M所针对的客户群是该企业或者该产品的销售者或者为其工作者，而不是最终消费者
M2C	（Manufacturers to Consumer），译为生产厂家对消费者。该模式是由B2M而延伸出来的一种新模式，在这模式中，企业可通过网络平台发布该企业的产品或者服务，消费者通过网络获取该企业的产品或者服务信息，并且享受提供的产品或服务。其特点是流通环节减少至一对一，销售成本降低，从而保障了产品品质和售后服务质量
C2B	（Customer to Business），译为消费者对商家，比较大众的说法就是要约模式，即由消费者发布自己要些什么东西，要求的价格是什么，然后由商家来决定是否接受消费者的要约。假如商家接受要约，那么交易成功；反之那么就是交易失败。 这个模式的核心就是通过聚合分散分布但数量庞大的用户形成一个强大的采购集体，以此来改变B2C模式中用户一对一出价的弱势地位，使之享受到以大批发商的价格买单件商品的利益
B2B2C	（Business to Business to Customer），该模式是一种电子商务类网络购物新模式，目的在于帮助建立一个买卖双方畅通交易的平台。B是Business的简称，C是Customer的简称，第一个B指的是商品或服务的供应商，第二个B指的是从事电子商务的企业，C则是表示消费者。 需要注意的是，该模式下卖方既可以是公司，也可以包括个人，即一种逻辑上的买卖关系中的卖方

问题与思考

网络营销是电子商务的基础，电子商务是网络营销的上层建筑，两者之间是相辅相成的。试着讨论两者之间的关系。

第5章
新媒体|移动消费崛起，营销转战移动终端

📖导语

随着移动互联网、移动智能设备的发展，网络营销的方式也在悄然发生变化，逐步从 PC 端向移动端转移。例如，手机 APP、微信、二维码及公众号等都成为企业做网络营销的重要平台。这些平台大大拓展了网络营销的传播渠道，丰富了网络营销的传播手段，可使企业品牌和产品向更大范围、以更快的速度进行传播和推广。

5.1 微信公众平台——决胜指尖，开启移动媒体营销之路

📱案例导入

美丽说的微信公众号运营

美丽说是国内最大的线上购物平台之一，它的用户群体主要是年轻女性。为迎合这部分消费者的手机购物的需求，美丽说及时开通了微信公众平台，并借此打造了一个集"商品信息发布——供消费者看货、选货、支付"于一体的综合型网站，从而与消费者之间形成了一个完美的闭环。

美丽说根据需求申请了两个公众号：一个是订阅号，另一个是服务号，分别为"美丽说"和"美丽说服务中心"。两个公众号分工明确，分别围绕商品销售、粉丝打造和咨询服务等不同主题展开。如订阅号"美丽说"重在为消费者提供信息咨询，如商品有哪些款式，最近有什么新品上市，有哪些促销活动，以及服饰如何搭配等知识普及型的内容，目的是便于消费者及时了解企业动态，宣传商品信息，强化消费者对企业、对产品的忠诚度。服务号"美丽说服务中心"重在为

消费者提供购物过程中或后续的服务。

总结

两个公众号为美丽说搭建了一个完美的营销平台，既能保证商品的销售和推广，又能保证售后服务和市场反馈，从而为企业赢得了大量粉丝的信任和支持。企业只要能保证渠道和反馈的畅通，新媒体营销就不会做得太差，而美丽说无疑是成功的案例之一。

思考

美丽说是根据什么来划分订阅号和服务号的，两者各有什么样的特点？

5.1.1　概述

随着新媒体——微信的大范围运用，微信公众号成为非常重要的一种网络营销工具。本节全面介绍了微信公众号的申请流程、类型、运营技巧以及内容发布和管理等，有助于读者对微信公众号有个全面的了解，能在日常营销中熟练运用微信公众号。

5.1.2　如何申请和建立微信公众号

微信公众平台是基于微信而产生的一个功能模块。2012 年腾讯在微信的基础上新增了微信公众平台功能，在这一平台上个人、企业和社会组织都可以为自己打造一个微信公众号，利用文字、图片、语音等与特定群体沟通互动。该平台推出后，由于其便捷、互动性强，受到很多个人和企业的热捧。商业性比较敏锐的企业利用其进行产品宣传、活动促销，甚至直接销售商品，最终使其形成了一个集社交与营销于一体的平台。

在使用微信公众平台之前需要先注册申请。这个号是注册者登录的凭证，代表着登录者的身份，就像登录 QQ 需要 QQ 号一样。根据腾讯公司的规定，公众号的申请有很多限制。如对不同的申请主体要求不一样，个人只允许申请订阅号，暂不开放服务号，企业、社会团体可同时拥有双号等。

为了更详细地了解公众号的申请，接下来将根据申请主体的类型、需要提交的资料、注册流程等三个方面进行阐述。

（1）申请主体

公众号的申请主体大致可以分为 3 大类，个人、企业或社会团体。但因为彼此之间很可能有交叉，按照《组织机构代码证》上的标准并不能这样笼统地对申请主体进行分类。如个人可能是自然人，也可能是个体工商户；社会团体中有个人性质的，也有企业性质的。

上述情况很容易给官方造成管理上的不便，因此公众平台官方对申请主体的分类是按照《组织机构代码证》上的统一规定进行的，注册时可根据以下标准选择平台类型。详细内容见表 5-1。

表 5-1 申请主体与平台类型的选择

社会名称	营业制造/组织机构代码类型	公众平台应选择的类型
个体工商户	个体户、个体工商户、个人经营	个体工商户
企业公司类	企业、企业法法人、个人独资企业、合伙企业、外资企业驻华代表	企业
媒体、新闻机构类	电视广播、报刊、杂志、网络媒体	媒体
医院、学校等	社会法人、民办非企业、工会法人、群众团体等	其他组织
政府单位	事业法人、机关法人、机关非法人	政府

注：

① 若组织机构代码证上"机构类型"为企业法人或企业非法人，请勿选择"其他组织类型"进行登记；

② 若"个体工商户"无"对公账号"，请选择"微信认证"完成注册并认证公众号；

③ 表中暂不包括"个人"，这里的个人仅指自然人注册、认证、运营的公众号。

（2）申请材料

无论是个人还是企业，在申请微信公众平号时都需要提交可证明其身份的资料。申请主体身份不同，所需要提交的材料也有所差异，具体见表 5-2。

表 5-2 注册公众号所需要的资料

政 府	媒 体	企 业	其他组织及 个体工商户	个 人
名称（全称）	名称（全称）	名称（全称）	名称（全称）	名称（全称）
运营者姓名	运营者姓名	运营者姓名	运营者姓名	运营者姓名
身份证号码	身份证号码	身份证号码	身份证号码	身份证号码
	组织机构代码	营业执照注册号	组织机构代码	
手机号码	手机号码	手机号码	手机号码	手机号码
	微信号 （已绑定银行卡）	微信号 （已绑定银行卡）	微信号 （已绑定银行卡）	微信号 （已绑定银行卡）
	媒体对公账户	企业对公账户	组织对公账户	

（3）注册流程

公众号的注册必须按照官方规定的流程一步一步地进行。先填写什么，后填写什么，如何填写都有明确的指示。注册流程如图 5-1 所示。

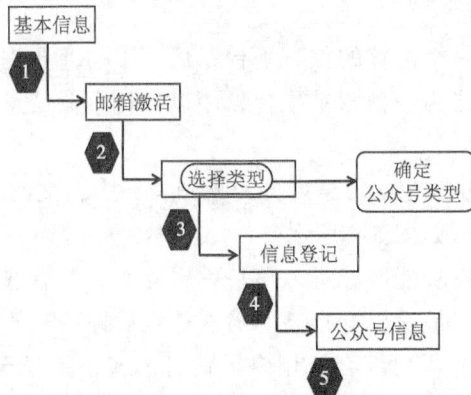

图 5-1 微信公众号的申请流程

5.1.3　微信公众号的 3 个类型

公众平台官方显示，公众号目前有三大类型，分别为订阅号、服务号和企业号。三大号功能和作用各不相同。接下来对各号进行详细的分析。

（1）订阅号

订阅号是微信公众平台上的一个信息平台，主要用于在微信端为读者提供运营者（企业、媒体或个人）发布的各种信息。所有的信息都由运营者自主运作，可以根据自己的需求推送和发布。

订阅号的功能类似于报纸、杂志等传统纸媒，只不过是将内容从纸质搬上了手机屏上。因此，订阅号也被看作是一个信息发布和推送的自媒体平台。通过这个平台读者可以随时随地阅读各种信息，看新闻、听故事、学习知识等。图 5-2 和图 5-3 所示分别为中央财经频道和企业培训服务机构推出的订阅号。

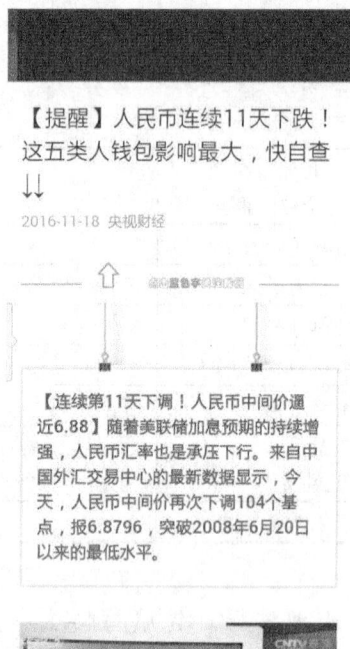

【提醒】人民币连续11天下跌！这五类人钱包影响最大，快自查↓↓

2016-11-18 央视财经

【连续第11天下调！人民币中间价逼近6.88】随着美联储加息预期的持续增强，人民币汇率也是承压下行。来自中国外汇交易中心的最新数据显示，今天，人民币中间价再次下调104个基点，报6.8796，突破2008年6月20日以来的最低水平。

图 5-2　央视财经订阅号上的信息

拖账？先给他发个东西看看！

2016-09-17 智创文化 智创管理

强者和弱者在社会中的地位不同，所以两者的心理状态也完全不同，在账款催收过程中，欠款方是强者，要款方往往扮演着弱者的角色。

那么弱者如何才能打败强者呢？有人说，那就必须有课题强者之心，不错，其实，真正的强者不是谁手中……

图 5-3　某培训服务机构订阅号上的信息

微信订阅号最初只是一个纯粹的信息平台，后由于与商业进一步结合，在一些电商、互联网企业的运作下逐步成为一种营销平台，用以宣传企业信息、产品信息，吸引消费者的关注。

订阅号每天可推送一次信息，信息可分为单图文和多图文两种，以群发的形式发出去。微信订阅号的群发功能界面如图 5-4 所示。

单击图中所示的"群发功能"，进入信息编辑界面，然后选择信息的发送形式，如文字、图片、语音还是视频。最后根据自己的需求选定后即可开始编辑，如图 5-5 所示。

为强化内容的可读性，需要综合运用多种信息形式，一般至少两种以上，如"文字+图片""文字+语音"等，或者几种兼具。

图 5-4　微信订阅号的群发功能

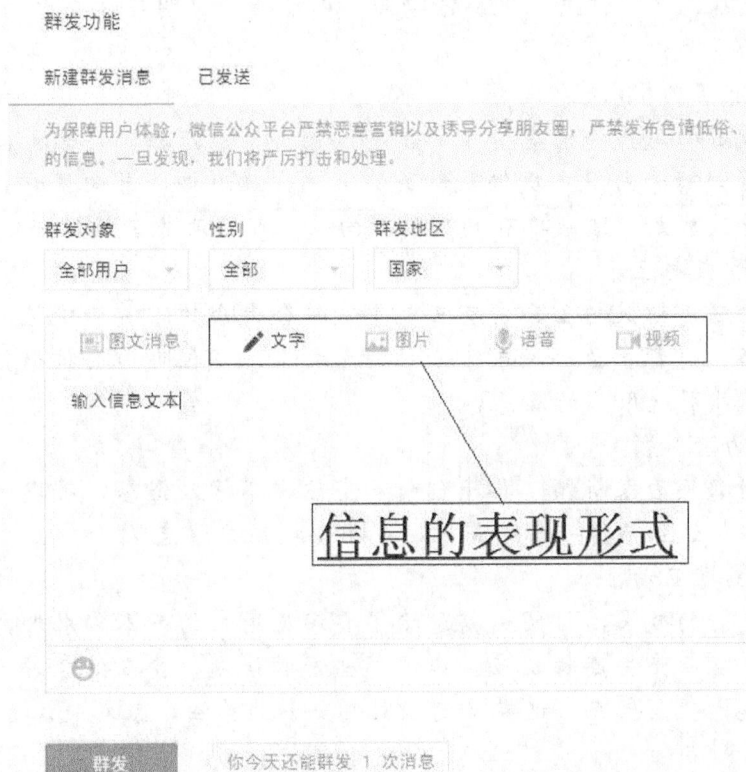

图 5-5　微信订阅号的群发信息表现形式

任何一个平台的作用都是有了商业性后才发生转变。当大批品牌、企业参与进来之后，订阅号逐步成了一种营销工具，具有了宣传的性质。目前，公众号在营销界的运用非常普遍，已遍及各行各业，如图5-6所示。

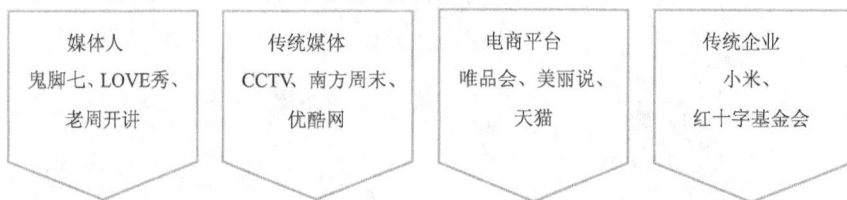

| 媒体人
鬼脚七、LOVE秀、
老周开讲 | 传统媒体
CCTV、南方周末、
优酷网 | 电商平台
唯品会、美丽说、
天猫 | 传统企业
小米、
红十字基金会 |

图 5-6　订阅号运用领域例举

正是由于运营者的不同，订阅号才呈现出如今百花齐放的局面，并朝多样化、个性化的局面发展。然而，想要达到的预期的目标却不那么容易，企业必须坚持以内容为本，应迎合消费者的阅读需求，提升内容创意，提高内容质量。

阅读链接

做好订阅号内容的5个关键

1. 内容与企业、产品相关

订阅号所发布的内容必须与行业、企业，或者某个产品相关，宣传企业的企业文化、价值观、产品信息、促销活动等，以便让用户明确该平台的性质、用处，以及所提供的主要信息。

2. 信息有明确指向性

信息要能够向用户传递有价值的信息。例如，酒店旅游订阅号向用户提供订房信息，餐厅订阅号向用户提供最新菜品菜单，政府订阅号向用户提供最新工作动态和计划等。总之，信息要有明确的指向性，可给消费者提供一定的帮助。

3. 主题积极向上

内容的主题要积极向上、富有正能量，符合大众的审美和价值判断。如果所传递信息低俗、违背社会公德或大众的衡量标准，不但可能会被微信官方禁止和封杀，还有可能引起用户的反感。

4. 题材力求新颖

内容题材必须力求新颖，善于创新和突破，不落入俗套，否则无法引起用户兴趣。或者即使达到值得一看的标准，也很快被用户遗忘。

5. 话题具有互动性

想取得更好的效果，订阅号信息除了要满足用户的基本需求外，还需要使信息产生爆炸，从而产生连锁反应。纵观那些好的话题，要么结合时下比较热门的话题，要么邀请明星代言，这样必定能引发更多的关注，激发关注者的大讨论。

（2）服务号

相比于订阅号，服务号是一种功能更全面、服务更完善的平台。服务号偏重于服务层面,目的是为运营者提供更强大的业务服务与用户管理能力,构建完善的服务体系。因此,对于企业营销来讲,经营服务号与经营订阅号是两种完全不同的思路。

服务号最大的特色在于可以自定义设置菜单。"自定义菜单功能"是一个自主性、机动性极强的功能。运营者可根据自己的需求自由设置和开发。目前,利用自定义功能可设置三个主菜单,每个主菜单下可设置最多 5 个子菜单。点击主菜单就会弹出该菜单下的子菜单,点击每个子菜单则会触发请求,回调出相应的回复信息和链接网页。这也预示着微信营销不再是单纯的消息推送和回复。

以京东服务号——京东 JD.COM 为例。该服务号很好地展示了"自定义菜单"的功能。该服务号分别设置了"京东购物""粉丝福利""我的服务"功能,如图 5-7 所示。

自定义菜单对于运营者来说,可以打造一个相对完善的服务平台,使服务更加完善、更加系统,使信息更充分地展示给用户。对用户来说,可以大大丰富购物体验,在信息的获取上更好、更便捷。

图 5-7 京东服务号设置的自定义菜单

服务号的另外一个特色是二次开发功能较多,便于满足企业的营销需求,如增加微信小店、微信支付、微信卡券、会员卡等,这是订阅号所没有的。这些特殊的功能更容易增强用户体验,增加用户对公众号的黏性。认证后的服务号可享有很多更高级的功能,具体见表 5-3。

表 5-3 非认证服务号与认证服务号权限对比

接口类型	非认证订阅号	认证订阅号
1. 接收信息	4 条/月	4 条/月
2. 发送信息/被动回复信息	开放	开放
3. 基础支持-获取微信服务器 IP 地址	开放	开放
4. 基础支持-获取 access_token	开放	开放
5. 微信 JS-SDK-基础接口	开放	开放
6. 微信 JS-SDK-图像接口	开放	开放
7. 微信 JS-SDK-音频接口	开放	开放
8. 微信 JS-SDK-智能接口	开放	开放
9. 微信 JS-SDK-设备信息	开放	开放
10. 微信 JS-SDK-地理位置	开放	开放
11. 微信 JS-SDK-界面操作	开放	开放

续表

接口类型	非认证订阅号	认证订阅号		
12. 微信 JS-SDK-微信扫一扫	开放	开放		
13. 自定义菜单功能	开放	开放		
14. 微信 JS-SDK-分享接口	不开放	开放		认证服务号有而非认证号没有的十八大功能
15. 微信 JS-SDK-微信卡券	不开放	开放		
16. 发送消息-客服接口	不开放	开放		
17. 发送消息-群发接口	不开放	开放		
18. 发送消息-模板消息接口	不开放	开放		
19. 用户管理-用户分组管理	不开放	开放		
20. 用户管理-设置用户备注名	不开放	开放		
21. 用户管理-获取用户基本信息	不开放	开放		
22. 用户管理-获取用户列表	不开放	开放		
23. 用户管理-获取地理位置	不开放	开放	服务号有而订阅号不具有的十大功能	
24. 用户管理-获取用户基本信息	不开放	开放		
25. 推广支持-生成带参数二维码	不开放	开放		
26. 推广支持-长链接转短链接口	不开放	开放		
27. 素材管理-素材管理接口	不开放	开放		
28. 智能接口-语义理解接口	不开放	开放		
29. 多客服-获取多客服消息记录、客服管理	不开放	开放		
30. 微信 JS-SDK-微信小店	不开放	开放		
31. 微信 JS-SDK-微信卡券	不开放	开放		
32. 微信 JS-SDK-微信支付	不开放	开放		

（3）企业号

微信企业号是微信为企业用户提供的移动应用入口。通过该入口，可以将企业内部和企业外部很好地连接起来，形成一个更系统化的整体，从而打造企业的"朋友圈"。

企业号被称为企业的 OA 系统，也叫移动办公软件。它最核心的功能就是连接，连接企业内部各部门、各员工，连接企业内部与外部有密切联系的合作伙伴。

企业号通过完善企业内、外管理，打造属于自己的"朋友圈"。其价值体现在以下 5 个方面，如图 5-8 所示。

企业号通过打造企业内部最小反射弧，强化企业员工的双向沟通，实现便捷高效的移动办公，同时也加快了内部运作，使各部门的配合更协调。高层下达的某个命令，不用再层层传递，只要在企业号平台上公布出来，所有的成员都可以看到，且精准无误地抵达各个部门、各个员工处，从而减少了中间传递环节造成的不必要的人为失误，大大提升了工作效率。

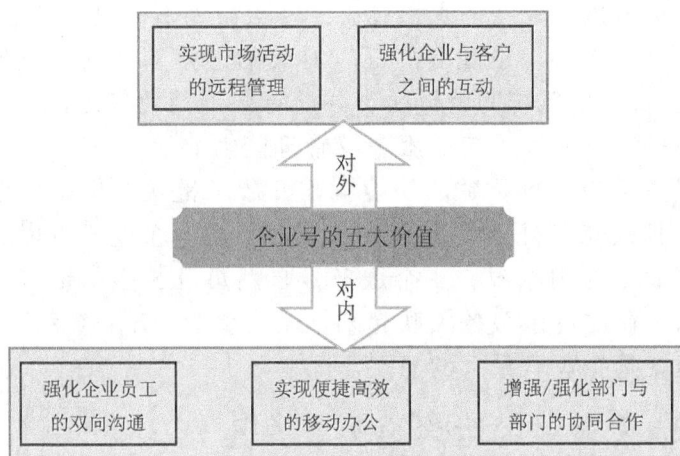

图 5-8　企业号的 5 大价值

案例

玫琳凯企业号通过建立"新闻公告""投票""自助客服"及"人工客服"的内部管控体系，实现了供应商、分销商、员工内部和上下游的全面协同办公，在提高工作积极性的同时，促进了资源共享，提升了工作效率。

与此同时，企业号也可以与外部市场互通，让市场信息快速地传递到公司。这些信息不但可以使营销信息得到及时反馈，而且大大提升了企业决策的科学性、准确性。

案例

时尚买手是一家传统企业，由于其销售渠道单一，无法掌握商品和用户的信息数据，在销售市场中很难占有一定市场率。企业号为其提供的"微分销"系统让该企业的营销与管理一步到位。一方面让分销者实时了解订单情况，而且后续服务更加优良，建立了分销返佣系统，进一步刺激分销商的心理预期；另一方面配货后台数据监控让企业可以全方位掌握商品相关信息，提高竞争力。

另外，企业号还可实现企业与客户之间的高质量互动，以提高服务的质量，这对服务性企业帮助非常大。

案例

山东航空货运部推出"航空伴手礼"服务，即用户在机场可以直接扫描二维码购买山东的特产。不少旅客因为怕损坏，购买特产不愿意托运，但在机场一直拿着行李逛又感觉很麻烦。这对商务人士而言，更是不便。

于是，山东航空为旅客提出更贴心服务的设想，实现分类处理订单，购买以后用户可以选择在自己所在的机场提取，也可以选择在目的地机场提取。在目的地提取的，出发机场送货方会负责通过企业号系统与目的地一方联系。

可见，企业号的核心功能就是广泛、有效的链接，帮助企业建立与员工、上下游合作伙伴及内部 IT 系统间的链接，并能有效地简化管理流程、提高信息的沟通和协同效率、提升对一线员工的服务及管理能力。

订阅号或服务号最值得称赞的功能就是开放了链接，但是每个服务号和订阅号的链接有限，且只能对外开放，而企业号则不同。企业号可以看作是许多服务号的集合，且开放了对内权限。多个服务号自然可开放多个链接，这样的好处就是可以把微信和企业的许多服务关联起来。连接企业 OA，连接企业网站，连接通讯录，连接一切就是企业号最大的亮点。

5.1.4　微信公众平台运营的 4 个关键

公众号作为企业的移动版网站，也是企业的缩影。企业在利用其进行营销时必须紧紧围绕打造企业形象，提升品牌影响力，提高销量以及服务用户等方面进行。企业要最大限度地体现出企业的性质、产品优势和业务特征。

企业在具体开展营销时可着重从以下 4 个方面来把握。

（1）制定精准的推广策略

推广策略是产品走向市场的第一步，一个产品能否受用户欢迎，最关键的还是要看公众号运营者如何来推广，如何通过市场化运作让更多的人熟悉、认识和接受产品。

只有先让大众认可了公众号，才能接受其上承载的产品。目前最常见的推广方式就是活动推广，以赠送赠品、随机抽奖的方式引导用户关注公众号。以线上或线上线下相结合的方式进行。

案例

2013 年星巴克在微信公众号上推出了自己的音乐专辑——《自然醒》。这一做法曾引起了很多人的关注，不少人还纷纷评论、转发，几乎刷爆了朋友圈。星巴克将音乐搭载在微信公众平台上推送给用户，并设定自动回复。用户关注公众号后，在对话框里输入不同表情，而后会得到公众号的回应，推荐与表情相符的音乐。

星巴克利用音乐推送的策略，给用户带来了别样的体验。这样一来，星巴克不费吹灰之力就俘虏了用户的芳心，并让他们心甘情愿帮自己做宣传。

星巴克的微信公众号推广策略可谓是创意十足，与其一贯主张的企业文化不谋而合：不单单卖咖啡，还卖一种情感、一种体验。

（2）迎合受众的心理需求

企业在确定了推广策略之后，还需要兼顾受众心理，毕竟产品最终面对的是人。无论推送什么信息，推荐什么商品或服务，只有迎合了受众群体的心理需求才可能进一步被接纳。

比如一个情感类公众号，如何体现大众需求呢？它可以通过定时互动的方式来做到，可以在公众号上开辟一个专栏，回答用户在实际生活中遇到的各种情感困惑。再比如一个理财类账号，运营者可以通过为投资者解决比较棘手的理财问题来赢取他们的心。

微信公众号虽然是一种营销方式，但应避免做成纯粹的商品买卖平台，而是要有的放矢，去抓用户的核心需求，真正为用户解决问题。当用户对平台产生了信任，自然会对所属企业，所推广的商品和服务产生好感。这种信任和好感是产生购买力的关键。

众所周知，小米的粉丝很强大，这是因为小米自始至终都在走"粉丝路线"，真正地去迎合粉丝需求。

（3）定位核心产品

什么是定位核心产品？顾名思义，就是直接以产品或品牌作为公众号的主打方向，或者以此为基础进行延伸，目的就是通过公众号这个平台来推广和宣传、销售产品，树立品牌形象。

原则上讲，一个微信公众号必须能够解决一个或一类问题，如推荐购物信息、提供创业指导、创业资讯信息、提供租车服务、提供大众喜闻乐见的服务等。总之，微信公众号运营的内容一定是某一类用户所需要的。对产品进行定位有两种最常见的操作方法：一种是直接在公众号上销售产品、提供服务；另一种是通过将公众号打造成一个知识分享、经验传授的平台，而后带动用户接受、认可产品或服务，如图 5-9 所示。

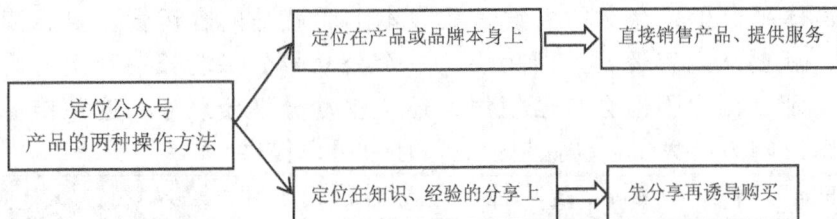

图 5-9　产品定位的两种操作方法

（4）体现自身特色和优势

随着微信公众号的不断增多，同质化现象十分严重，如一些化妆品、美容企业，往往会直接以自己的产品、品牌给公众号取名为"×××护肤品""×××美容店""×××官方旗舰店"等。这样做是很失败的，由于公众号没有任何亮点和特色，很难引起大众的关注。即使公众号被硬性关注也很容易被用户忽略，这也是不可取的。这类账号看似最大限度地体现出了自己的特色，其实对于不熟悉的用户来说等于什么都没说。而有些公众号由于优势和特色突显得很明显，哪怕是很小的一个点也容易引起大众的关注。

案例

"余姚生活网"是浙江一个以生活、娱乐、美食等资讯为主的网站旗下的公众号。这个公众号定位就非常好，"余姚"体现了地域特色，"生活"体现了服务特色，"网"则体现的企业性质，且与企业网站形成呼应，可很好地引导手机端的用户去关注官网。

5.1.5　微信公众号营销核心是做好内容

公众号的主要功能是为用户提供信息和服务，而信息和服务归根结底就是内容。因此，打造一个成功的公众号，做好公众号营销最根本的就是做好内容。然而，目前大多数公众号在这方面做得不好，要么提供的信息不准确或信息量太少，要么提供的信息没价值，缺乏参考性，抑或是用广告直接代替内容。这样的公众平台注定是要被用户拉黑和抛弃的，很多公众号失败在内容缺乏价值和创意。这也给做微信营销的人提供了两点启示：第一内容要有价值，有价值就是让用户看了信息后能满足某方面的需求，解决某方面的问题；第二要有创意，创意主要体现在内容定位和写作视角上。

朋友圈曾流传过一个"微赚微赚"的产品，只要用户关注其公众号，在"我的账户"中输入邀请码并每天签到就能赚钱，签到 20 天可收益 5000 多元。其实这就是一场骗局，签到后账户收益仅有 0.1 元，再次打开页面就显示为"错误"，无法签到。其实，这种行为是比较典型的营销骗局，多是以通过鼓励用户"拉人头""发展下线"赚钱的方式来获取粉丝关注。营销没有罪，吸引眼球亦无不可，但必须遵守规则。业内人士指出，很多公众号已成为企业和品牌在移动端的迷你网页。如何平衡好用户需求与营销需求，企业需要深入思考这一点。

决定媒体平台生死存亡的关键，从根本上看就是内容运营。要想读者长期不取消关注，就要从内容运营上面用心。一个公众号如果能长期稳定的为用户提供优质内容，那么用户不但会自己使用，还会主动分享公众号。这种传播无形中就将企业品牌影响力扩大了。也就是说，只有为用户提供切切实实的信息，集实用性、趣味性于一身时营销才算成功了大半。

明确了内容的重要性后，接下来就是进行具体操作的问题了。在具体撰写内容时可以寻找、挖掘合适的素材。写作素材可从以下 6 个方面来提炼。

（1）根据主打产品（服务）而定

前面已经多次提到公众号推送任何内容最终都是为营销服务的，应该围绕核心产品和服务进行，因此撰写内容的第一要务就是必须以产品（服务）为基础，甚至在此基础上深度挖掘。每一个产品、每一项服务都可以成为一个话题，都可以成为公众号的内容。例如，读书郎学生平板公众号以直接推销其主打产品——学生平板为主，如图 5-10 所示。

另外，也可以围绕产品进行延伸，毕竟一段干巴巴的产品介绍、产品说明是无法吸引用户眼球的。用户喜

图 5-10　公众号上的产品信息

欢带有知识性的信息，越细化越好，这就要求运营者对所推销的产品进行延伸或扩展。例如，好药师采用的就是这样的策略。公众号不仅介绍其主打产品，还普及药品知识、宣传健康与养生的知识，与用户保持定期互动。

（2）根据用户需求而定

订阅号推送内容，最核心的一个原则就是看用户需要什么。这就是所谓的紧跟用户需求，因此企业要知道用户的需求在哪儿，并根据需求来解决问题。公众号运营者要时刻关注用户的内心，并时刻对其进行跟踪观察，进行总结提炼，使所发送的内容与用户需求高度结合。例如，有个会计网订阅号，想必关注此号的用户一定有了解会计知识的需求，那么该号就会定期推送一些与会计知识有关的文章，诸如"营改增后首个申报期来临，纳税人需要提交哪些资料？""发票可以盖财务专用章或公章吗？"等。

（3）根据用户反馈的信息

公众号以用户的反馈为切入点来写作往往是最有效的，如定期解决用户提出的问题、留言，那些问得最多、反映最多的问题解决方案，在购买产品或使用产品过程中遇到的问题等。这些信息既实用又能吸引用户，还能增强其对公众号关注的持久性和忠诚度。

（4）根据企业新近的促销活动

有调查显示，50%的用户是冲着优惠活动才去关注某个企业公众号的。可见，在公众号上公布一些促销活动相关信息十分有必要。当前，类似的公众号非常常见，几乎每个运营者都在做，如图 5-11 和图 5-12 所示。

图 5-11　公众号上的促销信息示例一　　　图 5-12　公众号上的促销信息实例二

要注意这类信息发布的频率和时间，避免同一时间、大量地发布这类信息。否则，不但不会起到宣传效果，而且可能还会令用户产生误会，误认为是引导消费的骚扰信息。

（5）行业动态、企业价值观、企业文化等

在微信订阅号上也可以展示企业自身，如企业文化、企业简介、行业动态、团队活动等，以及与企业有关的趣事或故事。这些信息经过挖掘和包装之后，更有利于促使用户认识企业、了解企业，对企业产生更深的认识、信任。这种内容尤其适合一些知名度较高的名企、新崛起的企业新秀。

如城市骆驼借助公众号宣传自己的企业，展示自己的企业风采，如图 5-13 所示。

（6）根据社会热点生产话题

根据社会热点的人物和事件制造话题，其实是一种借"题"发挥，即通过关注社会热点来侧面引出想要表达的核心信息。如在著名的化妆品品牌巴黎欧莱雅的公众号上经常看到诸如这样的消息："明星戛纳红毯美妆的秘密是？""get 全球限量版礼盒"等。其实每篇文章中都含有所推销的产品信息。这就是一个变现的推销，而且着眼点很小，就是单纯的宣传某一种产品，不但不会引起读者的反感，反而更容易被关注。

随着更多优质内容创作团队的入驻，微信公众号的内容门槛会进一步提高。可以预见，微信公众号的内容质量会进一步提升，优质的内容会往上浮，垃圾内容会下沉，垂直化越来越明显，一些以拉人头、圈粉为主要营销的公众号将彻底被用户抛弃。

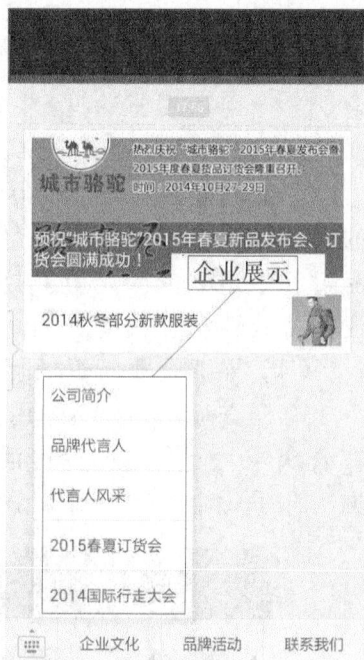

图 5-13　公众号上的企业展示信息

问题与思考

微信公众号作为一个自媒体平台，在营销中起着至关重要的作用。各大企业的微信公众号营销也做得如火如荼。据统计截至 2015 年 8 月公众号数量突破了 1000 万个，且正在以每天 1 万多个的速度增加。但随着公众号的增多，不少公众号的掉粉现象也十分严重。如何解决掉粉问题，并从众多公众号中脱颖而出是最值得思考的问题。请大家思考应该从哪些方面入手解决这个问题。

5.2　二维码营销——建立移动网络 24 小时商铺

案例导入

二维码连接 1 号店的线上、线下

1 号店——最大的电子商务型网站之一，于 2008 年 7 月正式上线。由于良好的购物体验，1 号店被消费者誉为"最贴心网络超市"，从此也开创了虚拟购物、网上超市的先河。

在大多数人的头脑中，逛超市是一个体力活，首先要选一家超市，考虑超市的物品丰富程度、路程，甚至还得计算不要赶上高峰期等，接着得预留足够的时间挑选商品，然后推着购物车在超市里穿梭，最后是排队结款。这可能是人人都不愿做的，把一大袋物件背回家还要花很大的力气，这一切似乎都很烦琐。

1 号店利用二维码开创一种另类购物场景，只需掏出手机拍下商品，即可完成购物，几乎是在一分钟之内就能搞定消费流程，省去了逛超市和排队付款的时间，走在路上就能买东西。

1 号店对二维码的运用可谓是独到匠心，他们在印有商品的广告上添加相应的二维码。每一种商品下都有对应的二维码，大大方便了消费者的购买。如用户对一款棉被感兴趣，只要扫一扫其下的二维码即可进入页面了解更详细的信息，如图 5-14 所示。

图 5-14　1 号店商品墙上的二维码

常见的二维码植入方法是在商品的宣传上，置入一个整体的二维码，用户扫描进入后还需自己重新分类，挑选出自己所需的商品或信息，这样一来就显得十分麻烦，遇到性格急躁的用户还会影响其购物心情。

1号店在每个商品下都设置相应的二维码，不但使商品信息精准传播，满足消费者的个性化需求，对特定商品有清晰的认识，而且便于消费者即时下单，大大节省了他们的购物时间，打造了一个移动的24小时不间断营业的商铺。

1号店的运营之所以做得这么好，最关键的就是与二维码的巧妙结合，通过二维码真正实现了即时营销、移动营销。

总结

二维码营销已经成为营销中非常重要的一种方式，且正在被越来越多的企业所运用。不仅仅是1号店这样的虚拟店，很多实体企业也开始或多或少的使用二维码。同时，这种方式也特别受消费者，尤其受年轻人的青睐，他们也十分享受这种"扫一扫"的过程，生活、学习、购物、就餐、旅游只要"扫一扫"相关二维码即可了解到更多。

思考

1号店作为一个虚拟的网络超市，其大幅海报经常出现在地铁、大型商场、娱乐场所等公共场合。请思考以这种方式来推广企业有什么优势，有什么劣势，如果你是营销策划，又会如何避免劣势？

5.2.1　概述

二维码在商业中的运用越来越广泛，已逐渐成为一种独特的营销方式。本节全面介绍了二维码的原理、概念、特点、优势、营销技巧以及局限性等，有助于读者对二维码营销有一个全面的了解。

5.2.2　二维码的原理和运用

二维码是依附在移动设备上的一种编码方式。它用某种特定的几何图形按一定规律在平面（二维方向上）分布的黑白相间的图形上记录数据符号信息。二维码在编制上巧妙地利用构成计算机内部逻辑基础的"0""1"比特流的概念，使用若干个与二进制相对应的几何形体来表示文字数值信息，可以通过图象输入设备或光电扫描设备自动识读以实现信息自动处理。

随着二维码在商业活动中运用的越来越广泛，二维码营销已逐渐成为一种独特的营销方式。个人、各大企业利用二维码开展各种商业活动的行为也随处可见。在商品宣传中如海报、影片、实体产品等纷纷植入二维码，用户只需扫一下就能了解更多、更详细的信息，包括商品介绍、折扣、优惠等信息。

二维码蕴涵的信息量大，使用起来方便，大大加强了广告效果。二维码在水平和垂直方向都可以记录数据、符号等信息。各信息之间，每种码制有其特定的字符集，每个字符占有一定的宽度；二维码信息的识别需要用专门的解码器才能读取，现在普遍采用的是红外线探头抓取。

因此，企业策划人员、营销人员，或者商家都有必要掌握这种技术，包括其工作原理、使用注意事项等，以便更好地引导用户精准地扫描和读取信息。

很多人误以为可以对二维码进行随意拉大或缩小，这是不正确的。前面讲过二维码是通过图形中的黑白点储存信息的。一个二维码就像一个储存罐，其横向和纵向的总黑白点数决定了储量的大小。储量往往是固定的，如果随意扩大和缩放，会影响其内储存信息的变化，如导致扫描不全，或扫描不出相关信息。

当然，这并不意味着二维码不可缩放，如果需要可根据二维码大小等比例放大和缩小。或者先读出其中信息，利用制作软件再制作一个符合尺寸大小的二维码。

5.2.3　二维码的特点和优势

二维码有诸多优势，如突破了时空的限制，信息蕴涵量大、精准性强、操作方便、易识别等。因此二维码营销成为企业营销最受欢迎的一种方式。那么，二维码具体有哪些优势呢？经总结具体有 4 个。

1. 储存量大，信息容纳度高

二维码由于采用的是高密度编码，储存量特别大。据专家指出，二维码是一个多行、连续、可变长的符号标识，每个条码有 3 ~ 90 行，每行都有一个起始部分、数据部分、终止部分。

二维码的信息量跟图形大小、颜色有关，现在常用的二维码是双色单层（黑白双色），储存量在数十 KB；彩色（24 色）单层的储存量在 1 ~ 2MB 之间；256 三层一般称为超大二维码，最大储存量能够达到 1TB。

二维码储存量是普通条码容量的几倍，甚至几十倍。如此大的信息储存量，使二维码具有纸质宣传永远不可能有的优势。企业网站、宣传网站、图片等都可以放入一个二维码中。消费者扫描二维码打开网址即可浏览所有信息。

2. 内容丰富，表现形式多样

二维码中的信息呈现形式多样，不仅能以文字进行编码，还可以图片、声音、视频、指纹等多种形式进行编码，并可综合地表现出来，如语言文字、图像数据、可视视频等。

因此，二维码信息可以多种形式呈现在消费者眼中，常见的有 4 种，如图 5-15 所示。

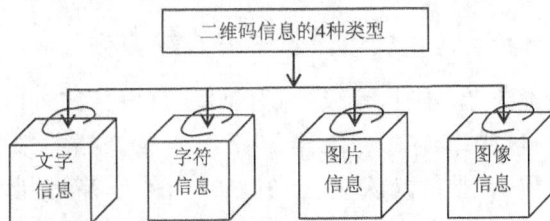

图 5-15　二维码信息的 4 种基本类型

3. 易识别，保密性好

易识别是二维码最吸引人的优势。一般来讲，消费者只要利用识别软件或

APP，对着二维码轻轻扫描即可快速识别其中的内容，读取其中的信息。常见的二维码别软件有微信、快拍、我查查等。

细心的人会发现，二维码的 3 个角上有明显的四方形方块，作用是决定模块坐标，如图 5-16 所示。其中一个角没有方块（这样做是因为只用 3 个点就可以确定一个平面，留有 1 个角可以嵌入更多信息）。这 3 个方块叫位置探测图形，有了这几个点无论从哪个方向读取二维码，都可以识别信息。即使将二维码图形旋转，局部遮挡、损坏也可以识别信息。

图 5-16　二维码上的位置探测图形

另外，二维码中有些信息是加密的，要读取这些信息需要先解密。读取加密的二维码信息需要用到特殊的设备，这个在我们的日常生活中也很常见。如车站入口处的查票检测器，就是一种特殊的设备，在对二维码进行扫描后系统会自动辨别车票的真伪，并将信息存入系统中。

二维码对信息是有保护作用的，主要表现在可通过防止二维码被破译造成信息泄露。具体的措施就是编码和解码的过程，即如果编码时对信息进行加密，那解码时就需要密码进行解密，这就进一步加大了二维码内信息的安全性。

4. 容错率高，纠错能力强

容错率是指纠错的能力。二维码的容错率即指二维码图标在被遮挡一部分后被识别出来的能力。例如，二维码在改变位置、被损坏、被毁掉一部分等情况下，只要损毁的比例在规定的范围之内同样可被识别出来，如图 5-17 所示。一般来讲，二维码的容错率最高可达 30%，这比普通条码要高得多。

正常二维码　　　　　旋转 90° 的二维码　　　　　部分损坏的二维码

图 5-17　二维码的容错率示例

二维码的容错率通常有 4 个等级，即 7%、15%、25%、30%，用字母分别表示为 L、M、Q、H。容错率越高，二维码图片能被遮挡的部分越多。目前在绝大多数扫描场景下二维码容错率默认设为 30%，当然，高容错率的代价是图片的复杂度会提高。图片复杂度越高，越不利于识别。因此，在实际操作中也不能盲目去追高容错率，应该根据需求选择相应的级别。

不过有一种情况容错率必须设为 30%，即中间加 Logo 的情况，如图 5-18 所示。同时，二维码边上的三个定位框和中间定位小块不能被遮挡，否则容错率再高也无法扫描。

二维码的强纠错能力源于其信息的稳定性比较好。正如前面提到的，二维码能通过 3 个角的位置探测图形来定位信息区域，在几何学中，三角形是最稳定的，这也使二维码的纠错能力更强。

容错率 30%

图 5-18　中间加 Logo 的二维码

5.2.4　二维码营销的 4 种方式

由于二维码具有上述诸多优势，更多企业开始使用二维码进行营销。最近几年，二维码营销已呈现出爆发式的发展态势。因此，从运营层面来看可将二维码营销分为 4 类，包括植入社交软件、依托电商平台、依附于各类服务、依附于传统媒介等。

（1）植入社交软件

目前，这类主要以微博和微信为代表。例如，微信作为超级 APP，利用二维码提供多种服务功能，为用户带来更便捷、好玩的操作体验。在企业和用户之间建立起了一种"熟人"形式的 SNS，从而实现了微信所拥有的 O2O 模式。

正如马化腾所言，二维码是线上和线下的关键入口。微信本身也在开启 O2O 商业化的大门，腾讯在微信客户端推出二维码的同时，也和实体商家进行接洽，推出一些通过二维码营销进行的优惠活动。

（2）依托电商平台

这种模式将二维码植入移动电子商务平台，依托于平台的开放性、高流量性引导用户扫描二维码，用户扫描登录之后就可以进入。

这种模式必将催生出体量巨大的企业。例如，在京东商城、淘宝、苏宁易购等任何平台都可以看到贴有二维码的宣传。消费者打开手机扫描，就可以直接进入相应的 APP 购物。

（3）依附于各类服务

这类型模式应用范围比较广，如企业微信服务号推广、车站票证检验、机场物品信息扫描等。企业在提供服务的同时引导用户下载 APP，如图 5-19 和图 5-20 所示。

（4）依附于传统媒介

二维码作为一个在各方面都优于传统媒介的新媒体，不能完全与传统媒体隔绝。在实际使用过程中与传统媒体有着千丝万缕的联系，完全可以与其配合使用，实现互补。

很多商家在自己的海报、广告宣传单、产品包装上印上二维码。这也是一个不错的方式，既拓宽了推广渠道，增强了与客户的互动性质，还有助于用户全面了解商品或活动信息，进行在线预约或订购。

图 5-19　企业微信号上的 APP 下载

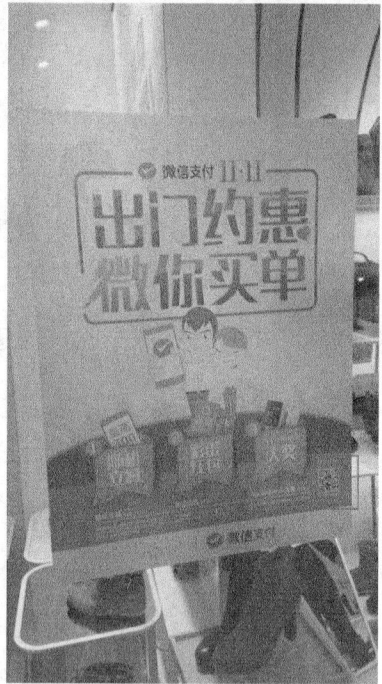

图 5-20　海报上的二维码

5.2.5　二维码营销实施的限制因素

在纷繁的应用中，二维码因优势比较突出被广泛应用。尽管利用二维码营销有很多便利之处，但同样也会受很多客观因素的限制。

1.　市场条件

由于二维码面向的是智能手机用户，因此这里的"市场"特指移动互联网市场。随着移动互联网的发展和智能手机的普及，二维码必将得到更大范围的使用。目前，企业、广告服务平台、用户等三大主体都在关注这种形式，以及其未来的发展趋势，如图 5-21 所示。

有远见的企业早已把目光转向最具有发展前景的移动广告，不少广告平台服务商也在加紧这方面的布局。就连智能手机用户也正变得越来越适应移动广告，安装带有移动广告的各类应用，也乐意收到其内含的各种信息。

可以预见，随着移动互联网市场的进一步成熟和移动终端的更新迭代，二维码应用将成为未来营销界的新蓝海，具有极大的挖掘潜力和机会。

2.　网络条件

二维码营销对网络的要求比较高，网络信号的强弱直接影响着营销效果。尽管 3G/4G 网络现在都得以普及，但在一些偏远地区，或特定的场合，如地铁、医院、电梯、储物间等狭小的空间，网络难以全方位覆盖到，营销仍会受影响，如图 5-22 所示。

信号不好
如何扫描二维码？

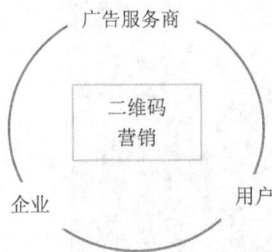

图 5-21　二维码营销三大市场主体　　　　图 5-22　信号、网络对二维推广的影响

因此，张贴和宣传二维码的地方必须是保证网络足够畅通的区域，最好避开信号不是特别好的场所。

⊙问题与思考

与微信公众号营销一样，二维码营销领域也乱象丛生。有些运营者为赚影响、吸粉丝，不择手段，采用误导、欺骗的形式诱导人们扫描二维码，严重危及了大众的利益，致使很多人谈二维码色变，用户关注二维码的欲望大大降低。

没有温度、没有人情味的二维码营销只会掉粉，因此强化二维码营销过程中用户体验将显得异常重要，那么该如何增强这种体验呢？

5.3　APP 营销——营销移动化、智能化后的新创举

⊙案例导入

Expedia 如何利用 APP 吸引粉丝

Expedia 是全球最大的在线旅游网站，其业务量约占全球在线旅游市场的 1/3。2015 年以来，Expedia 在中国的业务拓展也非常迅速。Expedia 之所以名气这么大，被如此多用户关注，主要原因在于其充分利用了 APP，并将企业的主要业务植入其中，引导用户使用，从而使业务扩展取得了重大突破。

那么，Expedia 是如何利用 APP 进行营销的呢？

首先是敢于创新。Expedia 在外表上打破了知名则貌丑的 APP 设计怪圈，很多用户就是被它极简、大气的界面设计所吸引，如图 5-23 所示。Expedia APP 的界面以冷色调为主，城市实景为背景，给用户以耳目一新的感觉，首先从心理上就

触动了用户。

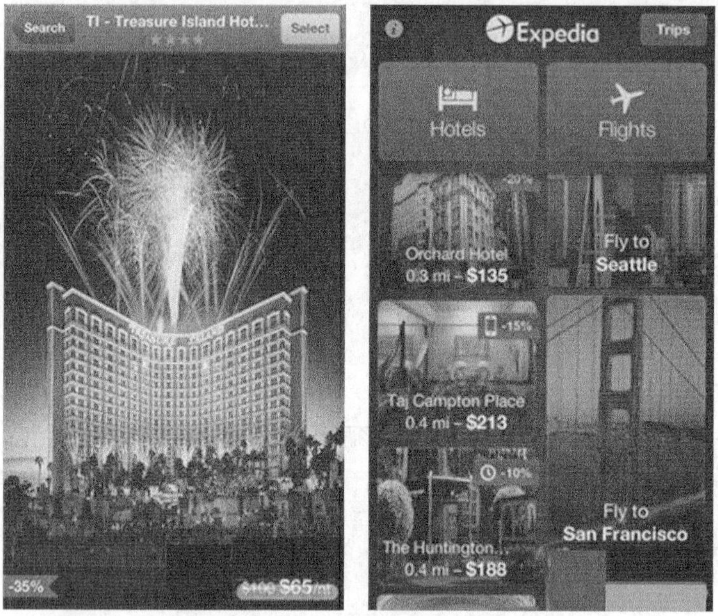

图 5-23　Expedia APP 的界面

其次，内容设置非常人性化。用户轻触几下屏幕，即可轻松完成预订，满足了游客的综合需求。如除了所有同类旅游类 APP 具有的酒店预订、机票预订等服务外，Expedia 还增加了列表、筛选、行程安排等功能，该功能可帮助用户快速、准确地找到理想的酒店；使用行程安排功能，合理安排自己的出行行程、时间等。对经常外出的游客来说，该功能非常实用。

Expedia APP 除了在外表、功能上寻求创新外，还在另一点上颇有特色。其实这也是重要的一点，即将企业文化融入其中。一款好的 APP 包含了这个企业的文化、流程，这不单单是企业说出自己需求就可以轻易满足的。将品牌形象巧妙地植入其中，可以有效地反映出企业经营观、价值观和品牌理念，让消费者在使用APP 时自然而然地了解 Expedia，同时提升了品牌影响力，树立了品牌口碑。

总结

Expedia APP 凭着创新外观和优质的内容很快吸引了一大批消费者，用户可以通过企业的 APP 查看企业的最新资讯、相关产品动态并进行互动交流。企业 APP 帮助企业打开了新媒体营销之路，也为其打开更大范围的市场奠定了坚实的基础。

思考

讨论 APP 营销的关键是什么，外形风格、内容等信息对 APP 运营的影响。

5.3.1　概述

APP 作为一种安装在移动智能设备上的第三方应用程序，正逐步被运用到企业营销中。本节全面介绍了 APP 的概念、特点、优势、运营技巧以及盈利模式等，有助于读者对各类 APP 营销有个全面的了解。

5.3.2 APP 的概念和运用

APP 全称 Application，是安装在移动智能设备上的第三方应用程序的统称，是 Wap（无线应用协议）发展到一定阶段的产物。APP 开创了移动互联网的新时代。从阅读到旅行，从社交到游戏，从餐饮到购物……各种各样的 APP 随处可见。同时，希望从 APP 中掘金的人也越来越多，企业、社会组织和个人都将目光聚焦在了 APP 上，使其逐步成为一种重要的营销工具。

各类 APP 大多安装在智能手机、iPad 等移动终端上，用户通过下载、注册便可使用。随着 APP 的广泛应用，如今已不仅仅只是移动设备上的一个客户端那么简单，在很多设备上都可以下载厂商官方的 APP 软件，对不同的产品进行无线控制。如音频厂商日本天龙与马兰士已经推出了 Android、iOS 等的官方 APP，可以对各自的网络播放机或功放等产品进行无线播放或控制。

用户在下载 APP 时通常需要考虑智能设备所配套的系统，根据安装系统来决定要下的软件。目前 Palm OS 系统、Symbian 系统、WindowsCE 系统、Linux 系统、Android 系统和 iphone OS 系统等各大系统都支持 APP。其中 Symbian、WindowsCE 和 Android 适用范围较广，iphone OS 专属苹果应用，Linux 和 Palm 则相对较少。

随着移动互联网时代的到来，智能手机、iPad 等移动终端设备的普及，人们逐渐习惯了在移动端上网。对于企业来讲，拥有一款 APP，并利用其进行营销，已经成为大势所趋。

APP 的大范围运用正是移动互联网和移动设备发展的必然结果，且其正在悄然由个人应用向企业应用转变，由大众化需求向个性化需求转变，由娱乐化趋势向商业化趋势转变。

阅读链接

APP 的类型

APP 分为个人 APP 与企业 APP，个人版是面向个人运营者的，企业版则是面向企业运营者的。如今个人 APP 市场已经趋于饱和，竞争进入白热化阶段，发展变得缓慢。相比之下，企业 APP 起步较晚。

最初 APP 只是扮演着第三方应用的角色参与到市场中，随着商业化趋势的加强，开始以一种营销模式被企业、电商所重视，逐步成为其宣传、推广和营销的主要渠道。至此，APP 已经不仅仅只是移动设备上的一个运用那么简单，而是与企业盈利相结合的商业模式。

当 APP 进入企业领域，众多与 APP 有关的商业模式也多了起来。例如，腾讯的微博开发平台，百度的应用平台都是 APP 模式的具体表现。这标志着企业 APP 在商业领域中的作用越来越重要，APP 的地位也会被提升到更重要的地位。

自 2013 年以来，有些互联网企业提出了超级 APP 的概念。至于什么是超级 APP？业界并没有一个统一的答案。但最普遍的一个声音是：超级 APP 应该超级个性化，即"个性化中的个性化"。

可以预见，企业 APP 必定会成为互联网行业增长最快的应用之一，而且这种苗头在我国已经初见端倪。据统计，2015 年，我国 Android 与 iOS 的使用量已经跃居全球首位，企业 APP 数量达到 60 万个，企业 APP 开发及移动营销市场规模将达到 480 亿元。因此，业界很多人认为，在不久的将来 APP 必定成为移动互联网的重要入口之一。

在智能设备普及、移动互联网影响着人们生活方方面面之时，大多数人将毫无疑问地转向 APP，如订餐、购物、娱乐、社交等都可通过一款 APP 应用来完成。基于此，很多企业纷纷开通属于自己的手机 APP，如麦当劳、肯德基等餐饮巨头；淘宝、京东、1 号店、凡客、当当等。通过一款款 APP，企业可向消费者提供多样化的信息和服务。

APP 正在颠覆传统的营销模式，这一切不再只是人们头脑中的构想，而是看得见、摸得着的现实。APP 营销在各个行业，尤其是电商业领域最多。

5.3.3　APP 的 4 大特点和优势

APP 与营销结合后，在各个行业的运用越来越广泛，引发了一股新的营销风潮。有人认为，这也将为企业营销带来了一场革命性变化。如在信息的传播范围方面、传播精准度方面，与用户的互动方面，APP 营销与传统的营销方式相比有很大的提升。

据此，可以通过以下几个实例来分析。

案例

Agoda 是一家酒店在线预订网站，致力于向全球用户提供酒店信息。其业务范围遍及中国、日本、韩国、东南亚等亚洲国家，以及澳大利亚地区。该网站的业务何以遍及全球呢？其秘诀就在公司开发了一款 APP——Agoda。

该 APP 可适合不同地区、不同人群使用，所有功能都一目了然。即使语言不同，通过简单、直白的画面也可看明白。用户进入软件后即是系统推荐的信息，比如想预定酒店，系统会按照酒店距离的远近显示出来，大大方便了用户的选择。也可以利用搜索功能直接搜索目标，如输入酒店名称可查找酒店地址，以及具体信息，如预订房间的类型、楼层、床位、价格等。

案例

物流通是一个为同行、客户提供专业物流服务的资讯平台。其 APP 则使这种服务的传播更精准，可以针对特定的客户、特定的领域提供全面服务。

打开物流通 APP 会看到主界面有五个功能的板块：资讯物流、供应商机、企业黄页、货运服务、物流设备。其中，"资讯物流"板块提供了物流行业的最新信息资讯；"企业黄页"板块列出了全国各地的物流企业；"供求商机"板块搭建起供需信息交流的平台；"货运服务"板块旨在为用户提供更好、更便捷的服务。

物流通 APP 为物流行业上、下游的企业提供最全面、最实用的全方位的物流信息服务，物流企业可以通过物流通注册会员，发布信息。用户可以进行商家信息收藏，并通过新浪微博、微信等进行分享，可以"轻松随手看物流"，及时联系商家，"便捷找物流，尽在掌中"。

案例

每日瑜伽（DailyYog）是一个瑜伽培训基地推出的 APP。这里的每个瑜伽步骤都是与消费者互动进行的，如图 5-24 所示。

图 5-24　每日瑜伽 APP 与用户的视频

互动里面包含有多种瑜珈体式，除了有名的如半月式、虎式、摇摆式外，也有一些主题性瑜珈，例如办公室瑜珈、排毒瑜珈、热瑜珈和十分钟瑜珈等，可以为不同人群带来不同感受。

这款 APP 采用图片、文字辅助的方式来进行动作分解，一个步骤接着一个步骤，动作简单清楚，易于操作。通过图解分解动作，用户可以轻松的学会。

APP 作为营销工具，为什么越来越火?原因在于它在费用、效果、效率、客户信息搜集、客户二次开发、活动推荐等方面都要优于传统的营销方式，具体见表 5-4。

表 5-4　　　　　　　　　　APP 营销与传统营销方式优劣势对比

营销方式	费　　用	效　　率	效　　果	市场反馈	二次开发
纸质广告	低	很低，盲目性较大	很难评估，且不可控因素较多	无法获取	难度太大
电视、广播等传统媒体	较高	中等，盲目性较大	可评估但多不精准	可通过有限的途径获取	难度较大
网站、论坛等常规网络营销	较高	可有针对性进行，但用户转化率较低	可评估但多不精准	可通过网络途径获取	分享、转载形成二次传播
企业硬推广	高	效率高，针对性强，但效率较低	可评估，效果局限于一定范围之内	—	形成二次传播有限

营销方式	费　用	效　率	效　果	市场反馈	二次开发
APP 营销	较低	便捷、高效，灵活性好	效果明显，且通过后台可灵活控制	互动性好，随时掌握市场的反映	既可主动推荐，又可被动分享

由此可见，利用 APP 进行营销有着其自身的特点和优势。经过总结得出，其特点和优势集中体现在以下 5 个方面。

1. 经营成本方面

APP 营销的主要特点就是成本低，其成本可以说比现有任何一种宣传方式都低。APP 营销的费用相对于电视、报纸、甚至是网络都要低很多，企业只要开发一个适合于自身的应用即可，可能会有少量推广费用。但这种营销模式的性价比是电视、报纸以及其他网络营销不能代替的。

2. 信息蕴涵方面

APP 能够全面地展现企业品牌、产品等信息，让用户在没有购买产品之前就能了解相关信息。大大降低了对企业、产品的抵触情绪，通过对企业品牌、产品信息的了解，用户购买欲望无形中得到了提升，进而提高购买的转化率。

APP 在营销方面的作用很多不是体现在直接形成购买力上，而是通过展示与企业品牌产品有关的内容，增强企业产品曝光度，增加与用户接触的机会，对用户进行潜移默化的影响。

常见 APP 有以下几种内容类型。

① 展现品牌和产品的所有内容，例如，宜家、肯德基、麦当劳等开发的 APP，目前就是方便用户及时查询所需信息；

② 展现品牌和产品的一个特点的策略，例如，Nike+ Running、阿迪达斯 MiCoach 辅助类 APP；

③ 展现品牌文化，例如，Disney 动画形象品牌壁纸；

④ 专门为使用产品开发的辅助 APP，例如，比亚迪云服务。

3. 信息传播方面

APP 营销的第二优势就是体现在信息的传播方面，数量大、范围广、速度快、稳定性好。这也决定了 APP 营销易传播的特性。这无疑增加了 APP 在企业品牌、产品和业务营销中的价值。

APP 营销的易传播性具体体现在两个方面，一个是传播方式上，另一个是传播内容上。

① 在传播方式上

企业将品牌、产品或服务等信息植于 APP 中，随着被用户的下载而得以传播，这种传播在很大程度上是隐形的、主动的，更容易被大众所接受。

② 在传播内容上

APP 的内容包括文字、图片、音频，视频等多种形式，可给用户带来不同的视觉感受；同时精准度也非常高，可快速锁定目标群体，实现快速推广。

　　4．用户使用方面

　　与传统营销相比，APP 在使用上更便捷，大大提升了用户的体验。用户只要将目标 APP 下载在智能手机中便可随时使用。利用这些 APP 实现信息查询、购物，吃穿住行等各类基本需求都可满足。

　　5．互动性强

　　互动性是 APP 营销的另一个主要特征。一个 APP 靠什么吸引用户？主要就是与他们展开互动，而且这种互动要具有持续性、多样性，总之要可以引导用户长久的关注。如有的是通过自身变化性的内容，如媒体类、阅读类 APP，每天都会更新内容，读者为了看到最新的内容会定期去看；有的是通过附加的额外价值，如高德地图等工具类 APP，增加的天气预报提示，每天的出行情况提示等，如京东、亚马逊等购物类 APP，派发的红包、优惠券等；有的是通过特定板块的植入等，如社交性的游戏会插入有趣的小游戏，如命运占卜等。

5.3.4　APP 营销的 3 种盈利模式

　　有数据表明，移动 APP 营销给企业带来的利益远远超过了以往任何一种营销方式。APP 营销成本低、方便快捷。于是，拥有自己的 APP 应用也就成了许多企业的共识。企业或自助开发 APP，或找专业机构代做 APP。现在有很多企业开始利用 APP 做营销和推广。目前，大多数 APP 多运用于购物、娱乐、出行等大众消费领域。

　　购物 APP 是类似于手机购物网站的一种应用，如淘宝、京东手机版、唯品会、亚马逊等。用户若想使用这些 APP 只需下载即可，打开 APP 后随时随地使用，轻松完成信息浏览、商品选购、下单支付等一系列操作。这种 APP 模式充分利用用户的碎片化时间比 PC 端的购物网站更有优势。

　　以购物 APP 淘宝为例。很多用户都有在手机淘宝上购物的经历，用手机淘宝 APP 无论身处何地，什么时候都能看，发现中意的商品后可立即购买，如图 5-25 所示。

　　举上述这个案例的目的在于说明 APP 的盈利模式，即通过 APP 来营销如何实现盈利。在这个问题上可以通过购物类 APP 来找突破口。因为这种模式是目前在 APP 使用上最具有代表性的一种，也是最完善、盈利最稳定的一种模式。其体系已经非常完善，通过 APP 上可实现一键式操作，如店铺导航、在线购物、在线支付、售后服务、库存预警一应俱全。

　　网络商城是依托互联网技术，利用各类 APP 建立的一种虚拟商店，从买到卖整个过程全部在平台上虚拟

图 5-25　手机淘宝 APP

运作，一方面为消费者提供商品和服务，最大化地满足消费者日趋多样化的购物需求，创造轻松和愉悦的购物体验；另一方面为进驻的商家提供推广渠道和客源，不断拓宽线上线下市场，吸引客户。

在这个过程中，APP 的收费机制是多层面的，可向商家收费，可向消费者收费，也可向第三方收费，当然大多数情况下只向其中一方收费。其中购物类 APP 的盈利模式如图 5-26 所示。

图 5-26　购物类 APP 的盈利模式

购物类 APP 如此，推而广之其他的也是如此。其实，在整个营销过程中，APP 扮演的就是"中间人"的角色，是个中介性的平台，主要靠收取各方的费用、佣金、销售额比例等盈利。

1. 向卖方收费

很多 APP 本身会有很多服务，如提供重大宣传服务、开通特殊的渠道等。这些服务主要是提供给商家用于完善服务。对于商家来讲，为了吸引用户，自然也愿意花钱购买 APP 提供的服务。如图 5-27 所示。

例如，天猫手机 APP 上的所有信息对买家来讲都是免费的，买家可无限制地浏览所有的信息，享受优惠服务；但对卖家是收费的，进驻天猫的商家必须缴付一定的年费，这些费用是天猫运营的主要收入。

2. 向买方收费

目前无论是在 APP Store，还是在 Android Market 上，大部分 APP 对消费者都打着免费的旗号，但这种免费并不代表就不收钱。一些特定的，或提供特殊服务的 APP 还是需要付费。例如，一些比较火的减肥类、饮食类、保健类 APP，因需要提供符合某个人特定需求的方案，往往是收费的。具体收费模式如图 5-28 所示。

3. 向第三方收费

有些 APP 本身没有提供产品、服务的能力，或者这种能力不足以满足用户需求。这时就需要第三方的参与才能很好地完成运营/盈利。这时，APP 的另一种盈利模式就应运而生了，即运营者向第三方收取费用。

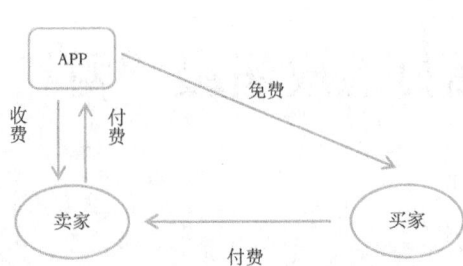

图 5-27　向卖方收费　　　　　　　图 5-28　向买方收费

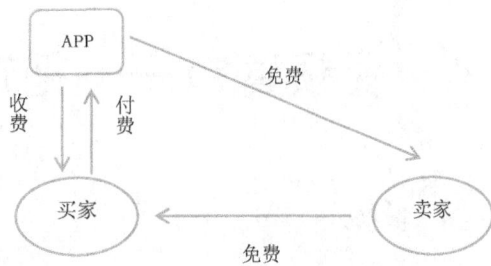

例如，当前手机理财非常流行，很多银行开通了自己的 APP，以便于投资者进行线上操作。这时一些以提供资金管理、理财服务的第三方就看到了机会，借助该银行 APP 向投资者提供自己的服务。在这种情况下，作为 APP 运营者的银行就可以向第三方收取费用，甚至双方达成协议，同时向投资者免费开放该服务，以共享用户资源。

第三方的范围非常广，包括政府、法人和提供第三方服务的所有企业等。如图 5-29 所示。

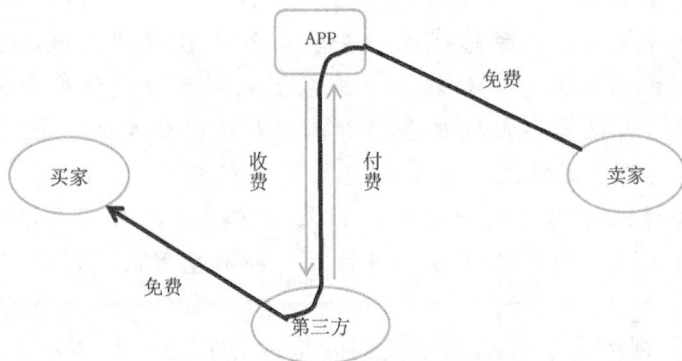

图 5-29　向第三方收费

再如，除了金融业外，政府部门也可能成为 APP 最大的第三方付费方。在智慧城市、电子化办公的大背景下，政府部门的很多公共服务必然需要借助自媒体平台对大众开放。如交通信息服务、税务信息服务，及公共资费服务等。为了这些信息更好地传递到用户手中就有必要借助相应的 APP，与相关公司企业合作。

问题与思考

目前，国内 APP 营销最大的问题就是同质化严重，没有企业自己的特色；另一个问题是产品更迭快，后续服务跟不上。可见，仅靠开发简易的客户端已经很难脱颖而出，面对这些困境，作为 APP 运营者该如何突围？（可从市场细分、服务个性化等方面分析。）

5.4 视频营销——把产品打造成超级 "网红"

案例导入

视频直播如何实现 "边看边买"

东方卫视在播放《何以笙箫默》期间，电视机旁的观众不仅能看到明星的精彩演出，同时，还可以掏出手机扫一扫，进入天猫买到明星身上所穿的同款服饰，实现 "边看边买" 的新型购买模式。

与此同时，优酷视频也与阿里巴巴合作推出了一款产品叫 "边看边买" 的服务，即在视频内容中植入阿里巴巴的购物通道。用户在观看视频时就可以进入阿里巴巴，直接购买视频中出现的商品，等整个视频内容播完以后，网站会提醒用户已将××件商品放了入购物车。

其实，这就是一种新的营销模式——视频购物，即通过视频这个媒介来实现商品销售。这与传统的在视频中植入广告进行宣传是完全不同的，而是一种更深层的合作。对于这种模式，优酷总裁魏明表示，全网 ID（用户数据）的融合将带动视频电商的新模式。他认为，如果一个平台上既有影像视频观众的数据，又有消费行为和消费数据，这两类数据整合的价值将是难以估量的。

以优酷土豆为例，优酷土豆每个月覆盖了 5 亿用户，5 亿用户当中每一天所有用户加起来看的视频时间超过一万年。如果能够把商品信息很好地结合在视频内容中，能产生的收入和购买流量将相当巨大，并有望形成崭新的商业模式。

总结

"边看边买" 视频直播模式也被业内人士称为 F2O，即 Focus to Online。依托时下剧集热点，借助视频的影响力，电商迅速推出剧中同款，能够有效地满足剧集大热而带来的瞬间激增消费需求，短时间制造话题，成功打造爆款。

思考

视频营销的优势是什么？与营销结合后是否会影响到视频的质量和观众观看的感受？

5.4.1 概述

随着信息表现形式的多样化，集图像、声音、文字于一体的视频大受欢迎。因此，视频营销也成为网络营销中非常常见的一种方式。本节介绍了视频直播营销的概念、特点、优势，运营技巧以及常见的平台等。本节有助于读者全面地了解视频、直播，以及各类专业的视频营销平台。

5.4.2　视频直播，企业营销新标配

视频营销指的是企业将各种视频短片以各种形式放到互联网上，达到一定宣传目的的营销手段。视频营销包含电视广告、网络视频、宣传片、微电影、直播等方式。

从播放时间长短上看，视频分为长视频和短视频。长视频一般指 30 分钟以上的视频。短视频是针对长视频而言的，一般是指控制在 5 秒~30 分钟之间的视频。视频形态多样，内容涉及面广泛，通常涵盖微电影、纪录短片、DV 短片、视频剪辑短片、广告片段等。

小学生化妆直播、老奶奶跳街舞直播……直播正在与各式各样的行业联姻，形成"直播+营销"模式，强大的营销效果让各行业震惊不已。在这一风口浪尖，作为互联网行业的"大哥大"，越来越多的电商开始关注直播，将直播作为自己的标配。与之同时，其他行业巨头也纷纷瞄准了这一块"香饽饽"。

2016 年以来，直播已成为最具吸引力的互联网服务之一。根据有米和 HCR 慧辰资讯移动端的监测数据显示，2016 年 10 月直播服务月度使用独立设备数已超过1.6 亿台，每台设备的月均使用时长达到 130 余分钟。

作为具有入口和具有导流价值的渠道，直播营销作为新兴的内容营销模式受到业界广泛关注。HCR 慧辰资讯 TMT 互联网研究部以第三方角度对"直播+营销"领域切入数字营销进行了分析及梳理，这在业内尚属首次尝试。

视频直播不仅造就了多位个人网红，还造就了很多网红企业。

案例

2016 年 5 月 25 日，雷军通过小米直播平台直播"小米无人机发布会"（实为增强与粉丝的互动），观看直播的人数超过 100 万人。同时，爱奇艺、bilibili、CIBN、第一财经、斗鱼、凤凰科技等 20 多个直播平台都同时播放小米发布会，视频/直播总观看人数超过千万人，小米成为第一个进入"微视千万俱乐部"的企业级用户。

2016 年 7 月 15 日，淘宝直播乌龟如何在跑步机上跑步（实为销售跑步机），引发了几十万人的观看。这一场奇葩的直播竟让这台跑步机第一天的销售额高达1298 万元。一个不知名的跑步机品牌竟然通过一场乌龟直播一炮走红，让归于平淡已久的众筹领域再掀波澜。

饿了么 CEO 曾在 YY 直播上进行了一场特殊的"媒体开放日"。通过手机镜头，数万网友通过直播跟着这位企业创始人一起参观了其公司，听他分享创业经历，以及未来规划。

自直播受社会关注以来，直播营销也逐渐成为一种新的营销模式，尤其是一些电商平台，利用自身的平台优势，流量优势，展开了一系列的直播营销。最典型的一个案例就是京东生鲜在"6·18 狂欢节"期间，与斗鱼合作的"龙虾激战之

夜"直播活动。图 5-30 所示为直播视频部分截图。

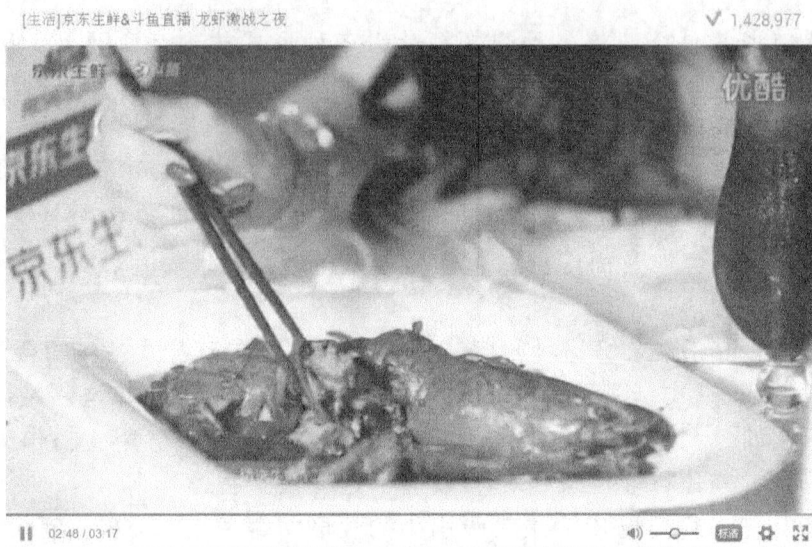

图 5-30　京东生鲜"龙虾激战之夜"直播视频截图

案例

　　合作期间，京东生鲜与斗鱼充分利用各自站内资源互相输送流量。同时，在活动开始前的造势阶段，京东生鲜和斗鱼就提供高达万元礼物及斗鱼首页资源位等奖品，并利用社交平台的天然优势直接吸引各大主播、用户的参与和观看。活动过程中订单量比 2015 年同期高出 5 倍。

　　与其他营销相比，视频直播营销起步较晚。大约在 2015 年后，在微视频社区/平台大量兴起后才有一些企业开始尝试着通过微视频来树立企业形象、推广产品、吸引更多客户。

　　最先涉足视频营销的是互联网企业，包括腾讯、网易、乐视、陌陌、小米等。他们或开通自己的直播平台，或开始利用微视平台进行视频直播带动消费。

　　与此同时，很多传统企业也开始布局微视频，小米手机官方微视已突破 6 万粉丝；宝马中国官方微视已突破 3 万粉丝。有的企业开设微视频官方账号，如饿了么、海底捞、宝马中国等。企业每天向用户提供优质的内容，以此来聚集大量粉丝。然后，在此基础上对品牌、商品资源进行整合、包装，进而进行传播。这也是大多数企业对应用视频（微视频）最重要的一种方式。

　　海底捞利用时下最热的微视频直接进行产品和服务营销。海底捞首次公布了新品捞派滑牛肉的"捞派秘方"。两三分钟的视频演绎了海底捞"久煮不老"的传说，如图 5-31 所示。同时，附送了 3 种创意吃法，让消费者在家也能享受多种美味。

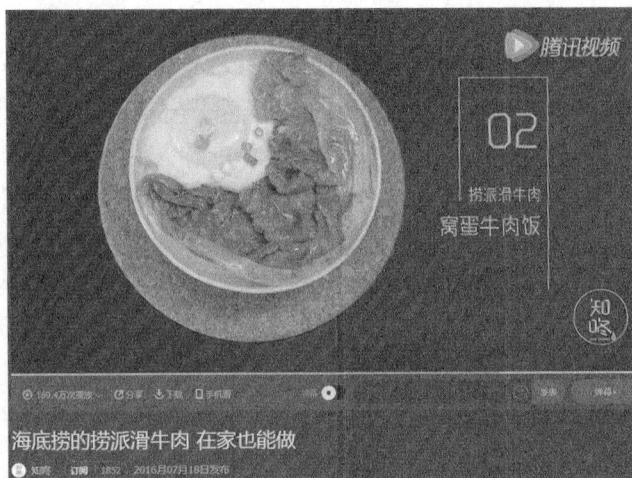

图 5-31　海底捞 "久煮不老" 传说视频

联合利华通过微视频为其调味品品牌家乐进行了主题为 "熬·出真味"，时长 2 分钟的宣传活动，并在微信公众号、朋友圈进行宣传，如图 5-32 和图 5-33 所示。视频中演示了多种菜肴的烹饪方法，通过烹饪的过程，强化消费者对该品牌调味品的了解。

图 5-32　"熬·出真味" 微信公众号视频

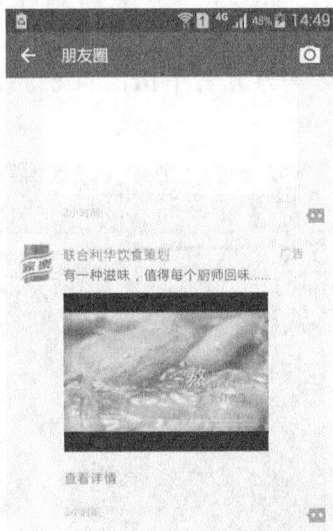

图 5-33　"熬·出真味" 微信朋友圈视频

而在过去，这样的宣传和推广多半要邀请自媒体报道才能获取数万用户关注。微视频由于时间短、互动性强、比较灵活，逐步成为企业宣传自己的重要工具，而消费者也因为其使用的便捷性非常喜欢这种互动方式。可见，微视频营销在未来将会成为一个主流趋势。

无论是小米、淘宝等新兴企业，还是海底捞、联合利华等传统企业，都已经用完美的案例诠释了营销界的观点："在社交媒体多元化的大趋势下，品牌的商业化信息推广和用户针对社交平台所需要的信息其实并不存在冲突。"

有些企业也开始与活跃在微视频上的达人进行合作，通过他们的微视频进行品牌的深度植入，通过他们的高人气和影响力传递出品牌的核心信息。最重要的是，这些达人经过优质视频内容的长期输出，在用户养成"追剧"习惯的同时，也与用户形成了更强烈的感性互动。他们更像是明星与粉丝的关系，而由于他们的草根特性，在亲和力上使他们对粉丝的影响力和渗透力都相比大 V 有过之而无不及。

5.4.3 视频直播营销的优势

目前已经有很多企业开始步入微视营销，并取得了不凡的成果。那么，微视对企业营销的推动有哪些作用呢？具体来讲微视营销的推动作用表现在 3 个方面。

1. 互动性强

视频直播的最大特点就是可现场播放、即时发布，可实现运营者与消费者的零距离互动。基于微视频的实时性，企业在进行品牌传播和推广时，通常会把当前企业和消费者发生的、或者来自于消费者参与的（如企业线下活动），以及那些能够体现企业经营文化、品牌理念的故事，通过微视频快速地传播，并引发消费者评论和互动。

图 5-34 为宝马中国的微视频营销广告。

图 5-34 宝马中国的微视频

2. 易接受性

利用视频直播，企业可与消费者进行面对面的交流与沟通。企业利用微视频进行品牌营销时，通过与消费者之间的互动话题或活动，进行碎片化渗透。视频营销在某种程度上淡化了企业的商业形象，让企业以倾听者的姿态亲近消费者，与消费者在互动沟通中建立了一种可信任的关系。

3．传播范围广

微视频在短时间内就能被大量用户转发至每一个角落。企业微视频仅凭自己的力量难以实现信息的快速扩散，即使拥有众多关注者，其影响范围可能也有限，必须由关注者对信息进行转发或再次传播。传播的次数越多，产生的影响力才会越大，这就是企业微视频营销点对面模式的效果。而企业微视频营销点对点模式是：企业可以通过微视跟任何一位自己的粉丝进行交流，并对其提出的问题通过沟通加以解决。图 5-35 所示为某视频下的评论区。

图 5-35　某视频下的评论区

5.4.4　常用的视频营销平台

视频的上传、播放、分享以及与粉丝的互动，都依赖于微视频社区/平台。2016年是直播行业的井喷期，各式各样的直播如雨后春笋般出现在人们的视野中，这其中移动直播行业成为了众人关注的焦点。新兴行业的兴起丰富了互联网，让人们的生活更加丰富多彩，这也为企业营销提供了更多的可能性。

视频平台分为传统的视频平台和新型的移动直播平台。传统的视频平台有腾讯视频、搜狐视频、360 视频等。新型的移动直播平台有美拍、微视、秒拍，以及专门的直播平台，映客直播、花椒直播、斗鱼直播、虎牙直播、熊猫直播等。表 5-5所示是常见的几种视频直播平台。

表 5-5   常见的视频/直播社区/平台

类　　型	名　　称	主要功能
传统视频	腾讯视频	在线视频媒体平台，以其丰富的内容、极致的观看体验、便捷的登录方式、多平台无缝应用体验为特色
	搜狐视频	门户网站第一个视频分享平台，提供正版高清影视剧、综艺节目、纪录片在线观看服务，网罗最新和最热的新闻、娱乐视频资讯，实时直播各大卫视节目，同时提供免费无限的视频空间和视频分享服务
	360 视频	一个汇聚多个主流视频网站的视频资源的平台。可对各种视频资源进行精心整理重构，形成自己的视频数据库，以搜索、推荐等方式提供给用户，让用户一站式的了解所有能看到的视频，快速找到想看的视频
微视频	美拍	美图秀秀出品的一款短视频社区。主打拍摄切入，以优质的 MV 效果，让用户参与到创作中来，让用户在美拍里成为主角，从而也激发了产品的传播
	微拍	国内首款基于手机的微视频社交应用，支持二十多种实时炫彩特效，可以一键创造最炫最好玩的视频日记，并通过手机和朋友们直接分享和互动
	秒拍	由"炫一下"科技有限公司推出，主打 10 秒短视频。特色是水印和变声功能。40 多种不同个性的动态视频水印，彰显你的个性。独家提供视频实时变声功能，可再现蜡笔小新、汤姆猫、地方方言等好玩声音，让视频更好玩
直播	映客直播	是一款覆盖了 iPhone、Android、Apple Watch、iPad 的社交视频直播应用，与微博、微信账户关联，用户只需拿出手机简单操作，就能瞬间开始直播，让全平台用户都能观看。同时用户也可将视频分享到朋友圈、微博、微信邀请好友观看
	花椒直播	是一款视频直播分享社交应用。用户可以轻松上手，手机一键直播，随时分享感兴趣的人或事。直播过程中通过与网友的互动，让你拥有更多的朋友，体验当主播的快乐。同时也有美颜功能、奖励系统等
	斗鱼直播	是一款弹幕式直播分享网站，除了具有操作便捷，可多平台分享的优势外，另一个优势是直播内容丰富，涵盖体育、综艺、娱乐等多个领域

平台不同，营销效果也不同，这都源于平台功能的差异。对于网络营销来讲，运用最多的是微视频平台。其原因主要有两个：一是操作便捷，运营者可根据自己的需求自主上传、编辑或下架；二是功能齐全，可再现不同的视频效果。

因此，接下来就重点介绍一下微视频平台的功能。各个微视频平台的功能，既有相似之处又有不同之处。其功能通常由两大部分组成：常用功能和特色功能。

三大微视频平台都具有以下功能，具体见表 5-6。

表 5-6   微视频平台共同具有的功能

功　　能	详　　解	备　　注
上传视频	将拍摄好的视频一键上传至自己的账号，供用户和粉丝观看	—
播放视频	有"仅在 Wi-Fi 下自动播放""始终自动播放"和"禁止自动播放"三种模式	通常选择禁止自动播放，防止无意中消耗流量
照片功能	相对于静态图片来说，美颜功能可使画面更立体、更动感，也更能帮助用户表达自己、展现自己	—

功　能	详　解	备　注
邀请好友	邀请 QQ、微信、新浪微博等社交平台上的好友成为微视好友	—
分享功能	可将视频分享到其他平台，让更多的人看到的视频，感受视频	—
搜索功能	根据自己的需求，在搜索栏里输入关键字，搜索自己要关注的用户，想看的视频，点击关注即可	如在搜索栏里输入"范冰冰"，搜索时可看到范冰冰，或者与其有关的视频
提醒功能	包括新朋友提醒和消息提醒。当有新的粉丝注册、添加，或有信息时会有一定的提示	朋友提示可设置为数字提醒，用数字显示新加入好友或信息的数量。消息提示可以设置为"全天提醒"，也可以自定义设置提醒的时间段
消息管理功能	可以选择接收所有人的私信和只接收自己关注的人的私信	—
手机通讯录匹配功能	通过"通讯录好友"栏目去关注已开通微视的联系人，也可以去邀请没有开通微视的联系人	—
隐私设置	可以设置是否把自己推荐给通讯录上的朋友以及向自己推荐通讯录的好友	—

问题与思考

视频营销以其高体验性、互动性、直观性后来居上，成为企业扩大宣传、进行营销最主要的一种方式。而且视频营销操作简单易上手，不受时间、空间的限制，用户只要拥有一部智能手机和一个营销方案即可进行，可谓是最简单、有效的营销方式。请大家试着做一场视频直播，并写出自己的直播体验。

5.5　LBS 技术——基于位置而产生的营销方式

案例导入

分众传媒情人节全城示爱

2014 年下半年，分众传媒的楼宇电梯广告加入了 Wi-Fi 热点，增加了互通互联的互动功能。分众传媒及时抓住移动互联网，成立了一个 LBS（基于位置的服务）公司，通过楼宇的地理位置广告平台和移动互联网上的所有客户端进行互动。

在 2015 年 2 月 13 日—14 日情人节期间，分众传媒推出"全城示爱"活动，如图 5-36 所示。

图 5-36 分众传媒的"全城示爱"

在"全城示爱"活动期间，用户关注活动官方微信"全城示爱"后，提交表白内容即可参与实时抽奖，而所填表白内容会根据用户提供的对方 LBS 信息，在情人节期间以弹幕形式呈现在对应位置的分众屏上。也就是说，只需要填写女友/男友所在城市的楼宇，表白内容就会在对应楼宇屏内弹幕显示，如小区楼下、办公大楼、购物中心届时都可能成为表白的发布中心。

总结

"全城示爱"无疑开创了一个新的互动模式，说明分众凭借自身的媒体资源在 LBS、O2O、大数据等互联网新鲜领域进行尝试，实现了媒体的转型升级，推动户外媒体进入一个线下即线上、线上即线下、媒体即渠道、渠道即媒体的时代。

思考

分众传媒做 LBS 营销的基础是什么？

5.5.1 概述

LBS 作为一种通过电信移动运营商获取移动终端用户的位置信息的新技术，被广泛运用到网络营销中。本节主要介绍了 LBS 的概念、内容、组成部分，商业价值以及 LBS 的营销方法等。本节有助于读者对 LBS 营销有个全面的了解。

5.5.2 LBS 的内容、组成部分和传播形式

LBS，全称 Location Based Services，即定位服务，又叫作移动位置服务，主要是通过电信移动运营商的网络（如 GSM 网、CDMA 网）获取移动终端用户的位置信息。LBS 是一种与空间位置有关的新型服务业务，如切客、街旁、开开、玩转四方都应用了这种业务。企业通过位置显示，引导用户使用并与他人分享，使

信息得到自动传播。

LBS 主要包括三大内容、四大组成部分。三大内容分别为：在哪里（空间信息）、和谁在一起（社会信息）、附近有什么资源（信息查询），如图 5-37 所示。四大组成部分为：移动设备、定位、通信网络、服务与内容提供商，如图 5-38 所示。

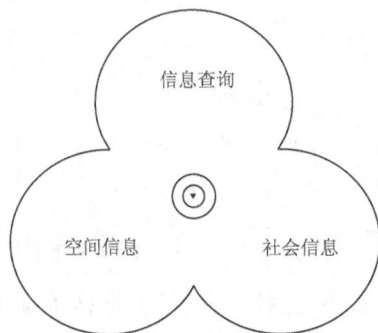

图 5-37　LBS 的三大内容

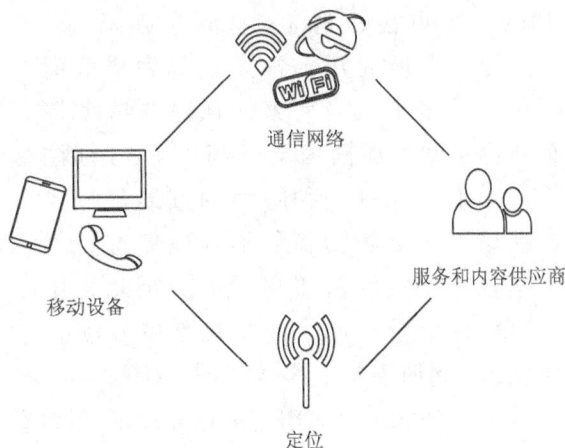

图 5-38　LBS 的四大组成部分

LBS 的核心是"位置"，相互之间的传播也是围绕位置展开的。任何一个位置都是以签到的形式来表现，每次签到都会形成一个独特的标签。如用户在 A 地签到，或者在 A 地对曾做过的标签进行更新，那么这个应用上就会在页面上显示出特定的标签，明确具体的位置。当分享给对方时还可得到特定的人群关注。签到时可采用文字、图片等多种形式，以街旁为例，如图 5-39 所示。

图 5-39　街旁 APP 位置签到示意图

5.5.3　LBS 的商业价值

LBS 的商业价值在于可实现多种资源的共享和交换，如商家与平台、平台与用户之间等。因为商家、平台、用户三者既是资源享用者，也是资源的创造者，而 LBS 技术可很好地将这些连接起来。

例如，众所周知，各类平台为线上商家提供营销渠道，当商家在通过这些渠道发布产品信息，促销信息时利用 LBS 标注位置，对平台也是一种隐性的宣传。只要用户在该平台上购物和分享其他信息，就会对平台有一定的认知和了解。至此，用户-平台-商家便形成了一个良性的互动，互为促进，同时发展，具体如图 5-40 所示。

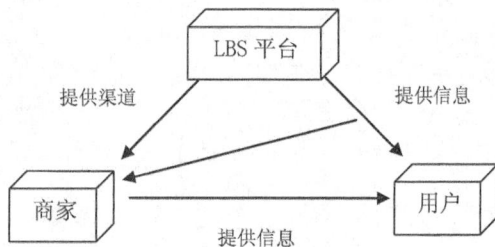

图 5-40　"用户-平台-商家"的互动示意图

基于上述模式，LBS 在企业宣传和营销中占有很多优势，得到了很多企业的广泛认可。LBS 营销的优势具体如下。

1. 精准定位，协助企业推广

LBS 是一种基于位置为中心的服务方式，通过确定用户的准确位置，为其提供基于所在位置的针对性服务。其服务理念的中心永远是围绕着位置展开的。传统的 APP 移动广告通常是帮助品牌提升形象服务，而 LBS 定位式的 APP 则是帮助企业，或商家找到推广渠道。这样对用户来说更便捷，对企业来说针对性会更强，从而大大提高了推广的效率和准确性。

2. 直接推动用户进行消费

LBS 营销最大的优势在于能够直接推动用户进行消费。例如，美国星巴克在全美七大城市推出基于地理定位服务的 APP——Mobile Pour,用户只需在手机上安装该应用，确定自己的位置即可随时随地下单订购自己喜欢的咖啡。咖啡配送员会很快将咖啡送到用户手中。

星巴克之所以推出这项服务，主要是为了满足那些想喝星巴克咖啡，但又无法就近找到星巴克门店的用户。为了保证速度，星巴克在这 7 个城市每平方英里的范围内至少安排 2 名配送员。

3. 提高用户的忠诚度

随着移动互联网的发展，越来越多的企业开始关注移动广告的潜力。企业通过不断开发、提升新的宣传方式，来提升用户忠诚度。便捷的 LBS 技术无疑为企业、商家提供了更多的营销途径，尤其是在进行 APP 营销中可融入了地理位置的优势。

"LBS+"模式的提出，如"LBS+SNS"的人人网、微信、陌陌，"LBS+电商"的嘀咕、街旁、大众点评等可互通有无，相互借力，激发出更多的商业价值。

目前国内 LBS 领域的厂商数量众多，但普遍还处在发展初期，并没有哪家应用拥有绝对的市场优势。另外，各个 LBS 虽然也积累了一批忠实用户，但彼此之间的用户重合度很小，媒体受众相对来说比较分散。企业如果想要充分利用 LBS 进行市场营销，就需要整合起来所有现有资源，形成一个更广泛的资源渠道，以扩大营销优势。

　　随着移动互联网的深入发展，定位技术的不断提升，用户对位置服务的认知日益增强，LBS 将会成为移动营销中不可缺少的一部分。

5.5.4　LBS 实现精准营销

　　LBS 具有定位的功能，是由移动通信网络和卫星定位系统结合在一起提供的一种增值业务。LBS 通过一组定位技术获得移动终端的位置信息（如经纬度坐标数据），提供给移动用户本人或他人以及通信系统，实现各种与位置相关的业务。概括地讲，凡是与位置相关的业务都可以称为 LBS。为了更直观地理解 LBS 的精准性，接下来以现实中常见的应用为例，进行分析。

　　1. 导航类 APP

　　导航类 APP 是商家基于 LBS 而开发的，提供地图搜索服务的软件，如百度地图、苹果地图、高德地图等。这类 APP 拥有导航功能，可以实时显示公交到站信息，优化路线算法功能、实时路况功能。图 5-41 所示为高德地图。可为用户提供周边信息，为查找具体的位置提供导向。

　　2. 生活服务类 APP

　　很多人都有这样的体验，吃饭、住店最难的就是经常找不到地方，自从有了 LBS 式的 APP 之后这些问题就都迎刃而解了。因此，生活服务类领域也成为 LBS 式 APP 进军的主要领域，比如，餐饮、酒店、银行、电影院、停车场等。以百度地图为例，如图 5-42 所示。

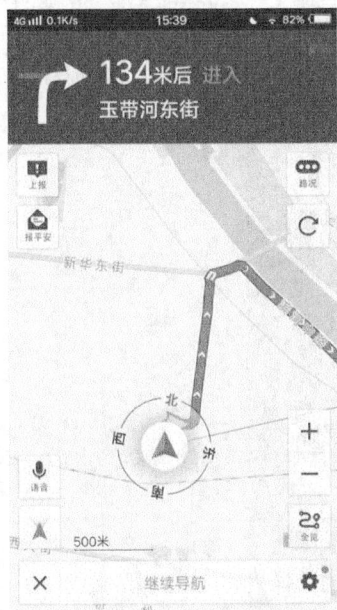

图 5-41　高德地图

图 5-42　百度地图提供信息服务

3. GPS 定位类 APP

GPS 定位类 APP 包括运动类、物流类和车联网等相关项目。以暴走族计步器为例，如图 5-43 所示。这是一款提高运动效果的工具类 APP，通过高灵敏的重力传感器可以自动感应用户的行走或跑动次数，还可以实时显示多项数据。

图 5-43   暴走族计步器显示的多项数据

4. 出行类 APP

现在人们的出行也实现了移动互联网化，如掌上公交、熊猫公交等，如图 5-44 所示。掌上公交是一款手机公交查询软件，支持路线查询、站点查询、到站查询。它可查询全国 300 多个地级市的公交路线，所有支持 Java 的手机均可使用。熊猫公交是一款可以查询"公交在哪儿"的掌上软件。目前熊猫公交支持全国 20 余个城市的实时公交查询和 300 多个城市的公交信息查询。

图 5-44   掌上公交、熊猫公交出行类 APP

5．团购类 APP

为了便于消费者消费，很多团购类 APP 也实现了与 LBS 的结合。当用户打开 APP 后，即可搜索到相应的位置，如窝窝团、美团、拉手、团 800 等都是如此。以窝窝团为例，如图 5-45 所示。

图 5-45　窝窝团团购 APP

6．社交类 APP

随着网络交友平台的崛起，社交类 APP 也越来越多。与团购类 APP 一样，为了增强用户的体验，很多社交类 APP 也运用了 LBS 技术，搜索到好友的同时显示明确的位置。以兜兜友为例，如图 5-46 所示。兜兜友定位为婚恋平台，这是一款全新的手机移动社交应用，被誉为告别单身的全新利器。该应用不仅具有聊天、查看好友动态、邂逅陌生人等大多数社交软件所具有的常规功能，还独家推出了"非诚勿扰"现场交友功能。这一全新方式能带给用户非同寻常的体验。

图 5-46　兜兜友交友 APP

LBS 作为当下最热门的移动互联网应用，经常被业内人士关注，同时也吸引着越来越多的企业、营销人员加入。随之也就产生了 LBS 营销这种模式，即企业借助互联网或无线网络，在固定用户或移动用户之间，完成定位和服务销售的一种营销方式。

随着越来越多的企业、商家以及用户开始大范围地介入 LBS，使得 LBS 营销的商业价值开始被重视。

中通快递是一款基于 LBS 地理位置定位的 APP。软件初次启动时会要求用户打开位置服务，如图 5-47 所示。为了便于消费者顺利联系到商家，系统还设置了一个手机号码。

对于卖家而言，可以通过 APP 应用查看用户信息，并及时联系到用户，然后根据地理位置的远近、方便程度，决定送、取件的时间、日期等。

对于买家而言，打开移动设备后根据自己当前所在的地理位置，在"附近"界面中快速搜索和定位到周边服务点。接下来便是电话约见，短短几步之遥即可就近发送快件。

LBS 营销的功能如下。

（1）社会化营销

LBS 应用除了提供位置信息外，还是一款移动社交 APP。在社会化媒体营销备受重视的今天，这一功能驱使着广告主在这个领域抢占先机。

（2）O2O 营销

LBS 可将虚拟的网络生活和现实生活打通，从线上延伸到线下，为企业构建一个基于 O2O 模式的 APP，从而实现营销的终极目的，促进线下销售。

（3）可挖掘更多营销方式

LBS 应用作为一种新型的媒体渠道，还有非常广泛的市场潜力未被发掘。

5.5.5 LBS 营销的 8 种方法

LBS 是营销领域的热门话题，随着用户活跃度、兴趣的大大增加，基于 LBS 的各类服务似乎成了很多 APP 必须具备的一项功能。

2010 年 10 月，一场寻找"我是凡客"主题的签到活动在网络上迅速传开。凡是在户外广告投放地点进行签到的网友，可获得"我是凡客"系列勋章。凡是冒泡网的用户，即可利用冒泡网的地理位置服务方式，在北京主要公交站点和北京各地铁站等站牌广告位置使用手机"签到"，活动推出当日即吸纳上万人参与。

活动开展后，用户通过"签到"形式，记录身边的"我是凡客"画面，分享给新浪微博、开心网、人人网等社交网络上的好友们，线下线上双引擎推广，使"我是凡客""凡客视频"等关键词曝光度大幅提升；"我是凡客"同名视频在凡客

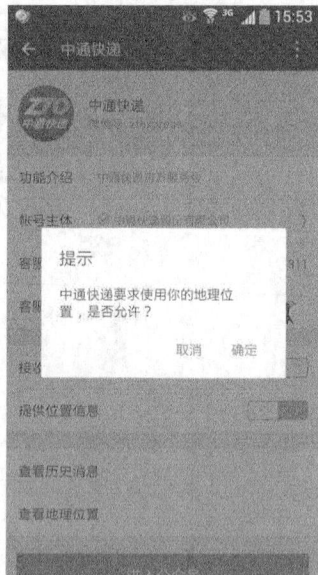
图 5-47　APP 的地理位置提醒服务

官方微博的点击量已超过 56 万次，评论数超过 12 万条。

这是一个典型的利用虚拟勋章荣誉系统进行的营销案例。通过 LBS 将线下活动与线上推广紧密地结合起来，并充分利用微博、博客、视频、SNS 等社会化媒体，最大化地提升凡客的知名度。

那么，企业如何借助 LBS 来进行营销呢？一般来说有以下 8 种做法。

1. 明确具体的位置

企业先在 APP 上面建立自己的档案，明确自己所处的地点，使地点可以在 APP 上显现。明确位置可以让用户更容易搜索到企业，那么在明确位置时需要输入哪些信息呢？主要有以下 3 类信息，见表 5-7。

表 5-7　　　　　　　　　　　　　明确位置时应输入的信息

详细的地址	这是至关重要的，尽管对话框里的信息多为可选择性的。但在填写时应尽可能写出详细信息，这将有助于信息传递给现有和潜在客户。
所处区域信息	如所处的城市、地区、街道，以及邮编，电话号码。这将有效传达给客户他想知道的一切信息，更容易找到你的地点或者展开沟通。
周边环境信息	如大学、商店和服务、旅游和交通、居住地等，尽可能填写周边环境的相关信息。如周边的路标、大型商超、公交、地铁等，只要能细分的可尽量继续细分，目的是让填写的地点更精确。

2. 定时更新分享的信息

大多数 APP 都有发送、更新信息这项功能，这可以让以前来过这里，或者附近的用户得到信息，参与到自己的优惠活动中。例如，可以更新发送一些优惠券、活动或者相关信息给 Foursquare 的用户，这些更新信息可以配上文字、图片或者具体活动规则。

纽约某连锁商店，利用其 APP 会定期发布各种信息。这些信息十分具有创意性，具有吸引力的文字和高质量的图片吸引了不少关注，引发用户的在线讨论，如图 5-48 所示。

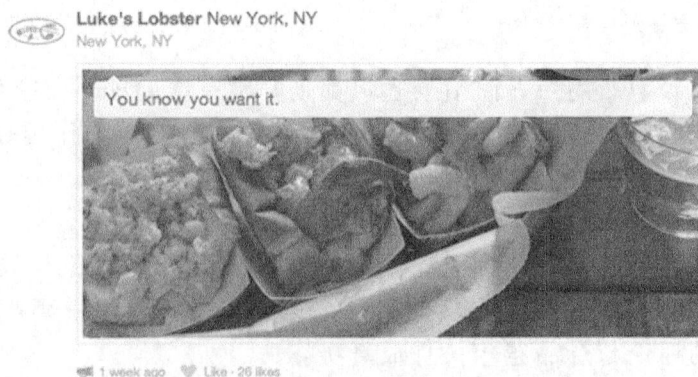

图 5-48　纽约某连锁商店 APP 定期发布的信息

该 APP 与用户分享美食计划，配以图片文字，把非常有趣的信息分享给不同地方的人，确保内容和粉丝或者粉丝的朋友相关。结尾处还微微透着点幽默，提醒相关的位置信息，这无疑是个吸引客户的绝妙方法。

这个功能是 APP 在 LBS 技术上的最新运用，考虑到广告价格的因素一般只有某些大企业才会用到这种功能。不过，这确实是企业受益的主要方式。值得注意的是，这个功能只有在计算机上面有，而信息可以有机的选择分享给特定的门店或所有分店，分散给特定范围的粉丝，实现更加精准地发布。

3. 提供特别服务和特价活动

单纯的签到效果并不好，签到后没有实惠，用户的兴趣就会淡下去。除了各种优惠信息外，企业应该再建立奖励系统慢慢培养用户签到习惯。在用户养成了签到习惯后就会主动地参与活动，主动分享信息。因此，很多 APP 都会为用户提供特别服务和特价活动，根据客户线上线下的习惯来提供一些吸引眼球的服务。例如可以设定一些免费的服务来吸引新的客户或者回馈忠实客户，让用户在趣味中赢得奖励。如图 5-49 所示为玩转四方签到奖励。

通常来讲，吸引新用户的活动包括以下 5 类，如图 5-50 所示。

图 5-49 玩转四方签到奖励

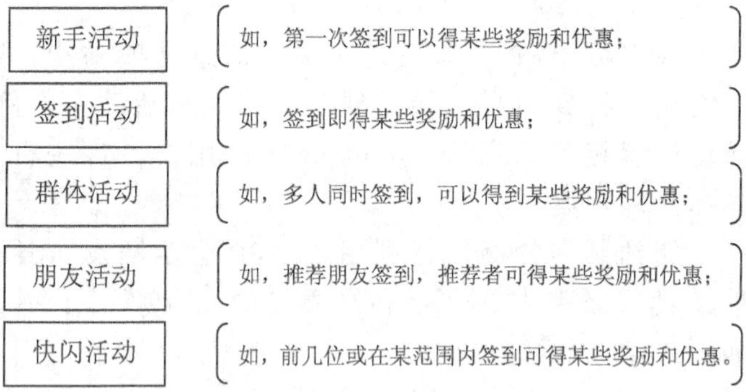

图 5-50 吸引新用户的活动

这些活动对吸引新用户、回馈老客户都是非常有帮助的。商家可以单个使用，也可组合使用。建议最好同时用两个活动来看看哪一个对用户作用较大——如同网页广告 A/B 测试，但这个需要在社交中加入赠品。

4. 增加与产品或企业有关的评论

为增强用户的黏性，企业可引导浏览 APP 的用户留下评论。鼓励使用者留下他们浏览过的地方的评论。排在最前面的评论是最受其他用户喜欢的一条，因为越是排名在前的评论与产品越相关且最真实。

以猫眼电影为例。这是美团旗下的一家集媒体内容、在线购票、用户互动社交、电影衍生品销售等服务的一站式电影互联网平台。在下载该 APP 之前，用户可以查看其他用户对其的评论，有正面的也有负面的，如图 5-51 所示。这些评论都很好地展现出企业的优势和创意，突显了企业以人为本的观念，可以帮助企业从用户那里得到最有价值的信息。

5．建立与用户互动的页面

这种信息的分享发布，主要是通过 Web 端实现的。国内 LBS 社区网站应该在某一阶段开放自身平台，允许第三方平台接入，发布更多优惠信息。这个第三方平台可以是 Web 页面。Web 页面是企业在网络的中心，尤其对于大企业、连锁性的企业而言，便于在一个地方集中管理。这个页面可以更多地推广自己，与用户和关注者分享地点和信息。

以 Foursquare 为例，这是美国一家基于用户地理位置信息（LBS）的手机服务网站，并鼓励手机用户与他人分享当前所在地理位置等信息，如图 5-52 所示。与其他传统网站不同，Foursquare 用户界面主要针对手机用户而设计，以方便手机用户使用。

图 5-51　猫眼电影 APP 评论截图

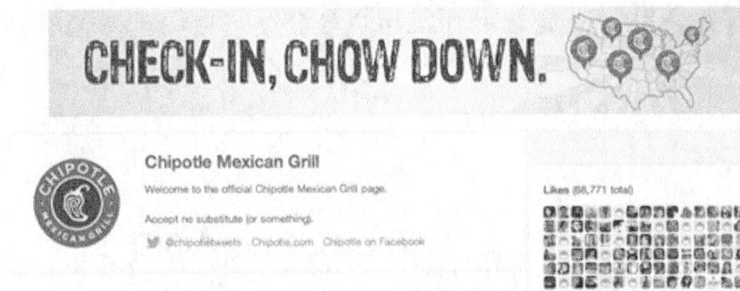

图 5-52　Foursquare 与用户的信息分享

页面开始是一个与 Twitter avatar 上一样的形象图片，在页面上有 860 像素 × 130 像素的横幅广告。在 Banner 之下，有一个地方是写关于企业简历的，有企业的网站地址，而且还能够和 Twitter 和 Facebook 相连接。

页面还有一个主要功能，即作为企业签到处和管理分店的页面，企业可以发布与自己相关的所有帖子。如发布品牌信息，优惠信息等，可将那些有价值的、新奇的信息提供给用户。

例如，H&M 有很多门店，同时也有很多活动。在他们的主页，企业会对特定几个店的推广活动消息进行更新，让关注者全面及时地获知最新消息，如图 5-53 所示，从而确保了全年活动的顺利推广。

6．在网页上添加插件

越是让关注者方便运用，越能得到更多关注。在 APP 上添加多个插件，如喜欢、收藏、赞等按钮，可快速有效增加用户的关注。当用户点击某个按钮时就表示有了不同程度的关注。如果用户登录了 APP 的话，就相当于在 APP 上进行了一次签到，同时会收到一个推送消息，来友情提示一下位置信息。

图 5-53　H&M 在 Foursquare 上的更新信息

7. 创建徽章

LBS 营销一个主要的方法就是创建客户徽章，徽章增加了企业的形象，增加了企业在行业内的曝光度。同时，这也是鼓励用户签到的一种有效方法，作为回报，他们会得到一个属于自己的徽章，这让签到变得更加社交化和有趣。这也使用户对企业和品牌保持足够的关注。

例如，街旁创建的一套徽章，如果用户签到就可以得到不同级别的徽章，如图 5-54 所示。

图 5-54　街旁 APP 徽章体系

8. 与线下相结合

用户不下载 APP 的一个主要原因是他们没有留意到。可以在实体店里贴有与 APP 有关的便签，提醒消费者下载，这也是一种 LBS 营销方法。将线下位置与线上位置相结合，用线下实际行为影响用户的网上行为，既使企业得到了更多的推广，也带动了客户的积极参与，因此不要忘了提高 APP 在线下的曝光度。

例如，在实体店门口贴上窗贴来提醒消费者签到。呼吁更多的人签到，留下评论，让企业在平台上面更加活跃。

以上 8 种方法简单且很实用。但利用 LBS 技术是基于用户地理位置的营销模式，这是个长期的过程，很多新型的方法还有待研究和开发，不可能一蹴而就。

问题与思考

LBS 虽以其独特的魅力波及整个互联网领域，但用户活跃度、聚集度仍有待提高。如新浪、腾讯等巨头的 LBS 用户，活跃度不是很高。目前用户较为活跃的有玩转四方、嘀咕网等。

除了用户活跃度有待提升外，用户聚集度也是一个限制 LBS 发展的因素。纵观目前国内部分 LBS APP，尽管有着不小的用户规模，但用户区域分散，聚集度不高。例如，某商家有大量用户聚集在北京，在新疆也有部分用户，但新疆的这部分用户很多就是无效用户，因为这些用户与北京的用户很难就同一个地理位置构建关系。请思考如何解决 LBS 用户活跃度低、聚集分散的问题？

第 6 章

整合 | 网络资源实现一体化，充分调动是关键

开展任何营销活动都离不开营销资源，网络营销也需要多种资源的支持，并尽可能地实现资源的整合，综合使用。这里的整合指的是可支持网络营销正常开展的各种资源的整理和分配，如粉丝、传播媒介、线上线下渠道、营销策略等，这些都是网络营销正常进行的保证。但由于各种资源之间又是分散存在的，因此只有充分整合在一起，形成整体，才能最大地发挥其作用。

6.1 粉丝——为营销打造好口碑

🔖 案例导入

苹果公司的粉丝与品牌经营

苹果公司作为粉丝最多的 IT 企业之一，也是经营粉丝最为成功的企业之一。苹果公司的粉丝又称果粉，其忠诚度可以说是全球独一无二的。每当有新品上市都会引发一轮抢购高潮，这也是苹果品牌成功的秘籍之一。也正因为有如此狂热的一群人，苹果公司无论是企业品牌，还是旗下的 iPhone、iPad 的品牌都早已深入人心。

2016 年 9 月 7 日苹果公司推出 iPhone 7 新一代产品。尽管外界对此的评价褒贬不一，价格也偏高，但这丝毫没有影响果粉的购买热情。随之而来的预订狂潮还是瞬间挤爆了苹果官网，很多人宁愿通过各种渠道用更高的价格来先饱眼福，如图 6-1 所示。

据悉，iPhone7 在上市前四天的全球订单量已经是 iPhone6 同期销售的 4 倍，创造了苹果公司最好的预售数据。

苹果的粉丝忠诚度很高，一些高端用户必买苹果的新品。有的果粉甚至打算

集齐苹果的所有产品。显然，对于这些人而言苹果产品已然成了收藏品。苹果之所以受到果粉的如此追捧，原因有很多，如过硬的品质、完美的工艺设计与用户体验等。除此之外，还与苹果公司的营销工作做得十分到位有关，通过多种方式将粉丝的力量做到极致。

粉丝们能做的不仅仅有疯狂购买产品，还有义务进行宣传。细心的人会发现，苹果很少打广告，在互联网上苹果广告尤其少见，线下的路边候车厅广告多一些，

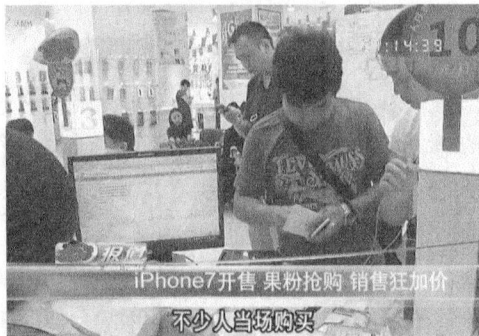

图 6-1　iPhone 7 抢购现场（来自于视频截图）

电视媒体也偶尔一见。绝大部分的广告都来自果粉们的口口相传，全球各地的粉丝自发建设苹果论坛社区，相互交流使用心得、技巧。最早的苹果论坛，现在已经颇具规模，有的甚至获得了不菲的投资；做技术开发的苹果粉丝则直接变成了开发者，成为苹果产业链上的一员。而这些恰恰符合移动互联网终端的特点。

总结

在消费者主导市场的时代，粉丝是一个企业和品牌立足的基础。一个希望通过"粉丝经济"来赚钱的企业和品牌，就不能对它的拥护者表现出"你爱或是不爱，我就在那里"的态度，而是要贯彻以人为本的产品理念，用心为用户服务。

思考

站在营销者的角度思考，苹果公司是如何强化与粉丝的关系的？提示：可以从产品发布会、官方网站、线下体验店 3 个方面去思考。

1．苹果如何做新品发布会？
2．苹果如何做官方网站？
3．苹果如何做线下体验店？

6.1.1　概述

粉丝是网络营销得以进行的必要条件之一。本节紧紧围绕粉丝展开，阐述了粉丝概念、特性，以及其对网络营销的重要性。同时，也对企业如何建立良好的粉丝口碑，粉丝反馈机制进行了深入解读。本节内容有助于读者在开展网络营销时，有效利用粉丝这一重要资源。

6.1.2　粉丝是网络营销的基础

粉丝最早产生于娱乐圈，但这一称号不仅仅局限于追星一族。一个企业，一个品牌，或一款产品，也会积聚特定的消费群体，并通过这些群体组建的社群进行强关系的传播，从而进一步打开市场，引起更多大众消费者的关注。其实，这个特定的群体也是粉丝。从社会学角度看，粉丝是泛指那些有明显的、固定的、有规律的共同特征的特定群体。从广义层面上看，粉丝是指对特定话题有较大兴

趣的人；从狭义层面上看，粉丝不仅是对这些话题有浓厚的兴趣，还需对其有较为深入了解的人。

追根溯源，粉丝是个"舶来品"，是欧美文化中国化的产物。在西方国家，早在 20 世纪 90 年代粉丝营销就已经初见端倪，并且成为媒介转型中一种重要的传播手段。忠实的粉丝变成了最有吸引力的消费者。想要盈利不必追求数量庞大的普通群众，只需要制造和迎合一定数量的最忠诚的群众即可。粉丝传入国内后得到了进一步的发展，而且在娱乐业得到了井喷式发展，如超级女声、加油好男儿、跑男、舞林大会等很多娱乐节目的火爆，都依赖于庞大的粉丝支持。

> **延伸阅读** 粉丝的一般特征：
> ① 有明确的成员关系。
> ② 有持续的相互交往。
> ③ 有一致的群体意识和规范。
> ④ 有一定的分工协作。
> ⑤ 有一致行动的能力。

事实证明，有忠诚粉丝的品牌、产品都很容易在市场中站稳脚跟，并引起绝大多数消费者的情感共鸣。例如，郭敬明的电影、罗永浩的锤子手机、赫畅的煎饼、雕爷的牛腩、罗振宇的月饼、李善友的公开课……他们的成功与背后强大的粉丝效应不无关系，可以说，他们将粉丝的力量发挥到了极致。

在互联网，尤其是移动互联网高度发达的今天，各式各样的社交平台非常多，每个社交平台上都依附着大量粉丝。这些粉丝之间的关系形成了一个网一样的社交网络，从而为信息的广泛传播奠定了基础。

社交网络的伟大之处在于，在虚拟社会中建立起真实的人与人之间的联系。例如，微博通过建立话题，在不同用户之间建立起一种虚拟的关系。微博虽然内容篇幅短，但极简明扼要，再加上又可兼顾人与内容的关联，一个小小的话题也可以集聚大量粉丝。同时，这些往往也是内容的制造者，从而引发更大范围的传播。

当品牌、产品遇上社交网络，就必定会与其上的粉丝发生某种关系，这种关系不只是买卖关系，更多的是一种情感的维系，正是因为有了情感因素，才使粉丝这个特定群体更牢不可破。

以罗永浩卖手机为例，有人说老罗卖的不是手机而是情怀，如果对忠诚于该产品的粉丝来说这是讲得通的。粉丝对某个品牌的追求的确不是产品本身，很大一部分是依附在产品上的某种情感。苹果手机正式上市之前就被大量预定也是这个道理。

6.1.3 粉丝都有特定的需求

马斯洛的分层需求理论说明，人的需求有 5 个不同的层次。同样，产品也可以被分为几个不同的层次。同样的一款产品所面对的群体不同，需求定位也不同。以服装为例，同样是衣服，消费者的需求不同，它们表现出来的价值就不同，如图 6-2 所示。

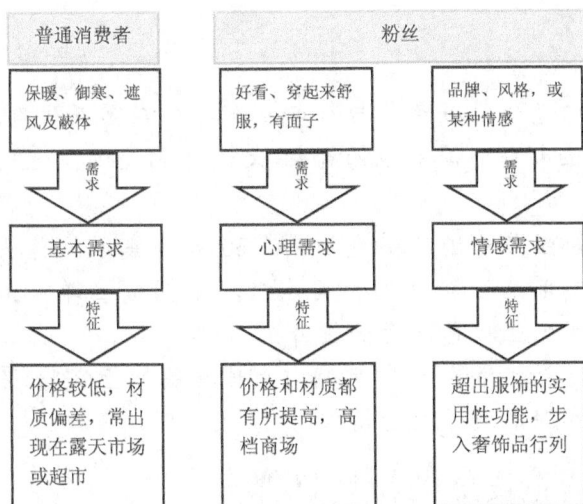

图 6-2　服饰的消费层次理论

露天市场或者超市里卖的普通衣服，卖的就是保暖、御寒、遮风及蔽体等功能，它适合于有基本需求的人群，因此这些衣服价格基本偏低；而大型商场里的衣服就高一个层次，消费者看重的是"好看""舒服"，甚至有些"面子"问题，因此这里的衣服就可以更贵些，因为除了成本价，还有心理价；再上一个层次就是奢侈品，消费者买此类衣服是出于某种情感的自我表达，如表达自己对服饰风格的喜爱，对某种生活方式的认可，或者表达自己有钱，其实这已经远远超越了衣服的实用性。

因此，粉丝绝不是普通的消费者，他们也绝不会简单地为购买而买，单纯地消费也是在通过消费的方式进行自我表达。老罗卖手机卖出感情，在一定程度上也卖出了一部分人的情怀，因此才能受欢迎、有市场。消费者通过购买老罗的手机也是在表达自己的立场。

对于粉丝的行为，批判的人和赞扬的人几乎一样多。有人把他们看作一个时代的开拓者，有人把他们看作哗众取宠的小丑。其实任何事情对错都是相对的，只有利弊，既然他们存在那肯定有合理的一面，更何况粉丝带来的经济效益也是非常庞大的。因此，接下来就分析一下，粉丝对企业营销、品牌推广的促进作用。

粉丝营销是指企业利用优秀的产品或企业知名度拉拢庞大的消费者群体作为粉丝，然后利用粉丝相互传导的方式，达到营销目的的商业理念。如在一些电影宣传中，制作方利用明星的知名度吸引观众观看影片，利用粉丝相互传导的方式，达到营销的目的。

不少制造业企业也开始大打粉丝牌，粉丝营销成了很多车企的营销重点，如长安汽车的粉丝互动营销。根植于多功能车用户群的"欧悦会"目前已经有 30 万人。就连总裁、高管也开通了微博成为"大 V"，吸引了不少粉丝参与。

案例

　　奇瑞汽车则在广邀全国粉丝参与新车发布会，在第五代瑞虎 3 的上市发布会上就邀请了 100 多位来自全国各地的粉丝,大谈奇瑞情结。这也是粉丝营销中的典型案例。

　　东风柳汽则将粉丝营销进行得更彻底。2015 年东风风行便启动了营销升级转型，通过大规模、高品质、精细化营销升级，细挖粉丝群体和保有客户，通过提高客户满意度进而达成品牌忠诚度的提升。

　　粉丝在品牌、产品传播、扩大影响力方面发挥着至关重要的作用，尤其是带来的"裂变"能为品牌带来巨大的价值。

6.1.4　如何营造良好的粉丝口碑

　　在认识到粉丝对营销的促进作用后，重点就是如何落地实践，即企业如何做才能发挥粉丝的作用。实现粉丝营销方式通常有两种：一种是通过在线社区，另一种是通过微信、微博等社会化媒体平台。

　　1．打造社群

　　粉丝经济的核心在于社群，因此做好粉丝营销的前提是运营好社群。那什么是社群呢？简单地理解就是很多人聚集在一起而形成的群体。但社群又不同于普通的群，最根本的区别是社群必须是基于一定的社交关系，如图 6-3 所示。

　　社群重点在于它的社交性。"社群=社交+群体"，或"社交平台+社交方式"。就像在人人网、

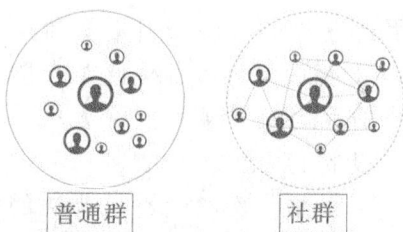

图 6-3　普通群与社群的区别

微博、微信，或者其他任何一种社交工具上的群都是这样的行为，每个群背后都承载了一个平台。只有有了这种工具的搭建，并形成某种社交关系，才能称作为社群。

　　在建立社群之后，还需要投入专门的人力、物力和财力进行管理和运营。社群就像是企业的一个部门、一个团队，只有在科学、合理地运营基础上才能正常运转，发挥自身的作用。

　　关于社群的运营，可以通过一个实例来详细了解。

案例

　　公司：小米

　　产品：小米手机

　　社群：论坛

　　第一步：明确品牌定位，将用户定位于发烧友级的用户圈子，吸引铁杆粉丝，一步步滚大雪球。

第二步：寻找目标人群喜欢聚集的平台。考虑到论坛太过封闭，小米手机在发展之初同时将微博作为扩展粉丝团的重要阵地。

第三步：培养意见领袖，具体做法是针对铁杆粉丝进行小规模内测。第一批铁杆用户便如同星星之火开启了小米的燎原之势。而在大规模量产和预售阶段，粉丝团便成了强大的营销后盾，人人成为推广员。

此时便真正开启了粉丝营销模式，该模式不仅将成千上万的米粉连接到一起，还形成了自己的商业模式，每个人随时可以知道其他人在说什么、做什么。整个米粉群体变成一个互相连接、规模很大的社群，而这些都将成为小米公司未来的重要资源。

随着小米以社区粉丝为基础的营销模式被广为传播，"在线社区"式的粉丝营销已经成为业内运用最普遍的一种营销方式。当然，它不再局限于早期在社区、论坛上发布活动的预告帖、植入广告那么简单，而更多的是与群成员互动起来。企业让用户试产品、提意见，了解用户平时都是怎样做购买决策，以及刺激用户帮助企业做口碑传播。通过社群，企业从粉丝那里可以获取更多。于是，越来越多的企业开始建立一个属于自己的在线社区或者其他形式的论坛，吸引活跃粉丝在社区上互动。越来越多的案例证明，在任何一个社交平台上，有"人"就有一切，就可以衍生出各式各样的商业机会。

有些企业还将社群所聚拢的用户资源开放给更多的企业。当然，企业的目的在于基于用户的需求、围绕着自身所在的产业链，吸纳更多的企业从而为用户提供更多、更全面的服务。但在客观上，企业的这种客户资源的共享为更多的企业提供了客户资源和市场机会，而社区的"特定品牌"标签也因此会弱化，更容易增加对潜在客户群的吸引能力。更为重要的是，"企业的无私奉献"所带来的不仅是因更多的产品与服务而形成的用户黏性和日益增强的社区吸引力，甚至带来自身盈利模式的颠覆。企业不再单纯依靠销售产品与服务获得收入，而是可以收取其他入驻平台企业的广告费、入驻租金。更进一步，企业可以利用社区中沉淀的用户数据，为其他企业提供更为深度的数据服务。

2. 精细化管理

随着社群营销的兴起，微博、微信、QQ等成为很多企业热衷的工具。每家企业无论大小，都希望借助这样相对低成本的工具，与消费者进行近距离的沟通，将一些营销信息精准传递给消费者，或为消费者提供更为便捷的服务。粉丝也会借助类似的移动工具口口相传，将企业带到更多的互动过程中。

其实，也正因为如此，不少企业放大了微博、微信等这些社交工具的价值。许多企业在推广时往往也只关注粉丝的数量，从而导致出现盲目追求粉丝的浮躁之风，将追求粉丝量的增长当成唯一的目标。

无论微博还是微信，之所以成为宣传与营销的重要战场，是因为它们的存在拉近了粉丝与企业的距离。企业如果盲目追求粉丝量，不注重产品和服务的提升，不注重粉丝的真正需求就偏离了做粉丝营销的初衷。粉丝管理需要的是精细化管理。所谓的精细化就是强调在运营过程中进行的管理，重在对过程的控制，通过积累过程中的各类数据指导实践中的运营。

扫一扫延伸阅读，深入了解精细化管理理论
http://wiki.mbalib.com/wiki/精细化管理

对粉丝进行精细化管理首先要找准粉丝的兴奋点。粉丝对企业品牌、产品信息的传播是必须基于一些兴奋点的，而这些兴奋点彼此之间是有差异的。有的用户可能单纯对各类优惠活动有兴趣，有的用户则可能关注产品或者行业的信息。只有在运用中不断记录每个互动粉丝的偏好（也就是对每个互动粉丝进行标签标记），才能"投其所好"，通过粉丝的传播实现营销效果的最大化。

其次，精细化管理还需要注重运营数据的积累与分析。在微博、微信等社会化媒体的运营中，不仅需要对粉丝进行标签化，同时还需要记录下粉丝与官微（微博或微信）所有互动的行为，不仅需要知道是谁与我们互动，还需要知道他在什么时候与我们互动、互动了哪些内容。

> 例如，如果企业对发布的每条微博进行多维度标签定义(比如活动类、新闻类、行业信息类、科技动态类等)，又能沉淀下每条微博的互动粉丝 ID，那么就可以初步分析不同背景的粉丝的互动偏好。也许人们会发现，某一地域的用户对活动类信息尤为敏感，或者知识分子女性粉丝对艺术图片的兴趣更高，那么这些发现对指导未来的运营都是有价值的，并且随着数据地不断积累，类似的发现也会越来越精准。

因此，精细化管理就是一个不断迭代的过程。为了得到更精准的结论，阶段性运营数据获取的新发现，需要不断在后续的运营中测试。比如，在后续一个监测阶段的微博运营中，如果仍会发现有知识分子女性粉丝对艺术图片的互动兴趣更高的特点，那么这样的结论可能更接近于事实，未来的一段时间就可以尝试主动@一些知识分子女性，以扩大单条微博的影响。

6.1.5 建立完善的粉丝反馈机制

粉丝本身代表着对企业品牌的黏性，对树立企业形象，扩大品牌影响力有着重要的推动作用。因而，粉丝常常被很多企业认为是一股潜力十足的力量，有了粉丝的支持，很多品牌就会自动自觉地扩散出去。但是，如果简单地认为只要拥有足够多的粉丝就万事大吉，那就大错特错了。粉丝的行为无论是主动性的，还是被动性的，都会有一定的盲目性、不牢固性和从众性。这些行为有时候反而会伤害到企业，影响到品牌的传播。

✖ 案例

号称最强大的粉丝经济拥有者——苹果公司，经过长久的风吹雨打后，已经拥有不少的铁杆粉丝，但同样不能保证其粉丝的"牢固性"。

苹果公司于 2013 年 9 月曾推出过一款产品 iPhone 5C，可这款产品在上市后，销量和评价都与预期的截然相反，原来，在很多粉丝看来这款手机价格过于便宜，外观过于寒酸，有碍于使用苹果手机的身份（苹果一直走的是高端路线，果粉也是因其显示身份而忠诚）。如今苹果公司推出一款低端手机就会令不少粉丝接受不了。

✖ 案例

开心网也是粉丝"倒戈"下的不幸者。很多人一定还记得曾经风靡一时的"偷菜"游戏。这款游戏曾经迷倒了千万年轻男女，吸引了不少忠诚的粉丝。很多人利用工作、上课的间隙，甚至深夜不睡觉、凌晨早起也要打开电脑，就是为了去"偷菜"。

一款"偷菜"游戏令开心网可谓是红极一时，聚集了大量的粉丝。可是，这种好事并没有延续太久，一两年的时间开心网就遭到了粉丝的抛弃，开心网也逐渐没落。

究其原因是这款游戏创新不够，后续新功能、新应用跟不上。其实，不仅是因为产品自身出现了问题，更重要的是粉丝产生了审美疲劳。很多用户起早贪黑地"偷菜"只是图一时新鲜之感，一旦这个新鲜感过去之后，就会开始产生厌倦心理，弃之离去也是必然。

上述案例的粉丝为什么会出现这种行为反差呢？因为之所以能够成为某款产品的粉丝，就是因为对其忠诚度高。而忠诚度一旦达到一定程度，相应地，粉丝就会对企业、产品的预期有了高标准，一旦企业无法推出符合或者超过粉丝们预期的产品，那么粉丝便会非常失望。粉丝的失望对企业或品牌来讲就是坍塌性的灾难。

综上所述，粉丝这个群体其实并不稳固，何况还有很多伪粉丝。众多伪粉丝充斥其中，也会带来很多的不可预测性。诚然，粉丝经济会给企业、品牌制造一时风光无限。可"花无百日红"。粉丝行为只有在进一步控制、约束或引导下，才能沿着正确的方向传播，才能更有利于企业的发展，否则，只会适得其反。

想让粉丝这股力量持续不断地为企业服务，并形成一个良性循环，就需要企业内部建立一个科学、完善的粉丝反馈机制，以便及时掌握粉丝的行为，并进行观察、分析和监督。

在监督与反馈过程中，敏锐的洞察力与制度化的措施极为重要。前者是正确认知的过程，后者是合理充分应用的保证。在做好粉丝的反馈工作上应从以下两个方面做起。

1. 建立多种形式的反馈渠道

做好粉丝的反馈工作，首先必须建立畅通无阻的反馈渠道，这是粉丝进行有效反馈的保障。信息反馈的渠道通常可分为两种，一种是线下反馈，另一种是线上反馈。

（1）线下反馈

① 书面报告反馈。书面报告，是一种非常正式的反馈形式，也是工作反馈中最有效、最稳固的一条途径。它通常是指对方以文字报告的形式向企业，或企业相关部门阐述产品使用过程中遇到的问题、或提出的改进意见和建议。这种形式最大的优势在于比较正式，直达性比较强，很少受到外界人为因素的影响，能引起企业，或相关部门的重视。劣势在于互动性较差，大多限于信息的单向流动，反馈效果不会马上显现出来。

② 会议沟通反馈。会议沟通也是一种比较正式的反馈形式，也是大多数企业惯用的一种方式。会议沟通通常是指邀请一部分粉丝代表，与企业相关部门人员就某个问题展开讨论，进行互动。这种形式的优势互动性强，有利于意见或建议充分表达，而且就某个问题交流更容易达成一致。劣势在于无法针对大多数人展开调查，涉及面窄，所反馈的内容也十分有限，无法代表大多数人的意愿。

扫一扫 延伸阅读 企业高管通过会议与粉丝的互动反馈

ThinkPad 高管对话粉丝 大谈小黑创新之路

http://www.pcpop.com/doc/1/1100/1100053.shtml

③ 一对一面谈反馈。一对一面对面地沟通，与前两种相比运用得比较少，它是一种双方单独面谈的反馈方式。优势在于可以就某个问题展开深入、彻底的交流，针对性更强，从而也能够有针对性的提供帮助，找到解决途径。同时，能给粉丝更多的尊重和表达意愿，建立起融洽的交谈氛围；唯一的不足之处是只限于少数高端粉丝，且需要因人而异地制定出沟通策略和解决方案。

（2）线上反馈

线上反馈主要是指企业利用自媒体平台、APP，以及一些应用软件，建立起一个与粉丝互动、交流的桥梁。通过这个桥梁粉丝可随时表达自己的意见和建议，企业也可随时获取粉丝的反馈，并对反馈的问题进行相关解决。

其实，在自媒体、新媒体异常发达的今天，从线上来获取粉丝反馈会更便于工作的开展，可全面、及时地了解信息。同时，这还有很多其他优势，如提供语音、截图等多种反馈形式，使反馈内容更丰富；企业可以增加实时推送功能，便于用户及时获得信息的反馈结果。

利用线上反馈渠道也会使运营者处理问题更高效。当粉丝反馈信息时，就会立刻传到后台，开发者可随时随地查看反馈的内容，假如是语音还可自动识别为文字，这大大提高了处理问题的便捷性和能力。图 6-4 所示为某 APP 上客户信息反馈处理示意图。

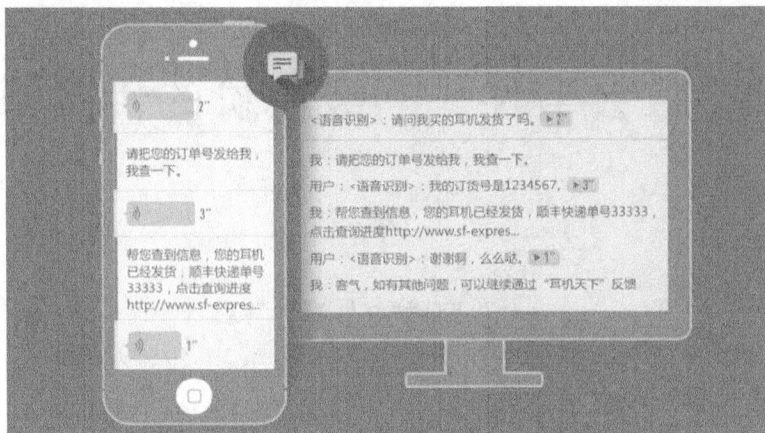

图 6-4　某 APP 上客户信息反馈处理示意图

鉴于线上反馈的便捷性、高效性，运营者应该侧重于做好线上反馈的渠道建设。

2. 对粉丝的反馈信息进行分析

对粉丝行为进行分析是做好反馈工作的前提，因为这是一个对分析行为进行了解的过程，只有经过充分的了解，才能做好分析和辨别工作。

例如，对粉丝反馈的问题通过标签功能进行归类，将问题分为需求类、故障类、活动类、账号类等，再做结构化整理。再者就是对粉丝提出的问题要及时处理，并给予满意的答复。这就涉及解决效率问题，必须明确相关负责人。

案例

惠普在客户反馈问题上的处理是非常高效的，这在行业内被称为美谈。惠普有明确规定：所有的客户投诉，必须在第一时间内通报公司的质量管理部门进行备案；如果是属于自己管辖的问题，就要抄送自己的顶头上司；如果不是自己管辖的问题，就把问题转到相应的部门员工那里，并抄送对方的上司和自己的上司；只有接到对方确认接受并同意处理该问题后，才能告诉客户已经把什么问题转到谁那里处理，今后由谁负责。

当接到客户的投诉时，还要求必须通报公司的高层。惠普有严格的规定：什么性质的问题，由什么层次的人来解决，员工不能自作主张，觉得这个问题自己能够处理，就把问题扣押下来，直到最后实在掩盖不住了，才告诉质量部门或公司高层。质量管理部门会跟踪所有客户投诉，检查当事人的处理情况，只有得到客户的认同后，某个投诉问题才算得以解决。

问题与思考

得粉丝者得天下。无论做产品，还是制定营销策略，目前很多公司都在围绕一个目标：培养一群忠于自己的粉丝。那么，普通消费者与粉丝有什么区别？粉丝的需求是特定的、小众的，又该如何满足？

6.2　社会事件——最廉价的传播媒介

案例导入

"天仙妹妹"事件背后

说起网络营销事件，就不得不提到"天仙妹妹"。作为炒作事件的鼻祖，"天仙妹妹"的走红多少带有一些偶然性。

2005年8月6日，网名为"浪迹天涯何处家"的网友发帖，说在川藏自驾游的时候，碰到了一个清新脱俗的羌族小美女。他用了大量的修饰词语来赞美这个小女孩，称其为天仙妹妹，并将她的照片放到了网上。在之后的两个月的时间里，"天仙妹妹"成为"网红"，无数以"天仙妹妹"作为主题的论坛帖子，点击率常常突破数十万。

"天仙妹妹"迷人的外表吸引了数量庞大铁杆粉丝，这些粉丝又被称为"纳米"，他们组成了"天仙妹妹"最忠实的群体。

"天仙妹妹"的走红为发现他的网友"浪迹天涯何处家"，也就是日后知名的网络推手杨军带来了巨大的利益，同时也带动了其家乡地区的经济发展。

正是由于"天仙妹妹"的一炮而响，让人们见识到了互联网传播的魅力以及其背后的巨大经济利益。自此网络炒作正式在中国拉开帷幕。

总结

关于"天仙妹妹"事件本身，网络上探讨该事件是众说纷纭。偶然发生还是精心炮制，社会影响力是好还是坏，意义已经不大。重要的是通过这个事件推广了很多企业和品牌。首先是事件本身，其次是些借势营销的企业，借人们关注度高的这个事件迅速在微博、微信，以及各大媒体中传播开来，从营销的角度看这就是一个十足的事件营销。

思考

"天仙妹妹"事件有哪些特点，为什么会得到社会如此大的关注，对于企业来讲他们最看重的是事件的什么？

6.2.1　概述

做网络营销很多时候需要社会热点事件的支撑，本节阐述了社会事件在网络营销中的重要性，及在实际操作中该如何选择社会事件。并介绍了社会名人、影视明星、网红等与网络营销的关系。本节旨在使读者在开展网络营销时能有效利用社会事件这些外部资源。

6.2.2　善于与社会热点事件搭边

事件营销是指企业通过策划、组织和利用具有新闻价值、社会影响以及名人效应的人物或事件，吸引媒体、社会团体和消费者的兴趣与关注，以求提高企业或产品的知名度、美誉度，树立良好品牌形象，并最终促成产品或服务的销售的手段和方式。

由于这种营销方式具有受众面广、突发性强，在短时间内能使信息达到最大、最优的传播效果，为企业节约大量的宣传成本等特点，近年来越来越成为国内外流行的一种公关传播与市场推广手段。简单地说，事件营销就是通过把握新闻的规律，制造具有新闻价值的事件，并通过具体的操作，让这一新闻事件得以传播，从而达到广告的效果。事件营销的本质就是让事件策划成为新闻。公关事件必须符合新闻价值规律的要求。

事件营销的切入点大体上有 3 类，即公益、聚焦和危机。这 3 类事件都是消费者关心的，因而具备较高的新闻价值、传播价值和社会影响力。

1. 支持公益活动

公益切入点是指企业通过对公益活动的支持引起人们的广泛注意，树立良好的企业形象，增强消费者对企业品牌的认知度和美誉度。随着社会的进步，人们对公益事件越来越关注，因此对公益活动的支持也越来越体现出巨大的广告价值。

✖ 案例

可口可乐曾开发了一系列二次利用的创意活动，并率先在越南地区实行。即消费者购买可口可乐时赠送喷头或是一些教程，教消费者如何废物利用。相对欧美等国家来说，越南相对经济落后，对这种废物利用的需求更强烈，因此推广效果非常好。再如，某婚庆公司免费为老人举办金婚仪式。这都是消费者实实在在看得到、摸得着的产品和服务，能让体验者感同身受。

在营销战略同质化的今天，许多企业想到了运用公益营销打开品牌传播的新途径。企业通过公益活动，不仅能够增加社会的公共利益，而且能够使公司的形象增强，很多大公司在制定长远战略时都将公益事业作为一项重要内容来考虑。从这一点上来看，公益事业已经成为企业经营策略中一个不可忽视的组成部分、作为树立企业品牌形象的一项重要举措。

2. "搭车"聚焦事件

这里的聚焦事件是指消费者广泛关注的热点事件。企业可以及时抓住聚焦事件，结合企业的传播或销售目的展开新闻"搭车"、广告投放和主题公关等一系列营销活动。随着硬性广告宣传推广公信力的不断下降，很多企业转向了公信力较强的新闻媒体，开发了包括新闻报道在内的多种形式的软性宣传推广手段。

在聚焦事件里，体育事件是企业进行营销活动的一个很重要的切入点。企业可以通过发布赞助信息、联合运动员举办公益活动、利用比赛结果的未知性举办竞猜活动等各种手段制造新闻事件。

由于公众对体育竞赛和运动员感兴趣，他们通常会关注参与其中的企业品牌。同时，公众对于自己支持的体育队和运动员很容易表现出比较一致的情感。企业一旦抓住这种情感，并且参与其中，就很容易争取到这部分公众的支持。

3. 危机公关

企业处于变幻莫测的商业环境中，时刻面临着不可预知的风险。如果能够进行有效的危机公关，那么这些危机事件非但不会危害企业，反而会带来意想不到的广告效果。

一般说来，企业面临的危机主要来自两个方面：社会危机和企业自身的危机。社会危机指危害社会安全和人类生存的重大突发性事件，如自然灾害、疾病等。企业自身的危机是因管理不善、同业竞争或者外界特殊事件等因素给企业带来的生存危机。据此，可将企业的危机公关分为社会危机公关和自身危机公关两种。

当社会发生重大危机时，企业可以通过对公益的支持来树立良好的社会形象，这一点前面已讨论过。另一方面，社会危机会给某些特定的企业带来特定的广告宣传机会。以生产卫生用品为主的威露士在"非典"期间大力宣传良好卫生习惯的重要性，逐渐改变了人们不爱使用洗手液的消费观念，一举打开了洗手液市场。

通信企业中也不乏这类的案例。在数次自然灾害中，手机成为受害者向外界求助的重要工具。中国移动利用这类的事件，推出"打通一个电话，能挽回的最高价值是人的生命"的广告语，使其高品质的网络深入人心。

6.2.3 哪些事件是营销的好素材

新闻能否被着重处理则要取决于其价值的大小。新闻价值的大小是由构成这条新闻的客观事实，适应社会的某种需要的素质所决定的。一则成功的事件营销必须包含下列 4 个要素之中的一个，这些要素包含的越多，事件营销成功的概率越大。

1. 重要性

重要性是指事件内容的重要程度。判断内容重要与否的标准主要看其对社会产生影响的程度。一般来说，对越多的人产生越大的影响，新闻价值越大。

2. 接近性

一般而言，越是心理上、利益上和地理上与受众接近和相关的事实，新闻价值越大。人们通常对自己的出生地、居住地和曾经给自己留下过美好记忆的地方总怀有一种特殊的依恋情感，所以在策划事件营销时必须关注到受众的接近性的特点。通常来说，事件关联的点越集中，就越能引起人们的注意。

3. 显著性

新闻中的人物、地点和事件的知名程度越是著名，新闻价值也越大。国家元首、政府政要、知名人士、历史名城、名胜古迹往往都是出新闻的地方。

4. 趣味性

大多数受众对新奇、反常、变态、有人情味的东西比较感兴趣。有人认为，人类本身就有天生的好奇心或者称之为新闻欲的本能。

一个事件只要具备上述中的一个要素就具备新闻价值了。如果同时具备的要素越多，新闻价值自然越大。当一件新闻同时具备所有要素时，肯定会具有相当大的新闻价值，成为所有新闻媒介竞相追逐的对象。

聚美优品的一则广告曾风靡于社交网络之中，陈欧用自己的行动上演了一场草根的逆袭。其广告语"我是陈欧，我为自己代言"的节奏朗朗上口、通俗易懂、条理清晰，体现出为自己代言的决心，语言也传递出无穷的正能量。这股能量能吸引消费者，并触动消费者的内心，让内心受到极大鼓舞。但是，聚美优品万万没有想到的是这则广告竟然在社交网络中掀起了一场改编热潮，朗朗上口的广告句型使社交网络的用户们积极填空。一时间"我为自己代言"成为了热门话题。将原本励志的广告变成或诙谐或幽默的带有娱乐感觉的一场时尚游戏，其间形成的巨大反差也是使"陈欧体"火爆起来的一个重要原因。

"陈欧体"的火爆也有可能是无心插柳。它在为聚美优品带来巨大的品牌效益的同时，也展示了事件营销的新颖多样的特点，并集合了新闻效应、广告效应、公共关系、形象传播、客户关系于一体。大众看惯了太多的传统广告，感觉它们实在是太过"强硬"了，偶尔来一点"软文"的广告，反而会大受关注。

6.2.4　名人效应与营销

名人，作为特定的社会群体常常自带光环，因为无论是其自身知名度、美誉度，还是在大众中的影响力都比较大。因此就有了"名人效应"的说法，一个人，或一个事件只要与某名人挂钩，无形中就具有了某种超出常规的影响力。

大众钟情于名人效应，是因为这种效应迎合了大多数人的心理需求，或主观愿望。根据马斯洛分析的人的心理需求学来说：当购买者不再把价格、质量当作考虑因素时，利用名人的知名度去提高产品的附加值，可以借此培养消费者对该产品的感情、联想，来赢得消费者对产品的追捧。

案例

湖南的一家农产品企业——渔米之湘，得益于洞庭湖丰厚的渔业资源，大力发展具有本地特色的餐饮、旅游业，目标消费者主要针对年轻的"80 后""90 后""00 后"。2012 年，渔米之湘邀请谢娜出任快乐大使后，吸引了一大批"娜米"。

"娜米"是著名主持人谢娜粉丝的名称。谢娜以其快乐、健康、阳光、机灵、幽默、洒脱、乐天的个人形象，在全国吸引了一大批"80 后""90 后"粉丝。当忠实的粉丝们惊喜地发现偶像所代言的产品后，就开始关注这个品牌。其实，"娜米"是湖南渔米之湘食品有限公司结缘谢娜进行明星产品定制的新产品。

借助名人效应，应该注意以下三点。

第一，名人的粉丝与自己产品的用户是同一类人。如果产品的购买者与名人的粉丝不是同一类人，那么即便请该名人做代言，由于该名人能够影响到的用户对产品没有需求，那么也不会有明显效果。

第二，名人的精神与自己产品向用户传递的精神一致。借用名人的知名度来宣传自己的产品其实就是向用户传递"我们和那个名人有共同的价值观"。此时，如果传递的这种精神并不能吸引消费者，那么效果可能会起到适得其反。

第三，借名人营销时应附带一定的活动，如转发抽奖。这样才能最大限度地激励浏览者将这条内容转发出去。因为用户转发一方面向自己社交网络传递着自己对产品、对名人的认同，另一方面还可能为自己赢得一些奖励。

问题与思考

事件营销的利益与风险并存，企业既要学会取其利，还要知道避其害。对于风险项目，企业首先要做的是风险评估，这是进行风险控制的基础。风险评估后，根据风险等级建立相应的防范机制。事件营销展开后还要依据实际情况不断调整和修正原先的风险评估，补充风险检测内容，并采取措施化解风险，直到整个事件结束。

根据上面的内容，我们可以建立下面的风险评估跟踪表，协助企业完成对事件营销风险的控制。

6.3 渠道——渠道越广营销越畅通

案例导入

中国移动的渠道改革

中国移动是我国通信行业最大的服务商。近些年，互联网、移动互联网，以及 4G 的普遍运用，正在改变和颠覆着整个移动通信行业，消费者的需求逐步个性化、多样化。中国移动面临的挑战也越来越多，如营销理念落后、渠道单一、渠道掌控力不足、渠道冲突明显、代理商选取过程不规范等。

中国移动在分析了存在的问题后，分别从自身、中间商和消费者等 3 个方面进行了多维度改进。

1. 完善自建渠道

中国移动利用社会分销力量铺设高覆盖、低成本渠道。移动公司需要理顺现有渠道体系，从扫除渠道盲区、限制跨区窜货、优化渠道结构入手，建立可控和高效的分层渠道管理体系，建立全覆盖移动营销渠道体系,并合理配比不同类型的渠道数量和规模。

中国移动要建立有效的机制以沟通产品信息，并有效地收集最新的市场信息，从而满足客户个性化、异质化服务要求，保证客户对营销渠道的忠诚度。中国移动要根据不同业务的特点选择不同模式的营销渠道，通过做广、做深、做强和做精来确立渠道的核心竞争力。

2. 正确处理与代理商的关系，充分发挥外部渠道的协同作用

移动公司在经营能力、销售网络、客户资源、财务资质、信誉度等指标方面，对代理商资格进行审核，重视代理商和代办点规范化、法制化的管理，在合作协议中明确双方的权利与义务，并加强同代理商、代办员的维系工作，加强对代理商的员工及代办员的培训工作。

中国移动在代理机制中，合理制定、严格控制代理价格体系。这一价格体系既要保证代理商的合理收益，又要避免过分优惠，使代理商的赢利空间过大造成分销商追求短期效益的行为。企业给予代理商的对外定价应该统一，避免因代理价格不同产生窜货现象。

3. 建立一切以市场为导向，以客户为重点的监管体系

中国移动在营销渠道的建设和管理上，要体现一切以市场为导向、以客户为重点，对营销的全过程实行监管督查，同时加强内部流程再造，减少前台、后台的摩擦，提高工作效率。积极管理所有与客户接触的环节和渠道，确保服务水平在客户的整个体验中的一致性，提高客户对中国移动的忠诚度。

总结

经过以上三个方面的改革，如今的中国移动重新确立了在行业中的龙头地位。

思考

代理商是中国通信行业特有的运用模式，结合当地的实际了解中国移动与代理商之间的关系，中国移动是如何通过代理商为消费者服务的。

6.3.1 概述

任何营销活动都需要通过一定的渠道才能传播开来，互联网时代的网络营销对渠道的要求越来越高。本节通过对网络营销渠道进行详细的阐述，让读者对其重要性、表现形式、运作模式、实施步骤等有更充分的了解。

6.3.2 渠道"直连"企业和客户

产品是通过分销渠道到达最终消费者的。畅通的销售渠道可以保证产品顺利进入市场，反之，渠道障碍会影响企业市场运作。对众多企业和行业渠道研究表明，"销售渠道瓶颈"问题是制约企业发展的普遍问题。因此，在营销的渠道问题上，必须对该类产品的渠道类型、渠道成员组成、渠道特征等方面进行充分的研究。调查研究的结果对建立自己的渠道选择和管理具有重要的指导意义。

直销模式，是最早的商业配销方式。20世纪50年代该模式在欧美等国家已经非常盛行。该模式又叫"无店铺销售"，就是通过去除中间商，降低产品的流通成本并满足消费者利益的最大化需求。简单地说，就是生产商不经过中间商把商品直

接销售到消费者手中，以减少中间环节减
低销售成本的一种销售模式。直销模式去
掉了中间商，具体模式示意如图 6-5 所示。

结合上面的论述，直销实际上就是将
产品的部分利润从代理商、分销商、广告
商处转移给直销员的一种经营形式。直销
能有效地实现产品销售，同时也更好地将
消费者的意见、需求迅速反馈回企业，有

图 6-5 直销模式示意图

助于企业战略的调整和战术的转换。不妨这样理解直销：不经过批发环节而直接
零售给消费者的销售形式都可以称之为直销，包括电视销售、邮购、自动供货机、
目录销售、直销员登门销售等。

虽然直销这种营销模式早已有之，但以往仅限于直销员和传统渠道。目前，
互联网的发展和自媒体的日新月异使这种模式更有时代特征，更加符合市场需求
和消费者需求。

直销与互联网营销目的是相同的，即尽可能地缩短流程、贴近消费者，将产
品快速送到消费者手中，同时企业也可实现成本运作，加快资本周转。这也是直
销能够迅速崛起成为现代营销的新锐的主要原因。

6.3.3 新形势下营销渠道的新特点

渠道是一个非常经典的营销资源，国内外很多企业都依靠其打开了市场，取
得了不错的效果。然而传统渠道已经开始阻碍企业的发展。传统渠道基本模式是
层层分销，在分销的过程中产品价格会随之提升，最后到达用户手中价格比出厂
时往往贵上了几倍、十多倍，甚至更多。产品价格高，消费者不买账，商品大量
积压，造成库存压力大，这对消费者、企业的利益都是不利的。

总结一下，其主要的原因就是中间环节过多，造成成本上升。而直销模式则
提倡去掉中间环节，尽可能地实现生产者与消费者直接对接。在互联网发展异常
火热的新形势下，渠道也表现出一些新特征，如大力开拓网点渠道、管理扁平化、
形式多元化。

1. 网络化

渠道营销网络化最显著的一个变化就是网点的布局。现在无论是直接开网店，
还是实体店向网店转化，都已经成为一个大趋势。在网络这个虚拟世界中，京东、
国美、苏宁、当当、亚马逊等都已经尝到了甜头。一些小的品牌商、个人品牌、
电商、微商也都正在奔赴这个"无形战场"上，并拉开了新一轮的争夺。

网点布局的一个主要原则就是尽可能地贴近消费者。因此，企业在布局网点
时必须有步骤、有方法地进行，大体可分为 4 个步骤。

（1）细分市场，规划区域内网点数量

网点数量的多少与区域位置、经济发展水平、人口数量和消费能力等关键指标密
切相关。网点布局是实现市场和渠道的区域匹配，需要对渠道数量进行总量控制。

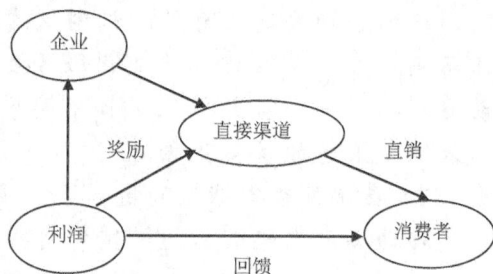

（2）公司要选择周密的布局模式

常见的布局模式是在市场依次建立中心点、旗舰店，并在四周建立卫星店，初步形成对区域的覆盖，辅之以零星网点补充盲点区域，从而最终实现对市场区域的无缝辐射和覆盖。

（3）网点选址

网点选址要贴近消费者购买心理。如果消费者注重品牌，网点的位置要处于高端商业或商务区；如果客户注重便利，网点的位置则要跟随人流，设立在消费者出现的位置，如商业区、住宅区、商务区、车站码头等。

（4）检验网点实际的运营效果

网点的运营效果是否达到设计预期需要通过实践的检验来证明。对于运营效果不佳的网点，公司要对其进行二次评估，对效益不好的网点要留待考察或果断撤销；对盲点区域要重新检索，新设网点补足。

2．多元化

互联网被广泛运用之前，企业的营销渠道比较单一，基本上是依靠各级代理商、中间商运作。随着市场互联网化进程的加速，一些企业，尤其是具有较强品牌力的、与互联网联系较密切的企业开始向多元渠道转型。

例如，很多企业开始成立电子商务中心，通过网络渠道开展市场营销活动；有的直接与 B2B 和 B2C 电子商务平台合作，直通消费或使用终端直销。营销渠道多元化使企业摆脱了传统渠道的束缚，迎合了企业的细分市场战略和差异化战略，对于企业品牌和产品的市场覆盖率的提升起到了推波助澜的作用。

与此同时，也要注意多元化策略带来的负面问题，如渠道冲突、利益分配问题、渠道管理与控制、渠道成本增加等。

3．扁平化

互联网化的渠道设计，首先需要考虑的是渠道的结构问题。渠道的结构包括长度和宽度。这两个结构基本上就是企业渠道建设的框架。

渠道长度是指产品从生产制造到客户手中所经过的层级。这个层级越长，成本越大，产品销售的价格越高。渠道宽度是指在同一个分销的层级选择中间商数目的多少，数目越多就越"宽"，反之就越"窄"。

在互联网时代，传统渠道已经不符合企业、渠道商、客户的利益。取而代之的是渠道的扁平化，即尽可能地缩短从生产者到消费者的链条，甚至去掉中间环节，让产品直接从生产厂家到达客户手中。

案例

当当网 CEO、创始人李国庆在 2015 年 12 月 19 日举行的第十七届北大光华新年论坛上演讲时，提到互联网对出版的影响。他提出了一个观点："未来出版社价值将为零"。当当完全可以利用自己的平台，积累的读者资源，大数据方面的优势与作者、编辑嫁接，甚至可以决定哪些书可以出，哪些可以不出，需要印制多少等。

这个观点在业界引起了巨大的争议，暂且不谈李国庆的这种想法是否可行，或出版社去中心化是否可行，但至少表明一个趋势，即在未来营销链条中，作为出版流程中间环节的出版社作用越来越小。类似于当当这样的电商将起着主导作用，正在尝试的"去中间化"会让图书从出版到上市，再到读者手中的效率更高更短，进程更快。

渠道营销关键是做好开端和终端，开端是生产者，终端是消费者，中间的流程则可最大限度地去压缩。中间环节的缺失可以通过提高两端的质量来弥补，因此，渠道建设掌握好长度和宽度也是最关键的。

然而，不同行业所用的渠道模式差异也很大。例如，快速消费品是高频率消费的产品，使用时限短，拥有广泛的消费群体，对于消费的便利性要求很高，销售渠道层级和种类多而复杂；工业品购买者人数较少，购买数量较大，购买集中，但购买频率较低，价格弹性较小，有时协商定价、专业性购买，需要较强的技术支持与服务。这时可经过或不经过渠道环节。采用渠道时，渠道一般较短，形式简单，且人员推销起重要作用。

6.3.4　打通连接上下游的垂直渠道

如果把企业营销比作一个人体的话，那么渠道就是遍布全身的血管，血管是人体内重要的通道，对人体健康起着重要作用。渠道也是企业营销的通道，产品销售、服务的传递都全靠渠道的运作。产品策略、价格策略、促销策略的执行，也很大程度上需要通过渠道合作伙伴的密切配合才能够得以执行。

营销渠道的规划和设计是每个企业的重中之重。渠道营销正是为了达成营销目标，在对各种渠道结构进行评估和选择基础上而开发出的一种新型营销模式。

垂直渠道的核心就是砍掉中间环节，只靠一定的媒介连接生产者与消费者。这是实现企业与消费者直接对接的关键。在过去这种对接主要靠的是电话、电视、邮政、报纸等传统媒体，甚至直销员上门推销。然而，在互联网的冲击下，这些方式正在慢慢地消失，现在没有哪个企业完全靠电话营销。邮政、报纸等效率极为低下，直接上门推销更是几乎绝迹。

随着时代的进步，直销的媒介正在发生着变化，取而代之的是日益兴起的自媒体。如智能手机、iPad 等。工具的更新使直销更加的便捷、灵活，与消费者的联系也更加紧密，两者的区别和联系如图 6-6 所示。

那么，该如何来理解垂直渠道呢？可从以下 3 个方面入手。

1. 基本模式

垂直渠道简单地讲，即是只做商品和服务产地的最短中间环节，从生产者向消费者转移的过程，起点是生产者，终点是消费者（生活消费）和用户（生产消费），参与者是商品流通过程中各种类型的中间商。其具体的运作模式如图 6-7 所示。

传统直销		互联网直销
专营店 专卖店+直销员 电话直销 邮递直销 电视直销 网络营销 面对面直销	⊳	专营店+官网 专卖店+网上营销 电子商务网+异业 联盟网+直销网的 三网合一 微博+微信+QQ 等 自媒体体系

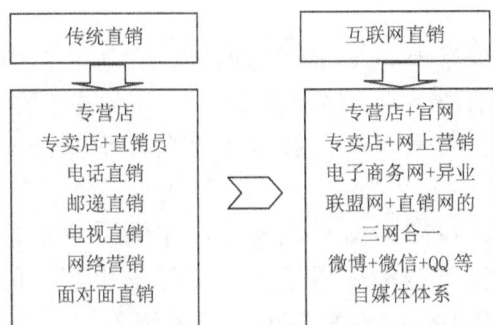

图 6-6　传统直销与互联网直销的区别和联系

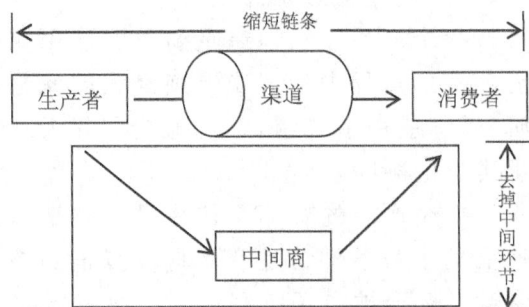

图 6-7　垂直渠道的模式

2. 内容

垂直渠道的内容一般包括商流、物流、信息流、资金流四大部分，四大部分是相互依存的关系，不可分割。

商流：泛指商品的买卖活动；

物流：指商品买卖活动带来的物品流动；

信息流：商品流动所伴随的情报资讯，如周转最快的商品是什么?哪些产品最能引起客户的兴趣？每日、每月的商品销售量等；

资金流：指金融体系在流通过程中的配合应用，如信用卡、银行转账等。

6.3.5　渠道营销实施步骤

企业在了解了渠道营销的重要性和特征之后，还无法开拓出一个全新的市场。一个不可忽视的环节就是要科学、严密地去调研，全面地去了解市场，了解客户，从而制定出可行的实施方案。

1. 了解行业圈子

每种行业在运营过程中都会形成具有自身特色的"圈子"。在 IT 行业由于操作产品的不同，在零售商上感觉不到有明显的"圈子"存在，但一旦我们希望产品的销量成几何级上升的时候，必须面对专业的批发商队伍。这些批发商为维护自身的利益、为规范市场上的产品操作，在短时间内就会形成特定的产品代理销售集群，称这种集群为产品销售"圈子"。

做一个行业的营销，需要先进入并了解这些圈子，以便与客户沟通、增加与客户的联系，加速客户对企业、品牌的好感度及信任度的建立，从而迅速拉进客户与销售人员的距离。总之销售人员越了解客户越能够得到"圈子"的认同。了解此类的"圈子"的方式有很多种，下面介绍最常用的几种。

① 通过研究专业媒体；

② 与客人、同事聊天；

③ 和业内或厂商人员成为朋友；

④ 信息共享，与同事沟通碰撞出火花。

2. 进行产品分析

一个产品什么是最重要的？从用户的角度来看是质量。据调查，在所有消费者购买的过程中，遭受质疑最大的就是产品的质量。"质量怎么样啊？""靠得住吗？""能用多久啊？""不会用几天就坏吧？"每位客户在购买之前几乎都会发出类似的疑问。

一个产品的好坏，往往是由质量、信誉、口碑等多方因素来决定的。质量是产品的本身条件，是产品得以畅销的核心。没有过硬的质量，不但经不起客户的考验，还会被市场所淘汰。企业需要通过以下 4 个步骤来保障产品的销售。

① 了解产品定位；

② 了解产品质量与服务；

③ 总结产品的卖点、优势、能解决客人的什么问题；

④ 了解竞争对手产品与其优、劣势及"软肋"。了解途径包括厂商提供的产品培训资料、同事的讲解、总结客户的看法和意见。目的包括让销售人员成为这个行业的专家，通过对产品技术层面的了解，赢得客人的信任。

3. 了解目标客户群

营销人员需要了解公司简介、决策人的经营思路、主打产品及主打市场，以及企业在行业中所处的位置、发展策略、主要竞争对手情况。对客户越了解，成功概率越大。当然，即使没有了解这么多也没有关系，客户数据库就是一点一点修改完善的。这个数据库将成为非常宝贵的资源。

4. 根据客户需求制订方案

营销人员不要期望客户在对产品或想法没有初步了解的情况下，能有时间听你的讲解。提交客户方案才是最明智的选择，目的就是激发客户的交流与购买兴趣。简单明了是方案最基本的要求。通常来讲这种方案可分为以下 3 种。

① 通用的、成熟的产品或服务销售方案（解决为什么要用我们的产品）；

② 初期接触或新公司产品的销售案（解决客户了解我们的产品、操作及服务如何帮助客户成功）；

③ 特殊方案（解决客户提出的特殊问题的解决办法）。

问题与思考

渠道在互联网时代最大的特征就是去中心化、扁平化，目的是充分利用互联网技术应用，彻底打通上下游供应链。传统企业、电商企业以及微商、个人等都会迎来绝佳的发展机遇，因此，去中心化和扁平化也成为很多企业管理和运营的关键字样。请仔细了解去中心化、扁平化等词的概念、特征、模式等，并分析其与营销渠道的联系。

6.4　O2O——使线上线下资源互联互通

案例导入

大鸭梨餐饮玩转 O2O

北京大鸭梨是消费者非常喜爱的平价餐厅之一，曾经被评为北京百姓最受欢迎的名店，但近几年在激烈的餐饮市场竞争中开始没落。微信营销兴起之后，大鸭梨也开始寻求新的发展机会，从 2014 年开始陆续推出"阳光厨房"活动，重新吸引了新老消费者的光顾。

2015 年 7 月，大鸭梨接入微信摇一摇功能，在其微信公众号"大鸭梨餐饮有限公司"上宣布，旗下的 60 多家门店共同举行"大鸭梨双吃节"，并提前通过"摇一摇"吸引线上粉丝到店参加。同时，粉丝也可将摇到的卡券分享到朋友圈，让自己的亲朋好友也享受到这份福利。

大鸭梨的这次微信摇一摇"双吃节"活动，充分地调动了用户参与的积极性，收到了十分好的效果，实现了消费者参与人数的重大突破。据统计，在消息发布当天，该微信公众号阅读量达到 10000 余次；摇一摇总人数为 6000 多，摇一摇次数为 22804 次，现场送出卡券 13643 张，通过朋友圈分享出去的卡券为 8309 张。

大鸭梨餐饮在"摇一摇"强大的聚合效应下，扩大了潜在客户量，这些潜在的客户无疑为产品的促销、宣传增加了诸多可能性。看似简单的"摇一摇"功能，背后是强大的商业逻辑，以前摇歌，现在可以摇购物券等，这也意味着"摇一摇"正在成为一种新的 O2O 模式。

总结

通过 O2O 模式，大鸭梨将线下商品、服务及促销活动进行展示，并提供在线支付预约消费。这对于消费者来说，不仅拓宽了选择的余地，还可以通过线上对比选择最令人期待的服务。

思考

大鸭梨案例其实是对微信 O2O 的实际运用。结合 O2O 的概念，思考微信 O2O 背后的商业逻辑。

6.4.1　概述

O2O 是连接线上、线下资源的纽带，也是互联网时代网络营销的一种新模式。本节通过对 O2O 进行详细阐述，让读者对其重要性、营销思路、运作模式、在线支付等有深入的了解。

6.4.2 线上、线下资源的充分融合

O2O 是 "Online To Offline" 的英文缩写，是指将线下的商务机会与线上结合，让互联网成为线下交易的平台。这种模式结合了线上、线下资源，可随时随地为消费者提供便捷的服务。由于 O2O 具备效率高、成本低的特点，尤其是其与微信链接，使其获得了很多企业的青睐。

O2O 这个概念最早来源于美国。2013 年 O2O 进入高速发展阶段，开始了本地化及移动设备的整合与完善，于是 O2O 商业模式横空出世。2013 年 6 月 8 日，苏宁线上线下同价，揭开了 O2O 模式的序幕。

O2O 模式大致经过三个发展阶段：1.0、2.0 和 3.0 三个阶段。

1. 1.0 阶段

在 1.0 早期的时候，O2O 线上、线下初步对接，主要是利用线上推广的便捷性把相关的用户集中起来，然后将线上的流量转到线下，主要领域集中在以美团为代表的线上团购和促销等领域。在这个过程中，存在着主要是单向性、黏性较低等特点。平台和用户的互动较少，基本上以交易的完成为终结点。用户更多是受价格等因素驱动，购买和消费频率等也相对较低。

2. 2.0 阶段

发展到 2.0 阶段后，O2O 基本上已经具备了目前大家所理解的要素。这个阶段最主要的特色就是 O2O 已升级为服务性电商模式：包括商品（服务）、下单、支付等流程。把之前简单的电商模块，转移到更加高频和生活化场景中来。由于传统的服务行业一直处在一个低效且劳动力消化不足的状态，在新模式的推动和资本的催化下，出现了 O2O 的狂欢热潮，于是上门按摩、上门送餐、上门生鲜、上门化妆、滴滴打车等各种 O2O 模式开始层出不穷。

在这个阶段，由于移动终端、微信支付、数据算法等环节的成熟，加上资本的催化，用户出现了井喷，其使用频率和忠诚度开始上升。O2O 开始和用户的日常生活开始融合，成为生活中密不可分的一部分。值得注意的是，O2O 的大范围使用也导致出现很多负面信息，一些并不符合市场规律的模式开始浮现，如上门O2O，上门理发，上门做饭、上门按摩等，这些不但没成为商业模式上的创新，反而损害了消费者的切身利益。

3. 3.0 阶段

到了 3.0 阶段，O2O 模式开始了明显的分化，一方面真正垂直细分领域的一些公司开始凸显出来。例如，专注于快递物流的 "速递易"，专注于高端餐厅排位的 "美味不用等"，专注于白领快速取餐的 "速位"。另一方面垂直细分领域的平台化模式开始发展，由原来的细分领域的解决某个痛点的模式开始横向扩张，覆盖到整个行业。如饿了么从早先的外卖到后来开放的蜂鸟系统，开始正式对接第三方团队和众包物流。以加盟商为主体，以自营配送为模板和运营中心，通过众包合作解决长尾订单的方式运行。配送品类包括生鲜、商超产品，甚至是洗衣等服务，实现了平台化的经营。

O2O 模式运作思路很简单，整个过程由线上和线下两部分构成。线上平台为消费者提供消费指南、优惠信息、便利服务（预订、在线支付、地图等）和分享平台，而线下商户则专注于提供服务。同时消费者的购物过程也可分为是线上、线下，一方面消费者在线上购物，并进行支付，另一方面消费者可在线下进行体验、享受服务。O2O 模式具体运作思路如图 6-8 所示。

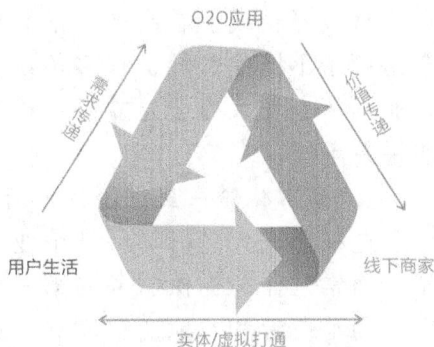

图 6-8　O2O 模式运作思路

成功运营的 O2O 模式可实现三赢的效果。

对商家而言：可获得更多的宣传、展示机会；掌握用户数据，了解用户需求；实行在线预订、支付等业务，管理更高效；降低对黄金地段的需求，大大减少租金。

对消费者而言：可获取更丰富、全面的商家及其服务的内容信息；获得相比线下直接消费较为便宜的价格；更加便捷地向商家在线咨询并进行预订。

对服务提供商而言：可带来大规模、高黏度的消费者，进而能争取到更多的商家资源。

6.4.3　O2O 模式下的 3 种营销思路

很多企业都在做 O2O 模式，但由于它是一种尚未成熟的模式，做好的企业并不多。因此，做好 O2O 营销的当务之急是对 O2O 运作模式有更深入更具体的认识。O2O 模式在营销实践中的思路具体可表现为以下 3 种形式。

1. 线下体验→线上消费（Online to Offline）

该形式即将线上平台作为线下消费决策的入口。这种模式的优势是可汇聚大量有消费需求的消费者，或者引发消费者的线下消费需求。这种形式的典型运用就是消费类网站和社交类网站，如大众点评、百度地图、高德地图、微信、人人网等。

2. 线下消费→线上体验（Offline to Online）

这种形式被广泛应用在一些正在寻求互联网化的传统线下企业中。由于这些企业大部分在线下已经基本站稳了脚跟，迫于形势需要打开线上市场，或者将线下流量引流到线上。

传统企业转型线上市场成功最成功的案例非百丽淘秀网莫属。百丽被誉为中国最大的女装鞋零售商，核心品牌"Belle百丽"更是连续十多年位居中国女装鞋销售榜首，另外还拥有几十个自有品牌和代理品牌。百丽在全国很多大商场里都设有专柜——百丽鞋柜台，同时也拥有上万家自营零售店。百丽淘秀网是百丽旗下的电子商务网站，随着大量电商涉足零售业，百丽将生意拓展到网上，开始尝试搭建网上商城。这一尝试不仅快速方便地搭建了自己电子商务平台，在管理、分销等各方面都能够自然成型，更全面深入地利用网络为企业服务，拓宽了销售渠道，为消费者提供了更便捷的服务。

从线下转线上看起来非常简单，其实风险很大。因为线下市场与线上市场完全是两个不同的领域，很多传统企业在线下如鱼得水，在线上则寸步难行。很多企业尽管也花大资金建立了自己的电子商务平台，甚至与大型平台进行合作，但效果并不好。

3. 线下体验→线上验证→再到线下消费

这种形式大多以平台型企业为主，如苏宁、国美等。他们本身生产和制造商品，通常是作为提供服务的第三方出现，目的是留存客户和转化销量，如将线上平台为消费者和本地商户建立沟通渠道，帮助本地商户维护消费者关系，使消费者成为商家的回头客。

再如，一些企业通过在线上平台向消费者提供商铺的详细信息、优惠（如团购、优惠券）、便利服务，方便消费者搜索、对比商铺，消费者得知信息后利用线上获得的信息到线下商户接受服务，最终完成消费。

平台战略是电子商务平台最流行的一个战略。电子商务平台注重的是线上消费的便捷性，而传统平台更注重的是线下服务、线下体验，因此这种形式对企业和消费者双方消耗都较大，需要付出较多时间成本，O2O化难度较大。

6.4.4　O2O营销模式的核心——在线支付

实现O2O营销模式的核心是在线支付。一旦没有在线支付功能，O2O中Online不过是"替他人做嫁衣"罢了。如团购，如果没有能力提供在线支付，仅凭网购后的自家统计结果去和商家要钱，双方容易无法就实际购买的人数达成精确的统一而陷入纠纷。

可见，如果没有在线支付的支持，线上消费就很难形成一个完整的商业链条，线上消费的实际效果也会大打折扣。因此，正在运用O2O摸索前行的企业，常会使用比线下支付要更为优惠的手段吸引客户进行在线支付，这也为消费者节约了不少的支出。

在线支付不仅是完成支付行为这么简单，而是整个营销体系中重要的一环，是购买行为得以最终实现的唯一标志，也是考核销售业绩最可靠的标准。因此，对于企业而言，做O2O营销必须完善在线预付功能，形成了完整的商业形态。

那么，目前能够为营销提供在线支付的平台有哪些呢？具体有以下几类。

1. 百度系

百度凭借流量入口的优势开通了O2O业务，商户自主通过百度平台便可以开展支付业务。百度的O2O战略以百度地图为中心，将百度团购和百度旅游（包括去哪儿）作为两翼，打造大平台和自营相结合的运营模式。具体如图6-9所示。

图6-9　百度系O2O战略

2010 年 6 月，百度旗下团购导航 Hao123 上线后，百度团购开始由单纯的导航向 O2O 的方向进化。2013 年 2 月百度开始上线自营团购业务，2013 年 8 月百度以 1.6 亿美元战略控股糯米网。

2．阿里系

阿里系涉足 O2O 最早，布局链条也最长，且具有明显的优势。

（1）线上线下可比价

淘宝旗下比价网站一淘网，提供有扫二维码比价应用"一淘火眼"，用户可查询商品在网上和线下的差价。

（2）有独立的支付工具

支付宝已经在手机摇一摇转账、NFC 传感转账以及二维码扫描支付方面有所布局，并在线下和分众传媒、名品折扣线下商场达成了合作。支付宝 CEO 彭蕾明确表示，支付宝在阿里 O2O 的定位是工具，偏向后端，提供与支付相关的场景应用。支付宝的应用如图 6-10 所示。

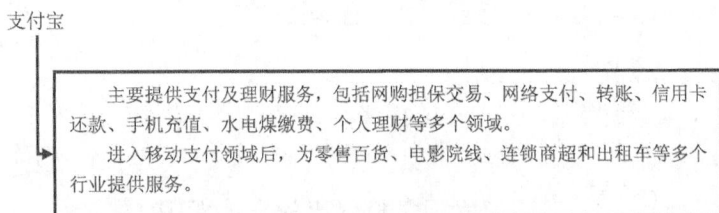

支付宝

> 主要提供支付及理财服务，包括网购担保交易、网络支付、转账、信用卡还款、手机充值、水电煤缴费、个人理财等多个领域。
> 进入移动支付领域后，为零售百货、电影院线、连锁商超和出租车等多个行业提供服务。

图 6-10　支付宝的应用

3．腾讯系

与阿里系统一样,腾讯系也有独立的支付工具——财付通。腾讯支付系统以"二维码+账号体系+LBS+支付+关系链"构造支付路径。例如，财付通和微信支付就是二维码，扫描二维码成为腾讯 O2O 支付的最主要入口。

腾讯与微信电商等进行深度整合，以 O2O 的方式打开手机支付市场。其核心业务"QQ 彩贝"计划打通商户与用户的联系，实现精准营销，打通电商和生活服务平台的通用积分体系。财付通的应用如图 6-11 所示。

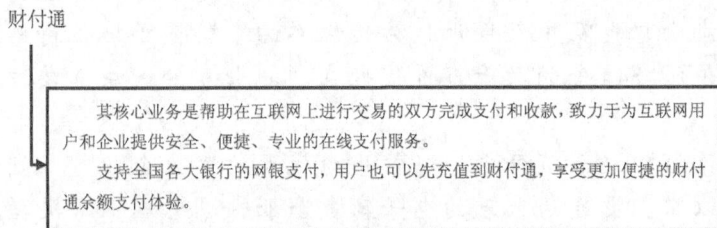

财付通

> 其核心业务是帮助在互联网上进行交易的双方完成支付和收款，致力于为互联网用户和企业提供安全、便捷、专业的在线支付服务。
> 支持全国各大银行的网银支付，用户也可以先充值到财付通，享受更加便捷的财付通余额支付体验。

图 6-11　财付通的应用

O2O 模式下的在线支付，虽然是所有传统企业不得不面对的转型课题，而且越早转型越能占据有利位置，但是，企业仍然不能轻易冒进，而是应该以平和的心态，沉下心来好好研究 O2O 营销。

问题与思考

1. 提到 O2O 创业，很多人第一印象就是基于微信、APP 的 O2O 服务。其实，一些电商平台也正孕育出一大批 O2O 项目，如通过好慷在线淘宝店铺可以预约到月嫂、家居清洗、家庭包车等家庭服务，通过云海螺获淘宝店铺就能获取线上精品英语教学的服务。据此考虑还有哪种 O2O 形式没有被发现？

2. 从表面上看，O2O 的关键似乎是网络上的信息发布，因为只有互联网才能把商家信息传播得更快、更远、更广，可以瞬间聚集强大的消费能力。但实际上，O2O 的核心在于在线支付，为什么这样说？

6.5 立体空间——互联网资源的全能整合与运用

案例导入

超女现象折射出的立体营销

2005 年湖南卫视推出的大型娱乐节目——超级女声曾经红遍了中华大地。正是超女的出现，使大批优秀歌手脱颖而出。就湖南卫视自身而言，也因此而声名大振，圈粉无数。

纵观这一年的超女，捧红的不仅仅是参赛歌手、主办方湖南卫视，还有背后一支重要的力量——赞助商。细心的观众会注意到，当时每场比赛后面的大背景是"蒙牛酸酸乳超级女声"，这是因为超女是由蒙牛乳业集团赞助的，此外还有湖南广电、掌上灵通的赞助。

鉴于超女当时的影响力，这场植入性营销已成为业界人心目中的盛宴。据悉，通过"超女"，三方都获得了很多新的商业机会。蒙牛乳业集团赢得液态奶市场的强势占有率；湖南广电及中天娱乐作为传媒界的中坚分子地位得到巩固；掌上灵通无线网络增值服务暗含的数千万价值也在"超女"的民主选举方式中找到了现实的印证。

在这场全民性的娱乐节目中，以蒙牛为代表的实业企业、以湖南广电为代表的广电传媒、以掌上灵通为代表的电子商务企业。尽管在业务类型和受众群体上差异很大，但都无一例外地满足了各自的需要，并以各自的专业素养"三元一体"创造出超女背后一个庞大的经济链。

总结

整合营销不光赋予超级女声这一平民化产品高附加值和晕轮效应扩张的空间，也为幕后的赞助商带来了巨大的利益。从商业角度讲，这就是一场精心策划的全方位、多层次、多渠道的立体性营销活动。

思考

立体营销的关键在于各主体的利益协同。试分析超级女声作为最成功的一个立体营销案例，蒙牛乳业集团和湖南广电、掌上灵通各方之间是怎么协调的？这样的战略给你带来什么启示？

6.5.1　概述

在互联网技术的促使下，网络营销实现了多角度、多方位、多层次的立体式运作。本节通过对立体营销进行详细阐述，让读者了解什么是立体营销，立体营销的特点及营销战略等。

6.5.2　互联网催生了立体营销

立体化营销模式，是一种全新的网络营销模式，指多角度、多方位、多层次、多渠道、多元化、多方式的营销模式。与以前的单一的、固定的营销模式相比，其特点主要体现在灵活性、多维化，可同时满足诸多方面的利益。

过去很多人认为，营销就是做一次宣传，做一个广告，参加一次会展，其实这是错误的认识。营销是一个系统性非常强的工作，不单单是做好某个宣传策划，投放某个广告即可，也不局限于某一个企业，企业的某一个部门。而是从创意、策划、执行到评估每个环节都是环环相扣、不可分割的，在企业内部需要综合企业战略、企业文化、生产制造、渠道、资金、收益等各方面的利益；在企业外部，可与相关企业多方合作，共享利益。

立体营销的目的是以营销为中心，打造一个由单一化向多元化、立体化、体系化转变，讲究线上线下同步，结合多种资源全方位推广的综合性模式。立体营销运作流程如图 6-12 所示。

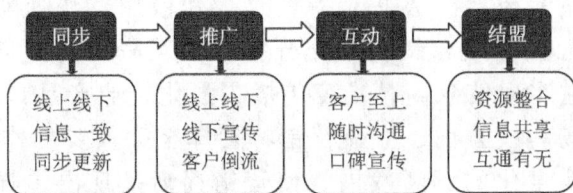

图 6-12　立体营销运作流程

从运作流程上看，所谓的立体营销是在互联网技术运用的基础上，以网络为主体，通过布局、策划、执行、数据评估分析等，利用全方位的传播手段制造营销点，从而引发传统媒体、移动媒体，以及自媒体的自动传播。

立体营销是网络营销发展过程中衍生出的一种全方位、多策略、多平台、多手段的效益型营销模式，可以快速解决企业对于当前运营中出现的品牌形象塑造难、产品渠道销售难的困难，准确定位市场，使营销回归到竞争的良性推广转化上来。

立体营销是体系性、专业性都比较强的一种营销模式，对策划人员和执行人员的要求也比较高，程序烦琐，操作起来也比较困难。且因行业不同其具体实施步骤也有所不同。那么，企业该如何实行立体营销呢？对此可从以下 8 点着手。

① 市场调研：目的在于了解消费者，了解竞争者，了解市场。

② 方案策划：梳理营销过程中企业战略、经营思路、产品链、资金链条、跨媒体等环节。

③ 产品创新：这种模式下产品创新和如何出精品是关键，传统上先有产品后有营销，而现在是先有营销再有产品。企业要形成以营销为核心，以服务为保障的综合性营销。

④ 优化渠道：这里的渠道不能理解为销售渠道，还应包含营销受众的网络。并且需要将渠道和营销的受众紧紧关联起来，充分考虑受众和竞争对手的特点。

⑤ 全方位促销：这是最常规的市场推广，也就是最后引起消费者极度的关注，促进购买的手段。立体营销要求在这一过程，企业充分与消费者互动，以追求最大效果。

⑥ 提高服务附加值：其核心在于利用原有的产品，不断扩展服务，利用附加服务把盘子进一步做大。

⑦ 重视信息反馈：产品投入和推广之后，要重视对营销效果的反馈，以验证前期的战略、策略和执行。

⑧ 及时调整修正：根据反馈情况对应原有的营销方案进行调整，制定新的规划。

值得注意的是，这几个步骤是交织在一起的，互相影响，不分先后。例如，产品形成和推广会同步进行，渠道建设和促销也无法剥离。

6.5.3 多元化、智能化、立体式

立体营销不仅仅是一种营销模式，而且代表着未来企业营销的发展方向和发展趋势。企业追求的是整合并发挥资源的最大化效用，快速实现品牌高曝光，销售高转化的目的。而立体式营销由于充分结合了互联网的优势，恰好迎合了企业这一愿望。因此，在实现信息高精准度传播，强化企业产品口碑打造，深挖终端，让产品快速走到市场一线方面，立体营销将发挥至关重要的作用。

互联网技术和信息化的不断发展，使营销逐渐呈现出多样化的特征。消费者从过去封闭的环境到现在开放的网络信息化，需求越来越多，也越来越个性化。企业要吸引消费者就要转变营销思路，从过去的以生产、产品为中心向以用户、服务为中心转变。传统营销、立体营销思路对比如图 6-13 所示。

在营销上，可以说大多数企业已经走过了单纯的广告投放时代。投放广告的营销模式在互联网时代的作用正在逐步淡化。取而代之的是一个靠消费者自发传播

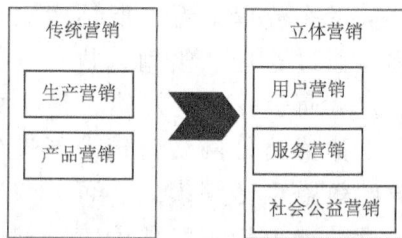

图 6-13 传统营销和立体营销思路对比示意图

的、高度自由的时代，消费者追求的是高价值、高体验、全方位地了解企业和品牌。

从企业长远发展的角度来看，也应该从更大的格局去看待营销问题。企业不仅仅需要做好产品和市场规划，还应该划分目标市场，划定目标群体，进行受众心理分析，完善服务等。甚至在生产环节就需要提前做这些工作。只有这样，才能与用户需求密切关联起来，对营销起到推动作用。

传统营销、立体营销运作对比图，如图 6-14 所示。

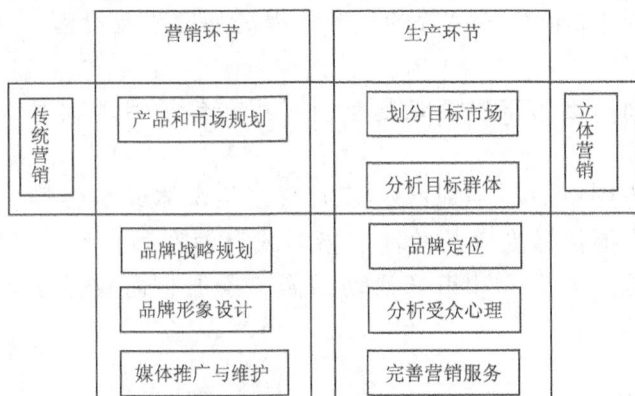

图 6-14　传统营销、立体营销具体运作对比

6.5.4　立体营销的长战略和短战略

立体营销是一个体系的建设，需要提升到企业发展战略的高度来运营，需要整个企业上下游通力合作，集中各个部门的优势去做这件事情。

立体营销几乎涉及企业的方方面面，如整合线上、线下移动终端的全媒体营销渠道，品牌营销和商品促销相结合，以及品牌策划、产品策划、网站优化、智能网站建设等。

立体营销体系主要内容包括的 5 个方面。

① 产品结构：多维立体化（功能、性质、卖点的多样化）。

② 价格体系：多元化 （上中下的价位以及灵活的促销体系）。

③ 客户对象：多层次 （满足不同消费层次和不同区域的客户群体的需求）。

④ 销售渠道：多重并进 （线上线下，多种销售模式、多种销售渠道和多种灵活的销售体系）。

⑤ 推广宣传：多方式、多方位、多时间段地宣传 （媒体、书刊、杂志、网站、电视、海报、路边广告、会员、促销）。

从这个角度看来，立体营销的构建就是一种企业战略。按照时间和空间分，立体营销包括长战略和短战略。长战略是指在营销中企业产品定位战略上的总体规划和执行。长战略一般由调研、规划、策划、执行、反馈和调整组成。短战略是指小规模市场营销活动，也可以指某项单一的市场营销活动。短战略与传统意义上的营销没什么区别，主要包括市场广告投放和市场公关活动两大类，再细分就是渠道广告投放、渠道媒体广告、渠道市场公关和媒体市场公关等。

1．长战略

长战略的时间跨度一般为一个品牌的整个创立过程，包括了品牌名称、市场定位、宣传渠道、宣传内容、品牌内涵、品牌维护等。可从品牌知名度、品牌美誉度、品牌忠诚度等方面着手开展策划执行。

长战略的逻辑跨度是一个完整的周期，即包括品牌的诞生、品牌的发展、品牌的退化、品牌的消亡的整个过程。其实优秀的策划人明白没有任何品牌是可以永远不消失的，最主要是如何延长品牌的生命，提高品牌收益价值，如何创新品牌。

2．短战略

短战略的时间跨度为某次活动的整个过程，包括活动预案、活动调研、活动策划、活动执行等。

短战略地域跨度一般为某地区、某商场、某媒体或某会场。短战略的目标非常明确，就是要获得目标受众的关注、参与或者消费和合作。

营销不单纯是广告投入和市场活动的简单累加，而应是立体营销的概念，必须产生立体的效果。

问题与思考

立体营销通俗地讲就是联合营销、组合营销，即提倡多部门、多渠道、多策略地综合进行。因此在做立体营销时，需要充分了解什么是联合营销和组合营销。根据已经掌握的资料对这两种营销方式的概念、特征及规律进行比较。

第7章
思维 | "想" 总在 "做" 前头，没有思路就没有出路

导语

　　思维决定行为。一个人的言行总是会受到其思维形式的影响。同样，做网络营销也要具有互联网思维。所谓的互联网思维，即是在（移动）"互联网+"、大数据、云计算等背景下，企业对市场、用户、产品、企业价值链乃至对整个商业生态进行重新审视的一种思考方式。正是在互联网思维的驱使下，今天的网络营销才如此发达，才有如此多的营销新模式应运而生。

7.1　在线思维——从线下到线上迈出网络营销第一步

案例导入

携程如何开拓线上旅游业务

　　也许大多数人对 OTA 一词还比较陌生。所谓的 OTA（Online Travel Agent）即是在线旅行社的意思，是旅游业电子化过程中产生的一个专业术语。目前很多旅游企业、旅行社利用网络开展一系列线上旅游业务。

　　在开展在线旅游的所有企业中携程最具代表性。携程多次利用自己的优势做线上营销。据内部相关人员证实，携程在在线业务上可谓下足了 "血本"，每年投入在广告上的费用就多达 2 亿~3 亿元。2012 年旅游业竞争很激烈，各企业为打 "价格战"，携程投入的费用更是高达 5 亿元（全年营业收入为 42 亿元，净利润为 7.14 亿元）。2013 年携程更是学起了电商，依 "双十一购物节" 的 "葫芦" 画起了 "双十二旅游节" 的 "瓢"，一次性让出 5 亿元的利润。

据统计，"双十二"当天携程在流量和产品预订等方面都有所突破：全网站广告页面总浏览量为平日的 10 倍，"双十二"专辑页面的页面浏览量较平日其他促销广告增长 40 倍；网站与手机端的浏览量超过 1 亿，峰值在线抢购人数超过百万人，手机端峰值登录人数超 50 万人；国内酒店订单人数较平日翻番，国内机票订单人数较平日增长 5 成。

为了打造一个独具亮点的"双十二旅游节"，携程用最快的速度策划了促销方案，投入了 5 亿元用于产品补贴及全媒体投放，为消费者预留了足够的购买时间，并将旅游节的时间延长为 1 个月。这是携程史上最大规模的促销活动，取得的成就也是喜人的。

携程打造的"双十二旅游节"基本达到了预期效果，既扩大了自己的市场份额，又积攒了较高的人气，同时培养了游客新的出行习惯。

如同携程网一样，去哪儿网、驴妈妈旅游网、百酷网、乐途旅游网、欣欣旅游网、途牛旅游网等都已打破旅游性企业的传统模式，纷纷宣布实施 OTA 战略，开辟线上市场。这也预示着旅游业的营销将会与互联网结合的更紧密。

总结

OTA 对旅游业的促进作用是十分明显的，有利于旅游企业更加适应发展的新形势。

随着"互联网+"政策的实施，旅游业也搭上这顺风车，大大小小的旅行社、旅游公司纷纷接轨互联网，将线下业务搬到了线上。OTA 的出现改变传统旅游业的业务模式，使宣传推广方式更加多样化，信息传播更广泛，旅行社、旅游公司与游客的互动更深入。

思考

携程为什么花费大量的人力、物力、财力打造线上业务，线上业务的优势是什么？

7.1.1　概述

线上思维是网络营销最明显的一个特征，进行网络营销的大部分流程都是依靠线上完成。本节围绕线上运营而展开，全面阐述了网络营销的在线思维，包括在线运营的优势、类型，以及注意事项等。

7.1.2　在线运营已经成为大势所趋

网络营销从诞生之日起就主要依靠线上来运营。随着互联网技术、移动互联网技术的发展，电子商务的普及，网络营销与线上的结合越来越紧密。这就要求企业在从事网络营销时必须具有线上运营和管理的思维，将线下业务搬到线上，并将两者充分融合，打造一个完美的营销闭环。

2015 年开始，人们为什么热衷于谈论 O2O？如果耐心琢磨其背后的深层运作，不难发现这预示着一个全渠道时代即将到来，线上、线下开始充分融合。线上运营对于新型的互联网企业、电商企业等已经不是什么难事，因为这类企业从无到有，从弱小到壮大，从进货、卖货、与客户洽谈基本上完全依靠线上，一个相对完善的、合理的线上运营体系已经形成。

如淘宝、京东等 C2C、B2C 平台，已经拥有了一套非常成熟的线上运营体系，可以为商家提供多种营销工具，如满就送、限时折扣、淘店长等，帮助商家完善线上营销活动，消费者的接受度也非常高。

扫一扫　延伸阅读　淘宝卖家最常试用的营销工具
http://www.kaitao.cn/taobao/chujituiguang/

相反，一些传统企业由于刚刚接轨线上运营，或者有的虽然触网较早但基本没有什么实际运作，在做线上运营时比较麻烦。因此，这里所说的线上运营主要是针对传统企业而言，作为企业老板，或者管理者需要树立起正确的线上运营思维，用做一个 C2C、B2C 或 B2B 平台的思维和方法去经营实体。

> 最大的零售超市之一家乐福在节假日经常开展一些线上促销活动。每当有活动时，活动信息都会在官网、微信公众号、APP 等各大平台通知消费者，如图 7-1 所示。
>
> 消费者可线上报名，领取电子会员卡、优惠券，然后凭电子会员卡参加线下的促销活动，这种促销方式赢得了很多消费者的青睐。

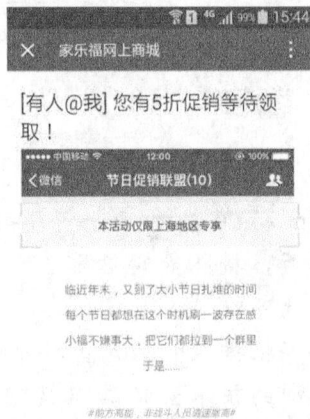

图 7-1　家乐福微信公众号上的线上促销信息

B2C 或 C2C 等电子商务类企业在努力扩大自己的线上业务份额，传统线下企业则开始寻求互联网化升级。正是由于大部分企业已转战线上市场，才使得线下市场逐渐萎靡。以 2014—2016 年我国电子商务交易规模为例，分别为 12.3、15.0、18.0 万亿元，呈逐年上涨的态势，与此同时，实体线下市场却被逼进"死胡同"，不少商场、超市陷入经营困难、资金断裂的困境。有的企业甚至不得不缩小规模、裁减人员，有的则干脆关门停业。

线上运营对线下的冲击是非常大的，线上业务正在瓦解着线下业务，迫使线下实体经营革新和转型，再加上淘宝、腾讯、京东商城等大型互联网企业、电商平台的加入，无疑给线下带来前所未有的挑战。

如今，线上消费已经成为很多人的首选。那么，线上运营业务能为企业营销带来哪些好处呢？主要体现在以下 4 个方面。

1. 最大限度满足用户的虚拟消费需求

在线运营最大的优势就是可实现跨地域、跨时间的虚拟消费。如异地消费，在家中足不出户就可以买到全国各地的产品，甚至可以购买美国的电器、澳大利亚的保健品等；预定消费，今天就可以预定几天后、几个月后的机票、酒店、景区、租车服务等。这种形式省时省力、方便安全，同时还可享有价格上的优惠，符合更多人的选择趋向。

尤其是以"80 后""90 后"为代表的新一代消费群体很喜欢在线消费。他们在各类社区、搜索引擎、计划工具、社会媒体、手机应用程序里，或其他消费 APP 上，使用智能手机、平板电脑等就可以一站式消费。

2. 简化购物程序，节省了购物时间

在线运营的另一个优势就是它的方便性、快捷性。如游客出行前都希望对目的地了解更多。游客如果在线下只能依靠旅行社提供的部分资料，很难满足要求，而如果依靠网络就可以登录相关网站了解海量的信息，并整理、分析出自己所需要的，制定出更合理的出行计划。

再如对实体购物来讲，繁琐的流程，漫长的排队等候，这正是现在大多数线下实体购物的短板。亚马逊在线下开设的购物超市 Amazon Go 就彻底抛弃了传统超市中收银结账的过程，大大提高了消费者的购物效率。

案例

2016 年 12 月 5 日，亚马逊在西雅图开了一家"特别的"实体便利商店——Amazon Go，彻底抛弃了传统超市的收银结账过程。购物时消费者不再需要提着购物篮，排队等待结账。只需径直走进超市，拿起你想要的东西，然后离开便利商店就可以了。

根据 Amazon 官网介绍，亚马逊的免结账购物体验利用了与无人驾驶汽车同样类型的技术：计算机视觉、传感器和深度学习。这项技术能自动监测产品从货架上取下或放回，并在虚拟购物车中进行追踪。消费者完成购物直接离开商店即可。随后，亚马逊将通过亚马逊账号与用户结账，并提供发票。

大多数时候营销必须依托某个线上平台或工具。这个平台就是资源丰富的数据库，其中包含各种各样的信息，这些信息更客观、更全面，可满足消费者的多样化需求。

3. 提供更个性化服务和体验

在线运营与传统线下运营相比，不仅是体现在消费的便捷性上，更是体现在能给消费者提供个性化的服务和体验上。毕竟大多数消费者购物不止希望获得满意的产品，还希望通过购买享受精神、情感上的满足。为此，很多企业不惜成本，加大了线上运营的投入，规范线上商家的行为，目的都是为给消费者提供更好的消费体验。

案例

美团网 PR 市场总监谈到："团购行业双边市场因素带来的马太效应会逐步显现。在消费者终端，美团网希望用户随时随地就能享受到很好的服务。在商家端，美团网作为一个中间的平台，希望帮助商家和消费者建立一种长期的关系。美团网在发展的过程中，迅速掌握并运用新兴技术，来实现团购平台上商家和消费者两方的数据挖掘，使商家可以更加精确地获取到消费者的信息，提供消费者需求的服务。"

案例

敦煌网副总裁谈到："敦煌网设有卖家管理部，会审核营业执照、注册资金、产品来源等信息，建立信誉档案。敦煌网 2012 年做一个叫'阳光计划'的工程，首先列出各种不诚信的现象，要求商家一项一项自查。自查之后如果还有同样的投诉，敦煌网就会对该商家进行更为严厉的处罚。"

4. 降低运营成本，提高营销效率

传统营销成本高，转化率低，是大多数企业转投线上的主要原因。线上运营可大大降低企业的营销成本，如银行代理保险，传统的宣传方式都是投放保险介绍单，成本高效果还不好。现在很多银行开发了个人网银渠道，可实现对保险产品的介绍、推广、销售及在线办理等综合业务，当投资客户咨询保险理财相关事宜时，银行理财人员将其引到电脑前输入相关指标，检索出符合要求的保险产品，并引导其在电脑上完成投保。

可见，开展线上运营对企业营销是十分有利的，无论是在效率上，还是效果上都远远优于线下。不过，值得注意的是尽管线上运营有如此多的优势，但并不意味着完全可以舍弃线下。理性地分析下就会发现线上对线下的影响不是颠覆而是融合。关键是如何把这种思想渗透到线下运营中，结合互联网技术将实体经营逐渐数字化、智能化。

7.1.3　在线运营的 4 种类型

在线运营相比线下运营改变的不仅是形式，还包括内在运营逻辑、运营机制。线上运营工作相当烦琐，毕竟互联网是个虚拟的、数字化的东西，要运作到如火如荼的地步，对习惯于线下的运营者来讲相当不易。这就要求运营者善于总结，根据企业的实际需求选择正确的运作模式。

从运营形式、运营渠道等层面来看，线上运营主要有 4 种模式，分别为渠道合作、贴牌合作、营销联盟和投资并购。这 4 种类型在运作模式、盈利模式上都有很大区别，在实际运用中需要结合企业自身的需求有所侧重，有所选择。

1. 渠道合作

这里的渠道通常包括垂直旅游搜索、旅游点评、在线购物返现网站和微博等。

这些渠道聚合了众多产品资源和用户资源，可大大增加用户量、提升预订量。

案例

微博基于数量庞大、高活跃度的用户群体、即时性、互动性强的优势，为在线旅游业的营销带来了很多便利。携程曾宣布与新浪微博展开全面合作，共同打造基于微博体系的新旅游产品模式。这是国内 OTA 和新浪微博首次正式合作，或对国内 OTA 在社会媒体营销领域的发展有一定借鉴意义。

国内大多数在线运营采用的是渠道合作模式，携程、艺龙、酷讯旅游等都采用这种方式。这种方式的盈利模式是分成收费，即在成功销售出的业务上收取一定的比例佣金。

2．贴牌合作

贴牌合作模式曾经在零售业、服装业被大量运用，近年来随着分销渠道的日益增多，在 OTA 行业也开始盛行起来。

案例

艺龙的贴牌合作模式很具有代表性。2011 年 5 月，腾讯投资艺龙成为其第二大股东，两者随即展开了贴牌合作，"QQ 旅游"就是艺龙与腾讯合作后的一项服务，将腾讯庞大的年轻用户群转化为艺龙会员。2012 年 2 月，艺龙又与京东商城开展贴牌合作，为京东客户提供酒店服务。至于艺龙的团购业务，同样也是贴牌合作下的产品。

不仅是艺龙，国内其他 OTA 也携手大型电商进行贴牌合作，如芒果网就是京东商城的机票库存供应商。由于这些大型电商渠道往往拥有高活跃、高流量用户群，若产品有保证，营销得力，规模效应和流量变现优势会更易凸显，为 OTA 带来的客户量将相当可观。

那么，什么是贴牌合作呢？即合作双方同时向用户提供相应的产品或服务，但对外销售只显示合作后的品牌或服务。以艺龙和腾讯的合作为例，对外宣称既不是艺龙也不是腾讯，而是一个新品牌——QQ 旅游。贴牌合作模式如图 7-2 所示。

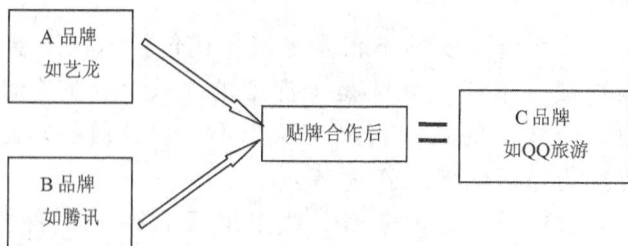

图 7-2　贴牌合作模式

3．营销联盟

跨领域结盟是企业对抗市场竞争的主要生存之道，面对旅游业激烈的竞争，

OTA 出现了跨领域结盟的现象，如携程与 1 号店、苏宁易购、东方财富等多家知名电商联合组建 UMA（中国互联网联合营销联盟）。目的就是与这些具有品牌影响力的互联网企业进行资源交换，谋求实现增加优质的新用户和提升品牌辐射力的目的。

这种模式下的合作企业会普遍关心其中的公平性和中立性问题，因为在外界看来，联盟可能存在排他性，甚至会因利益引发内部关系恶化。因此，采用这种模式的前提是，在各自的管理上有完备的体系，保证利益分配能实现各自所需，联盟成员之间不会出现利益之争。

4. 投资并购

投资并购是企业与企业之间资本层面、战略层面的合作，特点是投入大、周期长、难度大、涉及面广。所以，关于投资并购，OTA 们看中的不仅是提升客户数量，还有战略价值，以借此成为被投资企业的战略伙伴，有效带动企业的长期发展。

这种模式的运用上，走在行业前列的依然是艺龙。2010 年 12 月艺龙入股 "住哪儿网" 20% 股份，成为该网站独家酒店库存供应商。据 "住哪儿网" 高层透露，2011 年全年酒店预订量同比增长超 300%，达到每夜 90 多万间。或许是尝到了入股投资的甜头，艺龙以同样方式投资了米途，并成为其独家酒店库存供应商。从此，米途平均每月预订量保持在 40% ~ 50% 的增速,目前每月销售量已接近 1 万间，这反过来也为艺龙的利润增长贡献不少。

7.1.4　在线运营的两大注意事项

凡事都有两面性，在线营销模式虽然坐拥产品和营销渠道的优势，但也有些负面问题，这对大型 OTA 而言是必须要面对的。也许这才是在多渠道营销上取得预期乃至突破性效果的关键所在。

在线运营营销模式实施起来通常会受两个因素的制约，一个是企业的管理能力是否能跟得上，另一个是是否会与现有的、已形成的渠道形成冲突。只有在保证这两个条件跟得上的前提下，在线运营效果才能更好。

1. 对管理能力的考验

实施在线营销时，很多企业只将重心放在快速扩展外部渠道开拓上，而忽略了来自内部的一个重大挑战——是否拥有配套的管理。企业良好的管理机制是多渠道营销的基础，没有完备的管理制度、体系和相应的能力，即使合作了也很难取得好效果。

2012 年,Travelocity 旅游公司(由美国知名旅游业者 Sabre 集团创办)与 Orbitz（旅程）进行了贴牌合作，但不久后就以失败而告终。Travelocity CEO Carl Sparks 就表示，"贴牌合作只做好外部营销是不够的，还必须投入一定的管理和技术，否则反而会影响到计划的执行。"

因此，在实施 OTA 营销前应该充分考虑自身的管理水平、管理技术等诸多方面，是否已做好了准备，能否满足多营销渠道的要求。

2. 是否会与已有的渠道产生冲突

尽管多渠道营销带着"多元化"的光环，但对企业来讲毕竟是外部渠道，尤其是与自身已有的渠道相近，或相冲突时，两者之间能否共存是必须要考虑的问题。如 OTA 多渠道合作模式下供应商往往会采用返现的营销策略，而且返现金额很高，基本上是牺牲自身利益来满足渠道的返现需求。这在一定程度上与企业那些常规的返利活动会有不同程度的冲突，会直接危及企业利益。

如此一来，最终受益者不是企业、不是消费者，而是中间渠道商。所以企业在建立以外部渠道为主的在线运营模式时要多研究、多分析，结合自身需求、产品特性、客户需求做出最合适的选择。

问题与思考

尽管在线业务的类型有多种，但不一定适合每个企业。分析不同线上业类型的优势和局限，并结合企业的实际分析如何选择适合自己的模式。

7.2 免费思维——互联网开启消费者的免费红利

案例导入

淘宝的免费试用中心

淘宝建立了自己的试用中心——淘宝试用，如图 7-3 所示。这是全国最大的免费试用中心，最专业的试客分享平台。基于淘宝网上大量用户或新手用户，对一些陌生品牌或产品，持怀疑态度而建。淘宝试用自建立以来，聚集了上百万份试用机会以及亿万消费者对各类商品最全面、真实、客观的试用体验报告，为消费者提供购买决策。试用中心作为集用户营销、活动营销、口碑营销、商品营销为一体的营销导购平台，为数百万商家提升了品牌价值与影响力。

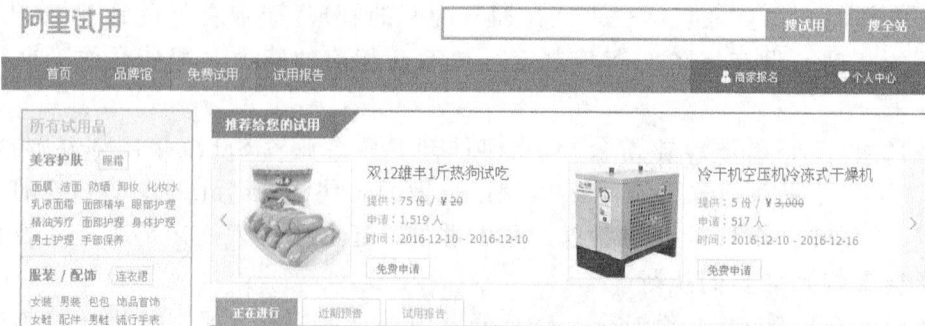

图 7-3 淘宝试用中心

淘宝试用分为免费试用、付邮试用和试用折扣三类。邮费试用要求试用者自付邮费，然后获取商家免费赠送的商品；免费试用，是限量免费赠送，要求商家付邮费，免费赠送试用者试用品，同时，试用者还须提交一份试用报告。值得注意的是，无论是免费试用还是邮费试用，都需要试用者在平台上发起申请，选择自己中意的产品，点击申请试用，获取试用资格。

第三种试用折扣价不受申请的约束，无论申请成功与否，只要点击下面的按钮即可享受试用专有折扣价。在试用中心，点击在线购买就可以到相应店铺用折扣价进行购买。此价格非店铺活动优惠价。在试用品展示期间，无论申请还是不申请，都有资格专享商家提前设定好的折扣价（该折扣价必须低于所有优惠价格，才能在试用中心展示）。

总结

淘宝试用中心主打免费服务，吸引了众多试用者，大大提升了消费者的购物体验。这对商家、买家都是有利的，是一种双赢。对于商家来说是一次提升店铺点击率的机会，增加店铺产品的曝光率和单件商品的评价量。而对于买家来说，也是一种很好的互动参与方式，还能免费体验到商品的价值。

思考

淘宝试用为什么要设置试用资格申请和提交试用报告的门槛？

7.2.1　概述

互联网给大众带来的最大好处除了方便快捷外，还有一个就是获利更大，如大力度的优惠和打折活动。本节就重点讲述网络营销的免费思维，通过介绍这种模式的本质、运营思路、盈利模式以及作用，来帮助读者了解如何在网络营销中应用免费模式。

7.2.2　备受推崇的免费模式

免费，是最常见的商业模式之一，催生了免费经济学。后者的兴起又在互联网技术的推动下引发了一场商业革命。

2007 年，《纽约时报》走向免费；而后《华尔街时报》的许多内容也对大众免费开放。在游戏产业中，发展最迅猛的就要属广告支撑下的在线小游戏，以及可免费试玩的大型多人同时在线游戏。而谷歌更是将所有产品或服务都免费，从 Gmail 到 Picasa，再到其 GOOG-411。作为一种新的营销模式，免费模式正羽翼渐丰。

这一切都与互联网的规模有关，伴随着互联网的普及和不断发展，免费营销的大范围运用和推广也开始兴起。因为网络的互联互通、信息数字化等特点可以使商家的成本降到很低，这就为免费营销提供了最基本的物质基础。如互联网上可以下载几万款软件。很多优秀的软件累计的下载次数可能超过千万次，但是付费使用软件的用户只占所有使用用户的 0.5%或更低。但是即使这样，提供商也可以依靠这 0.5%的付费用户获得了丰厚的利润。数字化产品可以免费无限复制，边际成本几乎为零，边际收益却在逐步递增。

其实，很多邮箱、博客、网站，甚至是游戏，之所以对大众完全免费也是同样的道理。

一个典型的免费网站——Flickr网络相册，依靠每年25美元的专业版账户支持了无数的免费用户。实际上，这个由1%的人为99%的人买单的模型在其他行业也屡见不鲜。这种模式的可行之处在于通常遵循的是1%法则——1%的用户支撑起其他所有用户，其他99%的用户的成本几乎为零，甚至完全可以忽略不计。

由于互联网具有可复制、成本低廉的特点，再加上先天具有的传播速度快、使用便捷等优势，免费更适合网络营销。免费营销造成的社会效应是巨大的，几分钟内就可以聚集数以万计的人参与，甚至更多。正是由于这个原因，免费带来的利润看似很少，但可以成倍增加。免费模式在普惠消费者的同时也让商家获得了很高的收益。

从整个角度来看免费营销模式更适合于网络营销，它对买卖双方来讲是双赢。对卖方来说，试用活动带来了流量和用户，扩大了自身品牌的知名度，对买方来说也可免费获得试用产品，获得良好的体验和服务。这也是免费营销模式备受欢迎的主要原因。免费营销的积极作用主要体现在3个方面。

1. 为消费者提供较强的购物体验

相比于其他营销方式，免费最大的优势是对消费者的吸引力上，它给消费者带来的消费体验是独特的、不可替代的。因为在大多数人看来，免费不仅仅是获得了某个商品，或某项服务，还有商品，或服务背后隐含的美好心理感受和精神愉悦感。

例如，逛超市的A消费者本来没有购买超市中牛排的计划，即使有也对于包装好的、价格不菲的牛排持犹豫态度。此时若超市有免费试吃活动，当A试吃后不仅可以打消对产品品质的顾虑，敢于放心购买，同时受美味的诱惑，还可能在高昂的价格面前失去"抵抗力"，改变原本没有购买的计划转而购买。

2. 扩大宣传，带动销售

免费营销作为一种促销手段，其最根本的任务就是扩大企业和产品在市场上的影响力，提高在消费者心目中的知名度、美誉度，以带动销售。同时，企业可通过试用产品"试水"市场，深入了解消费者的需求，搜集消费者的反馈，以更好地改进和创新，这对企业知名度、品牌影响力都有极大的提升。

现在很多企业都在绞尽脑汁去思考怎样实现利润的最大化，如何提高商品价格、压缩成本等，但是，越是想掏空消费者的口袋，消费者则越是捂紧口袋。而实施免费后看似吃亏，因为很多时候那些试用、试吃的消费者在心满意足后就马上离开了，实则潜在的效果非常明显，这些消费者由此产生的持续购买可能会带来更大利益。据统计，免费可为每天提升8%~10%的销售量。

阅读链接

免费营销在新品上市阶段的作用

免费营销在新品的推广阶段作用很大。当有新品上市时，免费能增加消费者对该产品的认同度，对新产品传播起关键作用。如免费赠送，是一种极为有效的促销手段，能在短时间内形成较好的连锁反应，保持消费者对产品的忠诚度，鼓励消费者重复消费。值得注意的是，免费赠送需要付出较大的成本支出，首先在质和量上必须保证，赠送数量太少、质量太次都达不到预期效果。因此，在新产品上市之时，企业一般都会配合特定的控制策略，既能尽可能获得较好的试用反馈，又能控制企业成本。

3. 增加第三方平台网站的流量

这点主要体现在网络营销中。因为线下营销大部分是买卖双方的行为，很少涉及第三方平台网站。而在网络营销上，平台网站往往是不可缺少的，卖家想要将商品，或服务卖到买家手中，必须先将商品或服务委托给第三方平台网站，让其代卖，并提供推广、物流、售后、结账等相关行为。而消费者如果想购买商品或服务，也必须先登录第三方平台网站，完成选货、下单、支付等一系列操作。

在这个流程中，免费对第三方平台网站也是十分有利的，而且很多免费活动本身就是第三方平台主导和实施的。这不仅是在宣传商家的商品或服务，方便大众消费者，还可在一定程度上宣传自己，提升网站流量。

扫一扫延伸阅读 浅析流量对个人网站发展的 4 个重要性
http://www.chinaz.com/web/2011/1129/223345.shtml

例如，淘宝使用中心，就是淘宝网发起的一个免费试用活动，主要是为了集聚人气，获得更多的流量，让有需要的消费者体验、分享，产生购买行为后对淘宝网更忠诚。那么淘宝网是通过什么方式来保证试用效果的呢？那就是设置试用门槛，如试用资格申请、提交试用报告等限定使用者的措施来控制试用人数，在一定程度上避免了试用的盲目性。

例如，一款化妆品，可通过询问试用者的皮肤特性，是否有过敏史等来挑选试用者，既能显出自身的职业性和专业性，也能控制一部分人的随意浪费。有的通过查看用户是否曾有类似产品的消费记录，以确保可以通过对比做出评价；还有的是查看该用户是否具有较高的积分，是否收藏了该试用店铺。总之，要通过一些限制条件去控制使用群体的行为，这也恰恰是影响免费试用效果的重要方面。

7.2.3 免费模式的本质

在互联网经济时代，很多企业借助免费商业模式在市场上势如破竹，开疆拓土。有人说，如果说管理的极致是"无为而治"，那么，营销模式的极致就是免费。然而，任何事情都不能人云亦云，盲目跟风。免费模式虽好，但在实施之前也应该静下心来思考下，实施免费的根本是什么？即通过免费想要达到什么样的目的？其实，这就涉及了免费的本质。

免费的根本目的不是单纯地提供免费产品和服务，而是通过免费达到收费的目的。那么免费模式是如何以免费来带动收费的呢？通常来讲有4种方式。

1. 先免费消费，后付费消费

这种类型是先为消费者免费提供商品，而后在该商品的基础上通过二次开发，或提供更好、更多、更深层的服务，引导消费者消费。

这种类型在网络游戏中运用的比较多，如大多数游戏都是免费注册，软件免费下载，但要玩尽兴就要花钱，或者想体验高级功能就需要付费使用等。

这已经成为很多企业常用的营销方式，尤其是从线下移植到线上后，威力更加强大，而且较容易复制，如果创新得当，模式巧妙，会收到意想不到的回报，前提是所提供的产品或服务一定要有价值、有特色，符合消费者再次消费、多次消费的心理需求。

2. 间接收费

这种类型是先对一部分人，或者产品，或服务的一部分功能免费，再通过这部分人背后的隐性消费，或产品、服务的其他功能来盈利。

有些场所对年轻女性免费，旅游景点对小孩免费，这样，在吸引这部分人的同时，也吸引了潜在的消费群体，如陪伴而来的男朋友、小孩子的父母等。这样一来，尽管女性、小孩不用花钱，但其背后的群体带来的消费力是巨大的。

还有些商品或服务，可通过一部分免费，一部分收费来盈利。如购买汽车就需要买相应的保养服务，买手机就需要买 SIM 卡和缴话费。这时，可在汽车保养服务，SIM 卡和缴话费方面进行免费营销，以带动消费者买车、买手机。

这种做法就是一种间接收费的方式，表面上看是免费，其实是一种不完全免费、带有附加条件的免费。运用这种方式的关键是要设计合理，手段不能过于单一，方法不要过于僵硬，既要能吸引免费的消费者带动人气，同时也要能以此为突破口，吸引更多消费者消费或使免费消费者进行其他消费。

3. 交叉免费

交叉收费，又叫交叉补贴，即同时向一方免费的同时，向另一方收费，从而达到免费和收费的同时进行。

例如，一个平台同时面向卖家和买家开放，双方都想免费，谁都想免费，可是谁来付费呢？这个时候可以通过利益交叉来实现收费。通过双方利益交换，达到相互免费，如服务一对卖家免费，对买家就收费。服务两对买家免费，这部分费用就由卖家来承担，如图 7-4 所示。

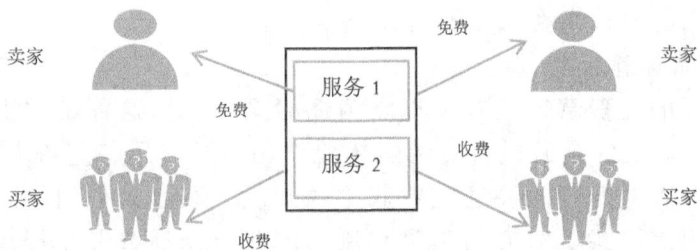

图 7-4　免费营销的交叉免费方式

4. "伪"免费

这是一种类似分期付款和贷款的类型。例如，消费者可以通过一些信用担保，零首付得到想要买、但手头一时又拿不出那么多钱购买的商品，还可以分期偿还购买款。在中国已经可以看到有几家这样模式运作的企业了，他们的盈利模式和地产的按揭类似。

虽然消费者暂时不用付款，但是累计支付的金额远高过一次性付款的金额，但因为是分期付款，每次还款时款项都不高，压力也不大，所以受到欢迎。而不用付费就可以马上拿到心仪的商品，这样可以极大地刺激消费者进行冲动消费。这对于一些价格昂贵的商品来讲是一个可以选择的营销手段，如高档手机、笔记本电脑等。

采取免费营销的企业其思路必须要拓宽。免费不仅是为了促销商品。如果单纯的就是卖东西将无法发挥免费的最大作用，为企业带来的价值也将非常有限。其实免费还可以获得更多的间接收益，比如品牌知名度的提升、压制竞争对手、获得市场信息数据，以及一些无形的利益。

某搜索引擎公司采用了一种为使用者免费提供电话查号的服务，让美国的用户不再需要花钱去查号，只要在该公司网站上就可以免费快捷的查到号码。因此用户非常愿意使用，用户数量多到惊人的程度。而这家公司的收益也是可想而知的，不仅收获了大量点击率带来的广告收益与更大的知名度，更重要的是还获得了在以往需要花上千万美元才能获得的数据资料，这些资料是他们下一步打算进军手机语音搜索市场所必需的。

总之，免费作为一个具有极强包容力与扩张力的市场营销工具，在利用这种思维的同时，不能过于将精力集中在如何向收费的过渡上，否则很难扩大免费的价值。拓宽运营思路最关键的是要拥有创新意识，构思够新颖巧妙，就有机会以免费作为杠杆，开启市场的黄金之门。

7.2.4　免费模式的设计思路

免费营销有多种类型，但这仅局限于理论层面，能否付诸实践还需要结合企业、消费者多方面的实际情况而定。首先是要设计出一个理想的免费模式，正确的做法是必须从利人的角度进行思考，想一想能为消费者提供什么价值，如何提供这些价值。以这样利人的思维进行思考，接下来利己的模式就自然出来了。

就目前常用的模式来看，主要有以下 4 种。

模式 1：以卖体验为主

以体验为主的免费营销模式又称之为体验型模式，这种模式主要运用在新品上市或推广阶段。目的是通过消费者的体验试用，对产品产生初步的信任和认可。很多时候，消费者对新产品往往抱着双重的态度，在渴望得到的同时有持有怀疑心理，这严重阻隔了买卖双方的正常交流。因此，让消费者先行体验就成了营销的核心。

这种模式的具体操作可分为两种，最具代表性的有免费赠送和免费试用两种。前者是指，先提供用于体验的产品，让消费者免费体验，消费者感觉良好后再自愿进行购买；后者是针对有需要的消费者，让其在一定时间内免费试用，而后再进行长期的付费使用。

模式 2：以卖产品为主

这种模式是一种交叉补贴性的免费类型，即产品是免费的，而产品附带的功能是需要付费的。这样的产品通常有 3 种，如图 7-5 所示。

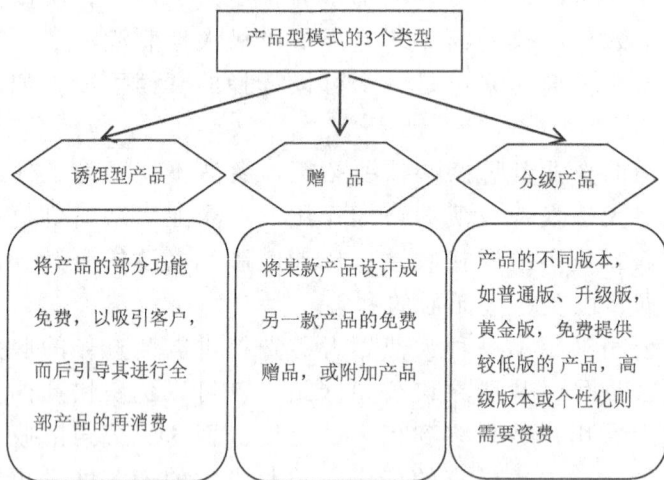

图 7-5　产品型模式的 3 个类型

模式 3：以时间、空间换取盈利

这种模式在规定的某一个时间内对消费者进行免费。如一个月中的某一天，或一周中的某一天，或一天中的某一个时间段。适用于带有明显时间差异的行业、企业，如电影院、餐饮店等。该模式不但对客户的忠诚度培养、宣传上有极大的作用，而且还会带动客户同时消费其他延伸产品。

如电影院，上午看电影的人较少，那么上午的电影票就可以半价优惠，从而吸引大量人进入电影院。而电影结束时正值吃饭时间，客户会进入电影院的餐饮店消费。这种模式的关键是，必须将具体的时间先固定下来，让客户在这段时间内形成消费习惯。

与时间相对的，有的企业为了拉动某一特定空间的消费者数量，对于指定空间的客户进行免费宣传。所谓的空间型模式是指该产品或服务对于客户来说是收费的，但是仅限于某个空间或地点内的客户享受。

模式 4：以提供增值服务为主

为了提高消费者的黏性，强化重复消费，企业可在产品或服务的基础上提供额外的增值服务。即着眼做好产品或服务的延伸，并针对延伸出来的服务进行免费消费。如，卖服装的可提供服装的免费烫洗；卖化妆品的可提供免费美容指导；茶馆可提供免费泡茶技术学习等。

这种集免费和付费内容于一体的模式就被称为免费增值模式，由于免费内容比付费内容更能够带来更多的实惠、更好的体验，收费内容也就显得价值更大，进而带动了消费者花钱购买，最终实现盈利。

7.2.5 免费模式的未来趋势

互联网是一片神奇的乐土，未来的商业离不开互联网。在过去的十年里，一种另类的免费策略正在颠覆着传统模式，并与付费展开对决，迎接崭新的未来。免费模式的出现淘汰了以往的各种收费模式，事实证明免费模式是适应人性需求的，是接近现实世界生存模式的。在现实生活中，只有需要了才会去购买，免费模式正是基于人们内心的需求而不断演变出来的。因此，未来的免费模式必须围绕需求展开。有人预测，未来有两股趋势将推动免费模式的前行，而且这两股趋势已经在商业模式中崭露头角，正被越来越多的企业认可。克里斯·安德森在《免费：商业的未来中》提到，免费商业模式是企业未来的发展方向，他甚至断言"如果是数字产品，迟早它将变成免费产品。"

1. 免费是一种市场

当事物接近于零的时候，人们的心理开关将发生翻转。即使它们不可能完全免费，但随着价格的下降，假设其成本为零也有极大的好处。并不是便宜得不用去计量，而是便宜得没必要去计较。可是，在消费者看来，便宜与免费之间却有着天壤之别。人们认为需求是有弹性的，一旦价格上升用户量将直线下跌；但事实上，零价格（免费）是一种市场，其他价格却是另一种市场。很多时候，这便是广阔市场与窄小市场之间的区别。

"差不多免费"和"零"之间存在着巨大的心理差距，正因为如此，微小的收费也会导致失败。谷歌不会出现在消费者的信用卡账单上，现代互联网公司也不会对他们的用户收取任何费用。正因为如此，雅虎才放开磁盘驱动空间，无限量存储时代的到来也是迟早的事情。竞争中的优胜者最初都会对产品实施免费。

2. 三方合作体系的建立

免费并不意味着就是赔钱赚吆喝，而是一种运营思维，是买方和卖方双方的博弈向多方博弈转化的一个过程。

免费模式大多是建立在三方合作基础上的。前两方通过免费交换创造市场，第三方付费参与。这几乎是一切媒体的基础逻辑。在传统的媒体模式下，出版商免费为消费者提供产品，广告客户为此买单。同样，除了最基本的印发成本外报纸和杂志出版商并不对读者收取多少费用。他们并非向读者卖报纸或杂志，而是将读者卖给广告客户，这便是三方市场模式。在某种意义上，互联网所呈现的，正是媒体商业模式向其他所有产业的扩展。现在，整个互联网生态系统正围绕着这套模式欣欣向荣地发展着。

问题与思考

传统观念总是认为"世上并没有免费的午餐"，但在互联网盛行的今天这个观念显然已经落伍。因为在享受"免费午餐"后会由其他人替你付账，其实这就是免费模式的交叉盈利性，那么该如何来理解这种交叉盈利模式呢？

在数字领域，信息经济的主要要素例如存储、处理能力和带宽正变得一天比一天便宜。传统经济学的两大成本——生产与分配的边际成本正飞速下滑。如何理解互联网经济中的生产与成本之间的关系？

7.3 用户思维——用户至上，一切体现用户价值

案例导入

魅友托起来的魅族

魅族是中国电子企业领域一个特殊的存在，因为它拥有庞大的狂热和忠实的粉丝。

当魅族还在 MP3 产品时代，就已经积累了不少忠诚的粉丝。魅族转做手机后，粉丝进一步增多。M8——魅族进入手机市场的第一款产品，从最初生产意向的提出到产品外观设计、硬件配置、软件操作系统等，"魅友"们都贡献了很多力量和智慧。这些粉丝可以直接对话产品的开发者，提出自己的想法和意见，魅族的研发人员也把来自粉丝的意见和建议融入研发工作中，体现在产品各个环节中。

2009 年 2 月 18 日，经过两年多的时间 M8 手机终于面世，但不知道经历了多少修改，从键盘设计到全触屏，操作系统就开发了三遍。M8 上市后，跟随了两年多的"魅友"们都迫不及待地去购买，因为这是自己参与"研发"的产品。正如一位"魅友"称自己辗转了 4 个省市才最终买到期待已久的 M8。魅族另一款手机 M9 于 2011 年 1 月 1 日首发上市时也出现了同样的场景，"魅友"们排队竞相购买。

魅族如此受消费者欢迎，不在于产品本身有多独特，更多的是激发了消费者的情感。情感就是粉丝经济的核心，要让粉丝觉得不是在被动地买别人的产品，而是在买自己的产品。粉丝的力量是巨大的，魅族的这些"魅友"不仅仅是产品的购买者，还是传播者，他们通过各种渠道对魅族进行宣传，使品牌和产品的影响力得以扩大，影响到更多的新用户参与。有关 M8 上市的消息，魅族没有在任何媒体上投放广告，全部是通过论坛发布。对于资金并不雄厚的魅族来说，这是最行之有效的营销传播模式。

同时，魅族的经销商大部分也是从"魅友"转变而来的，他们直接从产品的个体消费者转变为一种营销渠道，充当了魅族与更基层消费者之间的桥梁。魅友对魅族的忠诚，对魅族的热爱，直接转化成了经济利益，这就是一种经济现象——粉丝经济。

总结

魅族作为中国最早一批做智能手机的厂商现如今已经是国内一线品牌了。依靠魅族粉丝，魅族的品牌凝聚力和品牌忠诚度得到了大大提升，特别是近两年间魅族的增长势头可以用井喷来形容。产品有主打青年良品定价 1000 元左右的魅蓝系列、主打年轻消费群的经典 MX 系列以及高端旗舰级别的 PRO 系列，覆盖了绝大多数用户群。

思考

魅族依靠什么拥有了如此多的粉丝群？同样是依靠粉丝进行营销，思考一下魅族粉丝文化与小米的粉丝文化区别是什么？

7.3.1 概述

营销的核心就是体现用户需求，以满足用户需求为终极目标。本节内容紧紧围绕用户展开，主要内容包括营销前如何对消费者的心理、需求进行研究分析，营销中如何最大限度地为用户解决实际问题，营销后期如何利用好用户的意见和建议等。

7.3.2 谁拥有用户，谁就拥有市场

用户需求永远是营销工作的导向，是企业开发、研制一款产品、一项服务的基础。在互联网时代，这一特性更加重要。这给广大企业运营者、营销策划者提供了一个思路，无论做什么产品，做什么服务，都必须坚持用户至上的原则，坚持以用户思维去考虑问题、分析问题。

那么，如何利用好用户思维呢？一般来讲用户思维主要体现在以下几点，在具体运用时候可从相应的这 3 点入手。

1. 研究用户消费心理

从心理学角度来说，人们最容易关注到的是跟自身利益直接相关的那部分信息，比如免费、省钱、吃亏、赔本等类似的关键词。因此，能为用户提供直接利益的传播，才是消费者眼中的"好传播"。

这类型广告最为典型的案例自然是现在满天飞的"抢红包"活动。自微信红包推出以后，"抢红包"更是成为各广告主"贺岁档"争抢的主战场。从快的、滴滴的打车大战，到微信与支付宝钱包的红包大战，再到如今企业、明星齐上阵的抢红包，每个广告主都获得了大量关注与转发，可谓赚足了用户眼球。

2. 分析用户需求

一步到位、一劳永逸这些传统的思想已经不再适合互联网时代。在写字楼里无法一步到位地弄清楚需求，闭门造车也不知道用户的体验如何。只有用户才知

道自己需要什么，只有用户的体验才使产品具有生命力。产品的每一个版本，越早一天面对用户就意味着离正确的结果更近一步，因为可以早一天得到反馈、早一天做出正确的决定、早一天对产品进行迭代和改进。一款互联网产品有时一周就需迭代几次，一个大型的互联网公司每天甚至有几百项软件在改进和创新上线。

快速更新的用户需求，使研发速度赶不上需求变化的速度。而互联网产品与服务开发将敏捷发展到了极致，"快速迭代"成了互联网技术的核心竞争力。

3. 引导用户参与

用户只有在被引导后才能真正参与到企业营销中来，创造出良性的传播效应。这是由网络的交互性、互惠性决定的。网络就是一张大网，需要网上的每个节点都关联起来，才能发挥整体作用。而用户就是营销大网中的一个个节点，主要任务就是让每个节点参与进来，使信息在用户之间相互交换、传递。

微博认证账号"@西安同城会"有 20 多万粉丝，这些粉丝大部分是在西安本地工作、学习、生活的年轻人。这些年轻人对于明星、美食、娱乐、看电影以及本地发生的新鲜事是很感兴趣的，这也是"@西安同城会"的内容定位。

每当有新电影上映时，"@西安同城会"都会与"@格瓦拉生活网在西安"、"@乐视影业西安站"这样的销售方，以及本地的各地影院合作，向微博网友提供免费的观影券。网友获得免费电影票的条件是，转发微博并@好友，同时在观看完电影后发布一条影评微博。

7.3.3 解决问题坚持以用户为导向

以用户为中心，并不是互联网企业才有的东西，传统企业也有，只是相比之下许多传统企业对"以用户为中心"这一点理解并不深刻。传统企业由于信息传递没有互联网企业一样迅速，"以用户为中心"往往只停留在整个价值链中的个别环节，而不能做到全面覆盖，这无疑会对用户体验造成极大的伤害。

以某银行为例，该银行"以用户为中心"的思维主要体现在他们的服务上。传统行业通过面对面的和用户交流，用户购得产品之后方才使用，这一点也得到了很多客户的认同。但是在有些环节上却是需要改进的，比如产品开发，就缺少和用户的互动。在柜台工作的人，经常会听到客户抱怨他们的卡品种太少，而且缺少创意。当然，创意的主观性较强，但只要能满足客户需求，客户就会认为是有创意的东西。

"以用户为中心"的思维在互联网行业体现的就比较全面，先是通过线上与用户交流，然后根据用户需求下订单、生产、制作、包装、推广，后续服务都是针对某特定需求进行的。因此互联网公司做用户需求不是制作后端，而是全方位、一站式的服务。唯有全面满足用户需求，提高用户体验，才能得到用户的认可。

案例

小米在发布新一代 4k 电视产品——小米电视 2 时，性能方面有了很大提升，最关键的是很多细节做得比较到位，其中有一个小创意非常亮眼，那就是遥控器找回功能。小米电视的遥控器很小巧，一不小心就找不到了。那遥控器不见了怎么办？小米电视 2 解决了这一问题：只要轻拍电视底部的手势触控板，选择找回遥控器，遥控器就可以发出蜂鸣提醒，轻松找到遥控器。

在坚持用户至上的思维时，必须注意结合多个环节。每个环节都需要坚持以用户为导向。全面的用户思维包括 8 个方面。

1. 用户体验

产品的技术含量较高，可能会对用户形成使用门槛。因此，应该重视用户体验，避免将复杂技术呈现在用户体验上，而是将复杂技术融于简单的用户体验中。互联网企业对用户体验的重视，贯穿产品诞生与发展的全流程，良好的用户体验可以造就良好的口碑。在互联网时代，信息一天 24 小时不间断传播。一个好的用户产品，如果超出了用户预期，一天之内可以传遍全世界。前提是产品体验要好到一定程度，好到他们愿意在网上说出来，愿意与朋友甚至是不认识的人分享。

2. 用户利益

将用户利益放在股东的利益或者公司利益之前。越是用户在意的问题，就越可能成为产品突破的缺口，即用户的痛点可以成为产品改进的另一个契机。如手机上网流量费高，不仅是手机用户上网非常在意的问题，也是技术难以突破的问题。手机浏览器 UC 并没有就此放弃，而是投入了长期的研究，最终斩获了手机浏览器的头把交椅。

3. 用户需求

每一个产品经理一定要是一个骨灰级用户，他不但对自己的产品，而且对竞争对手的产品都要了如指掌。企业不断推出自己新业务的时候，除了要关注自身的成长，同时一定要牢记所做的事情是要帮助用户解决他们的问题。这也是为何企业要不断做市场调研，了解目标受众和用户的重要原因。不去了解用户需求，那么可能会导致花费大量人力、物力做的广告没有人去看或者用户购买产品后无法获取其对产品的看法，导致不能及时调整产品及营销策略。

4. 用户轨迹

互联网企业从诞生的第一天起，就利用这个优势不断积累用户的行为习惯。互联网企业后台系统积累的大量数据，如用户点击了什么网页、对什么感兴趣等，互联网企业分析、利用这些数据，可以为用户提供更智能的服务。积累用户行为习惯，使互联网公司的产品更精准地满足用户需求，使客户投放的广告更为直接有效。

5. 用户网络

在社交平台上，每个消费者的声音都是重要的，无论这个声音是正面的还是负面的。消费者可以利用社交平台进行传播，把他们对企业和产品的感受及印象分享给更多的朋友。企业应在社交平台上维护好自己的品牌和客户网络。卓越的客户服务是消费者忠诚度的关键，而社交平台则是一种有效的连接和沟通的工具，也是企业向消费者提供服务的重要渠道。所以，企业一定要建立和维护好自己的社交网络，让社交网络成为和消费者沟通的桥梁。

6. 用户情感

如果在宣传中，关于产品或者企业的信息过多，消费者也会疲于接受。如果能根据时间段，每天发布有哲理或者能符合消费者生活、心理状态等的微博文字，也能获得很多人的关注。往往一句有用的话，就能吸引读者，从而产生感情上的共鸣，得以集结众多忠实的粉丝。更新频率每天 5~10 条为宜，且不要在短时间内连续发布多条，在消费者时间比较充裕和心情比较放松的时间段发布。

7. 用户满意

判断一个想法正确还是错误，判断一个产品和服务好坏的唯一标准是用户满意度。PM 和项目组无法及时准确地捕捉到用户的需求，无法代表庞大的网民用户。一个群体往往难以了解另外一部分群体的想法。如全国大学毕业生只占网民总数的十分之一，剩下的大部分网民多是文化程度不高、收入不高的用户。因此，做到用户满意并不是停留在测试中，也不是停留在一部分群体的反馈中，而是应该尽量覆盖所有用户类别。

8. 用户定位

当开发一个新产品的时候，其实是难以获取用户需求的，因为用户也许根本都不知道自己需要什么，不知道一个新的产品是什么样子。正如苹果公司的每个产品都是超出用户想象的，好的产品经理应该具备帮助用户定位的能力。产品经理的责任就是怀着信仰去设计一个产品，去决定颜色是用蓝的还是用红的、字体该用大的或者是小的、文字该放左边还是右边。产品经理的心中一定要对产品有一个非常清晰的定位，即产品解决了什么样的用户问题，切入点是什么，产品到底是什么。

7.3.4 将用户的不满看作发展的良机

"以用户为中心"的用户思维，不仅体现在销售环节上，还体现在其他很多方面，如市场定位、品牌规划、产品研发、生产销售、售后服务、组织设计等各个环节。因此要想将用户思维运用好，就应该在营销链的各个环节上做到让消费者满意，让客户有完美的体验。

这时，用户服务就显得极为重要，如果能将用户服务做好，那对企业网络营销的整体发展都是极为有利的。现在很多企业都开始拥抱社交平台网络，在各个社交平台上建立自己的社交账号作为和用户沟通的桥梁，服务也已经成营销的新阵地。

国外的一项调查研究表明：Twitter 上 53% 的用户希望品牌能够在一小时内对用户的请求做出响应；如果平台无法给出他们满意的答案，那么 38% 的用户会对平台有消极的印象，60% 的用户会去表达自己的不满情绪。这份调查表明及时的响应是非常重要的，企业一定要格外重视客户提出的每一个意见，并做出积极响应。企业应该建立一个良性的运营机制，降低消费者的不满情绪，进一步拉近和消费者的关系。

在营销工作中，广义上的服务包括 3 个阶段——售前、售中、售后。大多数人常规上的理解只是指售后服务，这是一个误区。当前，由于市场环境的需求，大部分经营者只是将售后服务放到特别突出的位置，而忽略了销售中的售前服务问题。其实，售后服务只是服务工作中的一种形式，很多时候售前、售中服务更重要。

因此，企业经营者在完善服务时要三者兼顾，千万不可顾此失彼，有所偏颇。

1. 做好售前服务

售前服务的内容多种多样，主要包括调查客户信息、进行市场预测、提供咨询、接受电话预定等。那么什么是售前服务呢？概括起来通常是指，在产品销售前，或者消费者未接触前，进行的一系列与产品宣传、刺激消费者购买欲望有关的工作。

售前服务是正式展开销售前一系列辅助性的工作，主要是为了协助客户做好需求分析和系统引导，使得产品能够最大限度地满足市场和消费者的需要。其核心可用三句话概括："提供市场情报，做好服务决策""突出产品特色，拓展销售渠道""解答客户疑问，引发客户需求"。

为了更好地做好售前服务，企业经营者，或是市场人员、销售人员需要以市场信息、客户需求为前提，严格按照流程进行，售前服务计划制定的流程详见流程如图 7-6 所示。

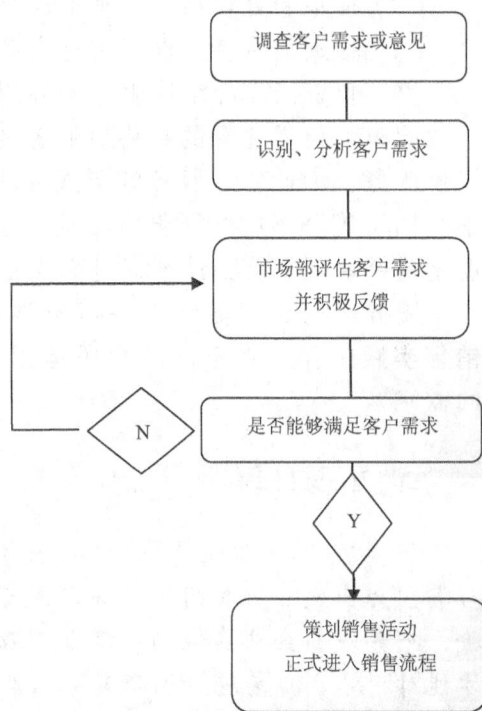

图 7-6 售前服务计划制定的流程

2. 做好售中服务

售中服务，顾名思义是指在产品销售过程中、在推销现场为消费者提供的相关服务。具体包括，与消费者进行充分的沟通，深入了解消费者的需求，协助消费者选购最合适的产品，以及解决客户在购买过程中遇到的困惑、问题等。

从这个角度来看，售中服务的过程就是销售的过程，围绕着销售机会的产生、销售控制和跟踪、合同签订、价值交付等一个完整销售周期而展开。相当于是为客户提供最合适的购买方案，这需要企业经营者、销售人员有一定的过程管理能力，使客户在购买过程中有享受感，从而融洽与客户的关系，增强客户的购买决心。

结合售中服务的概念和意义，经过总结，可以发现服务包括以下 4 方面的内容。

（1）与消费者深入交谈。

（2）了解消费者需求。

（3）化解消费者异议。

（4）向消费者介绍最满意的产品。

3. 做好售后服务

对于售后服务，大家是最熟悉的，也是关注最多的一个环节。售后服务是指在商品卖出去之后，商家根据实际开展一些后续工作。比如，民意调查活动，听取消费者对促销商品的使用情况，以及消费者对促销有哪些改进意见等。

售后服务的内容和形式多种多样，内容主要体现在以下 5 个方面。

（1）定期电话回访或上门回访。

（2）实行、兑现"三包"，包修、包换、包退，或者购买时其他相关服务协议。

（3）征集和处理消费者来信、来访等投诉意见，解答消费者的咨询。

（4）根据消费者要求，进行有关使用等方面的技术指导。

（5）负责产品的维修服务，并提供定期维护、定期保养。

同时，值得注意的是售后服务不但要体现在虚心接受客户的投诉，还要主动提供服务。因此售后服务的形式要多样化，要灵活。比如，网站民意调查、定期跟踪回访等。事后开展售后活动，有助于拉近企业与消费者之间的情感距离，有助于更好地制订营销计划，进而保证企业更好地发展下去。

服务作为销售活动中一项非常重要的活动，并不是孤立存在的，它运用于销售实践工作，在不同的阶段运用自身优势来带动销售，最大限度地满足客户的需求。

问题与思考

"一切以用户价值为依归"正好体现了互联网产品需要以了解用户最终的需求与渴望为出发点，把用户的体验置于产品开发和设计的核心部分。所以，用户体验、研究成为企业在做网络营销时必需要考虑的内容。那么，通过什么样的方法才能对用户和市场进行调研和分析呢？

7.4 极致思维——互联网世界里只有第一，没有第二

案例导入

合生元极致的奶粉配方

对于很多初为人母的妈妈来说，最纠结的莫过于奶粉的选择，为宝宝选什么样的奶粉成为很多宝妈心中的困惑。不过，随着消费习惯和需求的变化，当前大多数消费者还是理性的，他们在奶粉的选择上不再一味迷恋洋品牌、大品牌，而是会从多方面综合考虑。

为了迎合广大消费者的这种需求，合生元奶粉严格把控奶粉生产的每个环节，

可以说是将极致思维发挥了顶峰。如其中一个品类——SN-2 PLUSTM 亲和均衡配方奶粉，属于合生元的精品奶粉。它精选欧洲奶源，保证 100%原罐进口。其中最受妈妈们信赖的奶源地是法国诺曼底，诺曼底位于北纬 49 度。这在奶牛养殖业来讲叫作"黄金纬度"。诺曼底有明媚的阳光、柔和的清风、纯净的空气、丰沛的雨水、肥沃的土壤、极富营养的牧草等，符合最挑剔的消费者对高品质奶源地的所有定义。

同时，在诺曼底的奶源地还有一个崭新的婴幼儿配方工厂，最大程度保证合生元能够持续为中国市场提供高端优质的婴幼儿配方奶粉，该工厂为合生元与法国著名乳制品生产商共同投资 6500 万欧元设立，已正式落成投产。这里有 $3000m^2$ 的专属牧场，奶牛的科学化饲养过程中不添加激素和抗生素，更有专人定期按摩奶牛以及定期检测奶牛体质。鲜奶的运输过程中采用全程低温冷链配送，经过严苛的测试后，合格的才能上生产线。

总结

奶源地之所以成为合生元首要考虑的因素，是因为目前消费者普遍认为，只有先有环境适宜的牧场，才有足够健康的奶牛，两个因素叠加在一起才能产出高质量的牛奶，这是生产优质奶粉的前提。正是合生元的这种求精求细的运作思维，才使得产品得到了消费者的信任和青睐。

思考

合生元在奶源地的选择是极致思维的一个方面的体现，扩展阅读，列出极致思维在合生元的其他方面还有哪些体现。

7.4.1 概述

互联网世界里只有第一，没有第二。要么第一，要么做唯一，其实这就是对极致的追求。本节就重点讲述网络营销的极致思维，通过对"极致"这种思维的详细阐述，来帮助读者了解什么是极致思维，极致思维的表现，以及如何将这种思维运用到有效实际中，如何将产品做精做细做到极致。

7.4.2 客户是挑剔的，产品不完美就会被淘汰

互联网经济时代的竞争，与其说是产品之间的竞争，不如说是消费者认知上的竞争。消费者对品牌、对产品的认知，或者说品牌、产品在消费者心目中"是什么"更加重要。做大品牌，做好产品，最核心的是改变消费者的观念，提高消费者的认知水平。而做到这一点必须从改变和提高产品做起，互联网时代的产品再也不能拼数量，而需要提升质量的内涵，做精做细。

互联网经济时代是一个产品过剩的时代，大多数商品处于一个供大于求的状态。当市场趋于饱和时，企图依靠传统渠道打开市场已经很难，如果不在产品本身上精雕细琢就很难在市场上站稳脚跟。这也是很多产品刚上市即死，或者死在上市前的主要原因，这给企业造成了严重的损失。

案例

2010 年 5 月，微软推出了两款全键盘手机 KIN ONE 和 KIN TWO，定位是面向 15～30 岁的年轻用户的"社交手机"。

这两款手机采用 Windows CE 运作系统，首次运用了名为"KIN Loop"的全新主屏幕：能显示来自 Facebook、Twitter 或 MySpace 的动态更新。此外，还提供云存储服务（通过 KIN Studio）和微软的 Zune 音乐服务。

微软当时自豪地宣称："社交网络真正融入到了这两款手机中。"美国独家发售，KIN ONE 和 KIN TWO 的两年合约价格分别为 50 美元和 100 美元。

然而，令微软没想到的是，这两款被寄予厚望的手机却成了上市即死的失败品。据悉，上市之后第一个月里仅售出了 500 部，惨不忍睹的销量迫使微软在不到两个月内就停产，并且取消了欧洲的发布活动和未来推出新机型的计划，最终蒙受了 10 亿美元的巨额损失。

那么，KIN 手机为何会遭遇如此惨败呢？微软后来曾对此做过总结，一是因为 Verizon 的宣传不力；二是由于 KIN 自身存在不容忽视的问题，如应用商店、游戏、日历、导航、预测输入法、即时消息等这些当时已经被视为手机"标配"的应用在 KIN 上都没有体现。再加上不合理的定价，KIN 自然很少有人问津。

第一个问题说明，当传统渠道被堵死后，企业只能另辟蹊径，否则就是死路一条。同时，第二个问题也很致命，即产品无法迎合当时的市场需求，消费者的需求。粉丝经济、粉丝传播，是互联网时代网络营销的一个主要特征，上节讲到的互联网用户思维正是这个特征的最大体现。在互联网时代，做营销需要打通的就是粉丝这个"路径"。比如苹果的果粉、小米的米粉，都是通过朋友圈、微博迅速传播信息，他们之所以愿意为产品摇旗呐喊、主动传播，并愿意与自己身边的人分享，原因就在于他们所忠诚的产品能够带来好的体验。

因此，在当今这个市场必须做到亮点，用极致思维去做粉丝经济，去做极致产品，抓住产品的需求做好每个细节。

消费者是挑剔的，产品的任何一点瑕疵都有可能毁掉在用户心中的形象，微软的 KIN 手机之所以失败，没做好产品体验也是最主要的原因。正因为此，企业做产品必须要做精、做细、做到极致。

客户的挑剔，其实反映的是对企业、对产品的高要求。这是当前市场中的整体现状，作为企业需要做的是改变自己，用最好的产品和服务获得用户的认可和忠诚，依靠良好的产品品质和体验，在互联网时代赢得一定市场。从某种意义上讲，互联网世界里只有第一，没有第二，只有好的产品才能留住用户，也只有好的产品才能在市场中取得竞争优势。

7.4.3 将产品做到极致，切中消费者兴奋点

企业如果想要将一款产品，或一项服务做到极致，在消费者心目树立良好的

印象，必须要抓消费者的需求，以迎合消费者心理，真正解决消费者遇到的问题。

消费者的需求通常可分为 3 种：第一种是刚性需求，也称客户痛点；第二种是附加值需求，即客户痒点；第三种是超出需求预期的那一部分需求，也叫兴奋点。如图 7-7 所示。

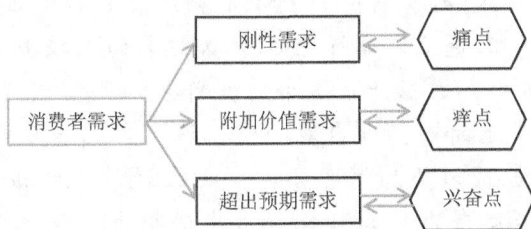

图 7-7　消费者的需求类型

极致思维就是激发消费者的兴奋点，让消费者不是因为有基本需求才购买，不是因为迫切需要才购买，而是因为对产品或服务倾注了情感而情不自禁地去消费。因此，用一句话总结互联网的极致思维，就是把产品、服务和用户体验做到极致，超越用户预期。

案例

以苹果手机来为例，走在大街上到处可见怀揣苹果手机的人。为什么那么多的人爱买苹果手机呢？而且热衷买最新款式，这都是铁杆米粉的行为？这不仅仅是质量好、技术新的缘故。如果论质量、技术创新，三星、诺基亚一点也不逊色。最关键在于苹果有它的“个性”。如果你是一个苹果迷，一定会注意到，苹果第一亮点是清新脱俗的外观。苹果公司十分注重手机的外观，每一代产品的外观都会有所不同，这也成为其他品牌纷纷效仿的楷模。

如果说其他品牌的手机只能刚好解决了消费者痛点（满足消费者的刚性需求）的话，那么苹果则是抓住了消费者的兴奋点（可大大超出消费者预期），尤其是深深赢得了果粉的忠诚。能抓住消费者兴奋点的产品才可称为爆品。

营销理论认为，市场需求、消费者需求是展开营销工作的最基本前提。只有明确了最基本的需求，产品才能销售出去。不过，随着互联网的发展，这种观点已经不完全正确，很多时候产品即使满足了需求，也很难得到认可。也就是说，互联网时代下的用户需求已经升级，消费者已经不再满足于产品本身所具有的功能性需求，他们需要的是能超出自己的预期，能引发自己的骄傲、自豪的产品。

从服务或者产品提供方的角度来讲，只有产品提供的服务超出预期才能受到用户的欢迎和青睐。

案例

网上曾流传一位出租车司机的视频，讲的是他如何根据乘客需求制定行车路线。根据路线，他既能多拉客又能少跑路，大大节约了成本，提高了效率。他的行车路线会根据季节、天气状况、具体日期来计划。甚至对于什么人在什么时间，什么地点可能会打车，他都摸索得清清楚楚。

我们以周一至周五的某一天为例。

每天早晨 7~8 点先到离家最近的一个高档小区门口。因为这里白领、金领等上班族比较多，这个点正是上班高峰期，所以打车的人较多；

9 点左右，他开始去各大饭店，这个时候许多人刚吃过早餐，要出门办事、游玩等等。尤其是来自外地的人，对本地公交路线不熟，出租车是他们的最佳选择。

12 点左右，到商务区云集的写字楼，主要接送外出吃饭的客人。

午饭后，他主要是跑餐厅、商场比较集中的街道，送吃完饭、逛街的人；

下午 3 点左右，选择银行附近，因为下午办理业务的人较多，而无论是存款还是取款的人一般不会去挤公共汽车。

下午 5 点钟，正值市区塞车高峰，他巧妙避开高峰，集中跑火车站、飞机场。

吃完晚饭，他又会去人群集中的商务区，接送那些回家的人。

他把这些地点的客流规律摸得一清二楚。一天下来，他每时每刻都能拉到客户。虽然很累，但能抵得上同行两天的客流量。

从这位成功的出租车司机身上我们可以学习到，从事营销工作，就要学会掌握其中的规律，熟悉消费者的各种需求和心理。这位出租车司机非常懂得抓住客户需求，而且善于运用这些技巧。比如，他清楚在不同时间段客户出现在什么地方，从而决定在恰当的时间、恰当的地方等待，因此他的生意比别的出租车司机要好很多，收入自然也就比别人高。

自己付出了努力却没有收获，为什么？那就是有一点做得还不够，即没有做到极致，或者不会运用极致思维去考虑问题。

互联网时代的一个重要标志是极致思维，反映在行动上是付出不亚于任何人的努力，反映在目标上是提交的结果超出客户预期并感动客户。将极致思维分解开来可以分为三个部分，分别为极致目标、极致路径和极致措施。极致目标是前提，极致路径是具体实施办法，极致措施是保障，三者相辅相成，缺一不可。

1. 极致的目标

极致不是客户想到的，是超出客户预期，即做到客户没有想到的，以感动客户为目的。客户的需求是明确的，超出客户预期的目标是未知的，极致的目标的确不容易确定。不容易不等于不能，在做的过程中逐渐逼近目标，到一定程度后，结果自然会水到渠成。

2. 极致的路径

做什么才能达到极致的目标？这往往是最难的事也是最简单的事，可以从成功方程式中可以找到答案。当树立做到极致的决心和信心后，热情就是做到极致最重要的影响要素。持续付出是达到极致的路径。

3. 极致的措施

知道付出是路径后，往往开始的付出比较顺利，到一定程度后却不知路在何方。其实路一直在脚下，对问题进行分解，包括纵横两个方向，选定一个小难点继续付出。付出不等于都要亲自做，整合外力是一个重要的手段。整合外力又分在公司内和公司外，还分整合的次数，是一次、几次或许多次？整合外力不是限于自己苦思冥想，也不是限于整合公司内个别要好的面孔，更不是自己想不到或有限几次解决不了就放弃。而是先直接问明白客户的需求，再进行反复的沟通请教付出，直至感动客户出现意想不到的结果。

7.4.4　如何利用极致思维做好产品

在互联网时代，极致思维是产品存在的关键，一个产品如果无法做到极致，就不会形成自身的特色，无法打开市场，获得消费者的认可。

雷军在一次互联网大会上曾对于如何做极致产品时说道："极致是做到自己能力的极限。我一直在讲极致。有一次我的一个创业者给我发了一个短信，说他想明白了什么叫极致，极致就是把自己逼疯，把别人逼死。就是自己尽全力做到极致的产品才算真正好的产品。"

其实，这就是精益求精的态度，企业在做产品时必须有这种态度。只有态度上来了，品质才能上来。

15 个人用两年时间把 Instagram 做到了极致，俘虏了 5000 万用户的心，最后被 Facebook 以 10 亿美元高价收购。暴雪，游戏行业里的王牌，同行都说暴雪出品必是精品，这是因为他们做每一款游戏都是竭尽全力。

每个人都能付出，每个人都能做到极致。如果没有做到极致，一定是付出不够或不到位。如果付出不够，是没有想真正做到极致的心，或没有想做到极致的决心和信心。能否做到极致，是检查个人心态和付出的试金石。那么，该如何利用这种思维呢？主要可以从 3 个步骤来着手。

1. 先找到消费者的基本需求

一切都要围绕消费者的基本需求来进行沟通，不能只一味强调产品表面化的一些东西。那样的话即使产品再好，如果与需求没有结合起来，产品也是没有价值的。现在企业需要做的是，抛开消费者的基本需求，为其提供超出预期范围的服务。

例如，一个人很口渴，你刚好是卖水的，你说："我这瓶水可以解渴"，这个时候对方买下的可能性就很大。因此，在定位产品时一定要时刻思考目标消费者的需求。明确消费者真正的需求是什么？消费者为什么会有这个需求？我能帮助消费者解决什么？消费者不喜欢不需要的原因又是什么？怎样做才能令消费者满意？

要做到极致，需要先满足客户的基本需求；要满足外部客户需求，先从满足内部客户需求做起；要感动外部客户，先感动自己和内部客户。

2. 再让消费者意识到不这样做的严重，引导消费者消费

消费者需求多是一种本能，只有进一步引导消费才能扩大销售。因此，在满足消费者现有需求的同时，要逐步去引导对方的潜在需求，或者对方根本没有的

需求，能够利用现有条件引导其激发出一种明确的需求。

像上述案例中提到的卖水，如果对方口不渴呢？自然不会去购买。口渴了才想到买水喝，这是生理需求使然。能让对方在不口渴的情况下也欣然去买的产品才能称得上是一个好产品。能做到这点就意味着切中了消费者的核心需求，同时也可打败大多数竞争对手。

这个时候，当我们再定位产品的时候，要善于引导，让对方意识到问题存在的严重性。如果能让对方知道不喝这瓶水的话，可能会导致一个更严重的后果时，那么，对方花费100元也乐于购买。

产品的核心是帮助消费者解决问题，满足消费者的需求，但很多时候消费者是没有这种需求意识的。这就需要产品能有一定的启发、引导作用，让消费者意识到消费的必要性。

3. 做好每个细节，切中消费者兴奋点，让对方欣然接受

对于大多数企业来讲，定位消费者的基本需求，或者满足这些需求不难，难的是如何挖掘和激发用户的潜在需求。现在的市场，重在挖掘消费者的潜在需求上，即能调动消费者消费的兴奋点。

切中消费者兴奋点的关键是做好产品细节，这也是极致思维的一种体现。正如周鸿祎所说，"我不和你拼整体实力，我在一个两个点上打败你，也能取胜。"一个产品需找到准确的切入点，做好某个细节。

例如，同样是水的品牌，但它们因成分比例、采用的技术不同，给消费者的感觉就不一样。如脉动，强调的是水的功能，不仅可以解渴，还可以大大增加人体的能量；农夫山泉强调的是水的品质，"我们不生产水，我们只做大自然的搬运工。"强调水是纯天然、健康的；娃哈哈纯净水强调水处理的技术，产品经离子交换器法、反渗透法、蒸馏法及其他适当的加工方法制得而成，不含任何杂质。

可见，任何水的产品都是在保持满足相似需求或基本需求的基础上做好细节，并把这个细节无限放大，使之成为产品的优势所在。

问题与思考

极致思维是互联网时代中产品和服务的一个重要标志，要求不仅满足客户现有需求，而且要超出预期。通常来讲，客户的现有需求是明确的，而超出预期的需求往往则是未知的、不确定的。这也使得很多人在考虑问题时容易脱离实际，目标不够明确。考虑将产品做到极致时我们不能忽略理想和现实的差距。打造让消费者尖叫的产品，需要有打造这个产品的机会、空间和条件。

那么，在运用极致思维的过程中如何做到无限期地逼近客观实际呢？

7.5　爆品思维——打造核心产品，引爆网络市场

案例导入

一碗极品面条

《舌尖上的中国2》曾报道过陕西一名老者——张爷爷的手工空心挂面。空心面的制作过程可谓是精雕细琢、一丝不苟。

"面粉必须用最贵的河套雪花粉，老鸡熬汤必须超过 5 小时，西红柿必须发酵，上桌时面汤的理想温度为 57 摄氏度。"同时过程中还有一个极致的做法，即鸡蛋必须要足够圆。如果说老汤、西红柿、汤的温度都在人为控制范围内的话，鸡蛋圆不圆可就有点强人所难了。有人开玩笑说这不是在为难老母鸡吗？

其实，这不是张大爷撩拨观众的极限，就在很多人的质疑中，张爷爷的西贝空心面的价值显现出来了。2014 年 7 月，全国最大的西北菜餐饮集团西贝莜面村，宣布以 600 万元的价格买断《舌尖上的中国2》里的张爷爷挂面，并在其全国门店推出了号称"张爷爷家原汁原味"的酸汤挂面。从张爷爷家"搬"过来的酸汤挂面让空心面一夜火了。

据统计，从上市到 8 月底短短两个月，空心面就卖出了 100 多万碗，销售额突破 1700 万元；至此，一年销售一个亿已成定局。原本就天天排队的西贝莜面村，现在队伍排得越来越长。部分门店对挂面销量始料未及，节假日和周末时更是供不应求。"今天沽清了，只好明天再来，有一起的不？"大众点评、微博上各种留言，张爷爷挂面就像一阵久违了的春风，使人神情荡漾。

总结

这碗面充分体现的不是极端偏执的做事风格，即便有这样的意味，但也正是这种偏执的风格锻造了如此精品的美食。一碗面的成功，大多数人也许只看到了挑剔的、几近苛刻的制作过程，但爆品思维才是真正的灵魂。正如西贝莜面村总经理贾国慧说："一些人喜欢从营销的角度解读西贝，那只是剥开了洋葱最外边的皮儿，真正让你流泪的那瓣儿，其实还在里边。"

思考

思考空心面成功的关键原因，严格的制作要求在成功过程中所起的作用。西贝莜面村总经理所说的把个真正"让人流泪的那瓣儿"又是什么。

7.5.1　概述

在移动互联网时代，爆品代表着专注某一类用户，代表着以用户思维为导向的设计、研发、生产与销售，代表着真的找到了用户的痛点。本节通过对爆品的解读，让读者明确什么是爆品，在营销时如何适应小众市场的需求，如何打造产

品的爆点，满足消费者的特定需求。

7.5.2　不做爆品就很难生存

爆品一词，源自淘宝，原本是淘宝店主们集体发明的营销利器。后来，这一词汇被引申和发展为爆品思维，其含义为打造让消费者尖叫到爆的极致产品。深谙此道者，都会聚焦在很少的产品上，以近乎偏执的态度打磨出极致的产品。消费者在尖叫的同时伴随着的是口碑的爆棚。

就像案例中制作空心面，之所以每个环节都有严格的要求，其实体现的是一种思维模式——爆品思维。当爆品成为一种思维模式，运用到生产实践中去时，又将产品提高到了一个新高度。

互联网时代的产品，企业不做爆品就很难脱颖而出，无法脱颖而出就会淹没在市场中，被消费者所抛弃。从商业角度讲，爆品是极致思维下的产物，什么是爆品？简单说，就是单品绝杀，靠一款产品闯天下。最典型的例子就是苹果、小米、特斯拉这类新型互联网公司的相关产品。

乔布斯是爆品思维的缔造者，其以对产品的极致追求，打造出了触动人心、令人尖叫的产品。比如苹果手机一年的出货量达到 2 亿多部，自第一代 iPhone 发布截至 2016 年 3 月 26 日，苹果手机的销量已经接近 10 亿部，依次排列开来足足可以绕地球好几圈。小米、特斯拉同样如此，每款产品都能引爆市场。

传统企业中也有成功打造爆品的例子，例如加多宝，一罐凉茶做到几百亿，直接挑战可口可乐和百事可乐的地位。再如六个核桃，几年时间从 0 做到一百多亿。又如宜家，也是爆品思维的出色践行者。宜家通过邀请世界级设计大师的参与，打造出了闻名遐迩的爆品，例如毕利书柜和帕克斯柜子。互联网海啸席卷家居行业之际，宜家却保持了强劲的增长，2013 年宜家中国区增长高达 17%。

以往传统企业大都奉行多品牌战略，抑或产品矩阵战略，即以量取胜，通过产品的大流量，多品类来满足不市场需求，采用广种薄收、大网捕鱼的策略应对市场竞争。最典型的例子就是宝洁公司，据统计其旗下的品牌多达 300 多个。对宝洁而言，像加多宝、六个核桃这样靠一款产品打天下的做法简直不可想象。因为在大多数人看来，传统渠道中的消费群体太分散了，单品受众面太窄，销量很难提上来，产品利润根本无法支撑一个企业的发展。进入互联网时代后，由于信息传递更加精准而快速，交易打破了时空的限制，长尾效应日益凸显，任何小众的产品都能在长尾效应下聚集大量的需求，单品打天下成为可能。

7.5.3　不做大众，专注于小众需求

爆品最初一定是小众的，专注于满足一部分的需求，而不是满足所有人的需求。只有聚焦资源打磨一个点，才会做出卓越的产品。比如小米的产品定位是"为发烧而生"，它的产品就是围绕发烧友这一小众人群去打造的，坚持每天与发烧友在线交流听取他们的改进意见，每周迭代一次系统，让发烧友参与到产品的研发过程中。爆品思维就是瞄准小众需求，只为一部分人提供产品和服务。

在市场经济大潮下，裁缝店一度变得难以生存，同时也有一些裁缝店利用"互联网+"，开始寻求转型，做爆品，走高端定制路线。

🅧案例

五十多岁的杨俊经营着一家裁缝店，由于其精湛的手艺深受消费者欢迎，三十多年小店的生意一直十分红火。近几年，随着消费市场的变化，裁缝店这个靠手艺吃饭的老行逐渐衰落，以前是量尺寸、裁布料，做好这一切，就开始踩缝纫机缝制。现在不同了，由于人们再也不想穿千篇一律的服饰，来做衣服的人越来越少，很多同行或关门，或转行。

杨俊则开始思考如何转型，它将目光锁定在了专门定制礼服。除了定制新郎、新娘婚礼服外，他还定制爸爸装、妈妈装。毕竟现在生活水平好了，儿女结婚，父母也要穿的体面。女性礼服以旗袍为主，男性礼服以西装为主。爸爸装和妈妈装则根据个人喜好定制，一人一版、一衣一款。

除了定做礼服外，他还瞄准了一部分特定消费人群，比如高端商务人士，对衣服要求很高；一些特殊人群，如过高、过胖等，很难买到合体衣服的人，针对这类人群只有定制才能满足其要求。

面料、做工都是完全按照客户要求制作，如需要进口的面料，会不惜代价去购买。同时在做工上力求精细，服饰上的图案、装饰都是纯手工打造，光一件衣服上的饰品就要花几天的时间才能钉好。

这一转型为他的店铺带来了转机，如一款普通绸缎的旗袍价格约千元，最贵的男士西装，一套要几千元，甚至几万元。

可见，私人定制式可以最大限度地汇集大量的人力、财力、实物和知识资产，满足特定的需求。但是，作为满足特殊需求的提供者、生产者，所能应用的资源往往也是非常有限的。比如，一款高档衣服所需的面料国内是没有的，需要到意大利进口，假如没有这种面料，或者无法及时地获得这种面料，产品就很难生产出来，更别说去满足客户需求了。

进行爆品生产、制作、营销必须满足以下几个条件才有可能实施，具体有以下 3 点。

1. 拥有核心资源

资源是打造爆品模式的一个主要条件，资源包括两方面。一是"我是谁"，二是"我拥有什么"。具体来说包括生产者、经营者的兴趣、技能和个性；知识、经验、人际关系，以及其他有形和无形的资源或资产。

技能是第二大资源，它也包括两方面：能力与技术。能力是指与生俱来的天赋，即做起来比别人感到轻松的事情，如空间感知能力、人际沟通能力和机械应用能力；与此相反，技术是指后天习得的能力，通过大量实践和学习熟能生巧的能力，如护理、财务分析、建筑施工、计算机编程等方面的能力。

个性是体现内在个人特征的因素，也是一项资源。例如，一个人可以试着描述一下自己：情商高、勤奋刻苦、性格开朗、遇事冷静、镇定自若、深思熟虑、精力充沛、关注细节等。

2. 定位关键业务

关键业务——即我要做什么——取决于自己的核心资源。也就是说，"我是谁"必然影响着"我要做什么"。

在描述这个模块时，可以想想日常工作中经常做的事情。需要注意的是，关键业务是指为客户实施的基本的体力或脑力活动，不是实施这些活动所创造的更重要的价值服务。

尽管如此，在描绘个人商业模式画布时列举特定的工作任务仍然是一种非常直接的方式，可以更深刻地思考价值服务这一概念。

待完成的工作任务可能只包括两三项关键业务，也可能涉及更多的内容。在纸上列出产品的重要特征，即足以说明产品特色的地方，而不必罗列冗长的细节。

3. 明确客户群体

定位客户群体，即要明白"我能帮助谁"这个问题。私人定制领域内的客户群体比较特殊，一般指的是那些愿意付费享受某种利益的群体（也包括那些免费享受利益但必须通过其他人付费补贴的群体）。

案例

三只松鼠逐渐从大市场中细分出适合自己生存的消费市场，如大学生、办公室白领以及"宅人"年轻一族。碧根果——作为主打袋装坚果的互联网品牌，其消费人群与传统线下散装坚果市场消费人群有着明显区别。三只松鼠品牌圈中的消费人群是年轻的都市白领、大学生等，这类人群的第一层次消费需求是"给生活添加乐趣"。

线上下单、送货上门，三只松鼠作为依靠线上的运作而走红品牌，与传统的坚果品牌相比有着与生俱来的方便购买优势；更进一步，三只松鼠确立了三只可爱活泼、形态各异的卡通松鼠作为品牌形象。如此一来，三只松鼠和消费者之间，尤其是与年轻消费者之间的距离自然更近。

值得注意的是，走小众需求、高端化路线，并不意味着就是对大众消费、奢侈消费的偏见。如顶级奢侈品、艺术品；马术俱乐部、高尔夫俱乐部等小众产品，虽然是一种小众需求，但却能和强需求结合，避免与大众强需求的产品正面对抗。

7.5.4 打造爆点，让客户尖叫

爆品的打造一定要围绕核心用户。打造爆点，让核心用户尖叫了，才会产生口碑，才会引爆大众传播。德州扑克里有一个词叫：All-in，就是全部押注、孤注一掷的意思。打造爆品也要有这样的毅力和偏执精神，就是集中全力聚焦某一个族群，这样的族群有明显的标签，而且他们分布在各个兴趣社群里，找到一个就找到一群。

爆点就是引爆传播的那一个点，它是附着于产品上的"病毒"，一旦引爆就能快速自我复制和扩散。爆点的形成通常需要以下 3 个步骤。

1. 设计品牌记忆点

简单说就是为品牌设计一个能让受众快速记住的信息点。在信息大爆炸的时代，用户每天要接收海量的信息，如果没有特点就很难进入受众的视野。

案例

Roseonly，中国高端鲜花第一品牌，以"信者得爱，爱是唯一"为核心主张，以皇家矜贵玫瑰定制"一生只送一人"为宗旨，以奢侈玫瑰和璀璨珠宝，打造永恒真爱信物。

"一生只送一人"这一离奇规则成了其最大的亮点。以此来标榜自身的品位和与众不同；可口可乐的记忆点是"神秘的秘方"；加多宝的记忆点是"降火"；三只松鼠的记忆点是"萌宠体"对话；三个爸爸的记忆点是"呼吸里的爱"，为了孩子生产空气净化器；褚橙的记忆点就是"励志"。

品牌记忆点要符合简单易记、易传播的原则，而且要为后续的传播预埋伏笔。

2. 策划参与节点

这一步就是设计入口，吸引目标用户进来，让他们与品牌同频共振，形成共谋关系。比如中粮腰果的撰写"吃货语录"和为产品起名赢非洲游大奖，船歌鱼水饺的"对饺子的执念"。

参与节点的设计一定要能引起目标用户的参与兴趣，让用户觉得"有种、有料、有趣"。这一步的主要作用就是与核心用户建立关系，从无关系到弱关系再到强关系，最后使之成为品牌的粉丝，为品牌营造口碑基础。

3. 引爆事件热点

前面的工作都做好了，就万事俱备只欠东风了，这个东风就是热点事件。事件是进入大众圈层的通行证，因此做爆品一定要有事件思维，不仅要善于捕捉热点，而且要善于策划热点。营销行为一旦上升为新闻事件，就能成功进入大众的视野，具备了引爆流行的条件。

从痛点到尖叫点再到爆点，是一个逐步递进的过程，并且三者之间互为基础，缺少任何一个都不足以引爆一个品牌。

问题与思考

爆品思维，要求有针对性地去解决一部分的需求，并精益求精打造出能够让这一部分尖叫的产品和服务，只有这样的思维才会让产品或服务有个性，在市场中实现差异化竞争。但这是不是意味着企业就可以为满足小众需求，做小众市场的产品，而放弃多元化发展的战略？两者之间会不会产生矛盾？

7.6 品牌思维——互联网时代玩的就是品牌力

案例导入

雕爷牛腩的品牌塑造

传统餐饮行业遭遇寒冬，一家名为雕爷牛腩的餐厅却在互联网上演绎一段传奇。据称，赫赫有名的阿芙精油创始人雕爷突然进入了餐饮行业，开始了他的二次创业。作为一个毫无餐饮行业经验的"电商人"，雕爷仅用了两个月的时间就让雕爷牛腩成为所在商场餐厅单位评效第一名。而且，仅凭两家店，雕爷牛腩就已获投资 6000 万元，风投给出的估值高达 4 亿元。雕爷牛腩有何特别之处，能够让风投另眼相待呢？

创立之初，雕爷牛腩只有 12 道菜，比麦当劳的菜品还要少——对此雕爷认为，一家好餐厅的精髓不在于菜品数的多少，而在于产品的精良和用户体验的不断优化，这正是雕爷征战电商界多年领会到的精髓。这种极致精神用在电商上或许无往不利，但用这样的理念经营餐厅，要花费大量成本。雕爷牛腩用 500 万元买断了中国香港食神戴龙"食神牛腩"的配方作为主菜后，又开始全力打造品牌，所下的成本甚大。

那么，雕爷牛腩是如何打造品牌的呢？最主要的方法是明星效应和网络传播。很多网游在即将上线之前通常都会进行"内测"，邀请玩家来玩，目的是找出 bug 并修正。这一招被雕爷借鉴到餐厅经营中来，在开业之前雕爷就邀请不少明星艺人、微博网红、美食达人等人来"内测"，即试吃，并在微博上发表"吃后感"。在这长达半年的"内测"中，雕爷牛腩不但优化了产品，更重要的是树立了知名度，打开了市场，实现了传播价值。经过半年的积累，这种"明星效应"慢慢显现。微博上关于雕爷牛腩的话题被疯狂转发，一股神秘之感在普通消费者中弥漫开来，消费者的消费欲望也全面爆发。

不容否认，雕爷牛腩已经成为"互联网思维+餐饮"的成功典型。品牌的建立是从邀请明星名人试吃开始的。明星名人试吃后，一方面，他们会将意见反馈给生产者，生产者根据他们的意见对产品进行改进，以提高产品质量；另一方面，明星名人也会在互联网平台上分享，通过"粉丝效应"在消费者与品牌之间建立一种感性关系，让更多的人接触、认识品牌，进而熟知、传播品牌。这既是一个分享的过程，也是一个品牌共建的过程。

总结

透过这个案例可以总结出，互联网时代是让消费者来塑造品牌的时代。传统上这个重心在企业，而现在已经转换到了消费者这边。分享与共建是网络时代品牌建设和传播最主要的途径。以往的品牌是企业打造，不能够主导传播。现在是商家与消费者共同决定，因为一个品牌只有存活在消费者的心中，才能得到市场的认可。因此，品牌的建设不单单是企业的事情，还需要引导消费者参与进来。

　　思考

　　明星效益和微博可以说是雕爷牛腩迅速打开市场的两大利器，在整个打造过程中，明星的人气可以说是发挥了至关重要的作用。试想一下，如果没有邀请名人试吃，还可以结合哪些事件进行？

7.6.1　概述

　　品牌是依附在产品之上的一种无形资产，可以给产品带来高附加值。本节围绕在网络营销中突出品牌力，在消费者心中营造品牌的概念来进行阐述，使企业营销人员树立起品牌意识，用品牌思维开展营销工作。

7.6.2　品牌，产品的核心

　　企业与企业之间的竞争，与其说是产品之间竞争，不如说是品牌之间的竞争。有品牌的企业可以卖十年、二十年，甚至几十年产品；无品牌的企业只能卖一阵产品，一年、半年甚至几个月后企业就消失在茫茫市场中。

　　品牌，通常是指用以和其他竞争者的产品或劳务相区分的名称、术语、象征、记号或者设计及其组合，其增值的源泉来自于消费者心智中形成的关于其载体的印象。一个好的品牌会给商家带来很大的商品效益。

　　品牌是一个企业的无形资产，可大大提高企业的知名度、美誉度，同时也是一个最难逾越的竞争壁垒，让对手无缝可寻，是使企业保持旺盛竞争力的内在力量。可见，品牌思维，是任何时代都必须有的。一些经典永远不会被抛弃，脑白金、乐百氏、农夫山泉、金龙鱼、采乐、汇源这些品牌为什么经久不衰？核心就在于他们抓住了品牌这个最核心的东西。

　　然而，在互联网、移动互联网的发展，很多企业忘记了做品牌，只是盲目地扩大生产规模，在营销渠道、价格、促销上花样百出。这些对于做好营销工作而言必不可少，但必须是在有一定品牌影响力的基础上。

　　传统的营销传播更多地是以提升当前的销量为目标，所用的策略大多是增加产品吸引力、广告公关诉求准确有力、强大的销售队伍、广泛的分销网络、终端生动化等。当这些营销传播策略没有在品牌战略定位统帅下展开的时候，只能短暂提升销售，不能起到促进消费者加深对品牌识别的记忆与认同，所以基本无法对打造强势品牌起支持作用。

　　现在很多营销的广告策略，从营销广告的标准看是一流的，但由于没有与品牌定位保持一致，对提升品牌毫无益处，甚至是有损品牌。如非常吸引人的诉求、与消费者热点需求吻合的新产品、迅速提升销售的让利促销。

　　品牌与产品不可分割。品牌是产品表现出来的综合特征，反映了产品内在价值，无形价值和对消费者的感受。因为，品牌常常是已经被市场、被社会大众公认的，它很大程度上体现的是公众，尤其是忠诚粉丝对产品的认知、认可和评价。

如大众比较熟悉的脑白金，它的品牌形象就是养生，海尔的品牌形象是冰箱，格力是空调。即一旦有健康、冰箱或空调这些需求时，人们头脑中首先想到的就是这些品牌，且在这种心理驱使下，会优先购买该产品。这就是品牌的影响力，可大大强化产品在消费者心中的黏性，在消费者心目中形成一种固有的印象，并促使其采取购买行动。

人的消费行为是很奇怪的，容易被心中一些已有的认识所左右（首先这种认识是良性的、富有正能量的），偏向自己熟悉的、喜欢的人或事。如走自己最熟悉路，吃最喜欢的食物，钟情于最熟悉的人等。

阅读链接

三元（三向）交互作用理论

20世纪60年代以后，美国心理学家阿尔伯特·班杜拉在库尔特·勒温研究的基础上，提出人的行为是三元（三向）交互作用形成理论。他的三元形成理论是指，人类的行为是受个人认知、行为与环境因素三者共同影响的。而以往的研究通常都忽略了这点，忽视了社会变量对人类行为的制约作用。

人的行为具有交互性，既不是单独由内部因素决定，也不仅受外部因素所控制的，而是由个人的行为、个人的认知、情感等内部因素与环境交互作用沟通决定的。三者的关系如图7-8所示。

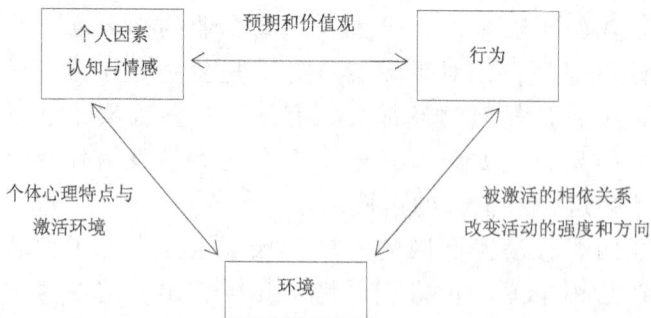

图7-8 人的行为三元（三向）交互作用理论

这一模式表明人的行为是交互性的，据此可以进一步发现消费心理与行为的关系。这一理论对企业经营者重新思考品牌对消费者心理作用有很大的推动作用。消费者在消费的过程中，也会受个人因素（认知与情感）、行为、环境影响。个人因素（认知与情感）是指受外部环境事物与刺激可能在人心理上产生的反应，这种反应偏向于情感层面；行为是指外在行为即可以直接观察到的消费者活动；环境包括各种自然的、社会的及人与人之间交互产生的氛围。在品牌打造中，可将这些因素置于其中，从而影响消费者的感知、认知和行为。从这个角度来看，一个企业要想树立起自己的形象，就必须制造一个品牌概念，着眼于消费者的理性认知与积极情感的结合，通过导入消费新观念来进行产品促销，使消费者形成新产品及企业的深刻印象。以前的脑白金、王老吉，现在的雕爷牛腩、三只松鼠等都是这个思路。

这些品牌之所以能快速发展起来，最大原因是对品牌的深刻认知。大多企业都是先从后端着手，找货源、做快递，想办法把货品进得更便宜些。而重视品牌的企业则不是，找到一个靠谱的货源供应商即可，剩下的钱全部用来作前端、做品牌、店铺装修、产品包装。换句话说就是在短时间内围绕一个利益点，进行狂轰滥炸，将品牌"炸"出来。

品牌这个被认为是营销精髓的部分正在被大家忽视。透过现象看本质，这些好的东西值得新时代下的企业再度深思。何况企业要打开互联网这个市场，更需要坚不可摧的品牌力量。值得注意的是，确立品牌还有一个非常重要的工作要做，那就是产品功能的提升。不断基于用户需求增加新的功能点，完善既有功能。只有不断创新，品牌才能更有生命力。

7.6.3　在消费者心中营造品牌概念

打造品牌难点在于如何在公众、消费者心中树立一个鲜明的品牌概念，且这个概念必须是独一无二的，人无我有，人有我优。一个品牌要想在众多同类中脱颖而出，必须具有独特性，或者是"亮点"。亮点就是一个品牌所具有的独特价值，是吸引消费者认可，促使消费者购买的关键。这就要求企业在品牌策划、定位上要清晰，符合市场需求和消费者的需求，容易在消费者心目中留有深刻印象。品牌的策划定位可以从两个方面入手，一是产品分析，二是策略分析。接下来将围绕这两点进行详细阐述。

1.产品分析：围绕产品进行深挖掘

产品是品牌的基础，无论是传统营销还是互联网时代的营销，只有足够好的产品才能支撑品牌的存在。因此，企业在打造品牌形象前首先必须围绕自身产品进行，抓住产品的特点，寻找、挖掘、提炼产品的卖点，然后根据产品的卖点确定品牌特色。如产品的功能、特色、形象、服务等。这样的例子很多，具体如图 7-9 所示。

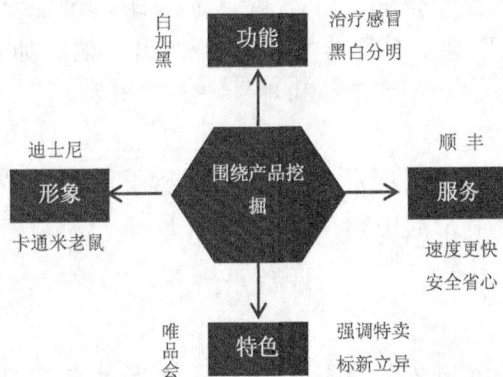

图 7-9　从产品自身挖掘概念案例

这里的卖点既有有形的，也有无形的。例如，质量、价格等有形特征，服务、文化等无形的理念都属于品牌优势的范畴。

很多时候，这种有形的优势和无形的优势可相互融合。如某产品设计的广告，少不了对品牌造势的渲染和凸显。如果我们仔细观察，很容易发现这样一个现象：广告商对产品优势的把握并不仅仅停留在表层上，而是成功地向观众传达了这类产品背后所承载的内涵，一种观念。

案例

如宝马汽车、可口可乐的广告，多年来都保持了非常高的水平。这其中很重要的原因是它们坚持一种贯穿始终的理念，产品观念引流了时代的潮流，抓住了人们的消费心理。这点说明企业产品一定要体现品牌、产品的优势，无论是有形的，还是无形的，让客户感受得到的最关键的独特性。

值得注意的是，在提炼诉求和卖点时必须针对产品的优势，即能打动消费者，促使消费者购买的那一部分。因此在提炼前必须思考，这个卖点一定要能体现品牌、品牌的最大优势。如果不能，那就有可能无法最大限度地打动消费者。

另外，诉求与卖点要注意与内在价值相结合，否则只能提升暂时的销售，不能提升品牌整体价值。许多看上去非常动听的诉求点（卖点）和抓住市场热点的炒作并不能对建立清晰的品牌联想作贡献，也不能提升品牌的整体价值感。

中国家电品牌特别喜欢炒热点，新概念满天飞，空调有"除菌光""纳米""抗菌"等新概念，彩电有"上网通""变频""绿色"等新概念。这些概念在某一时间段内，大家一起炒作有一定的诉求力，但实则捡了芝麻丢了西瓜，不同的概念之间缺乏有机的联系，没有反映共同的品牌识别，所以每一个不同概念与热点的宣传并没有一致地传达出品牌的精髓和追求，无法对品牌的基本识别起到添砖加瓦的作用。

2. 策略分析：差异化和细分化

随着市场自由化程度逐步提高，竞争日益激烈，不少商品都面临着同质化危机；批量化生产；傍"名牌企业"、"名牌产品"跟风现象严重。不同品牌的商品构造、性能、外观相似度高，甚至推销手段都如出一辙，如"康帅傅"——"康师傅"，"大白兔"——"大白兔"，"粤利粤"——"奥利奥"，"绿剑"——"绿箭"类似的例子不胜枚举。

这种纯粹以解决短暂营销问题为导向，背离了品牌定位的产品开发策略，往往导致品牌个性在消费者大脑中越来越模糊。

案例

在中国啤酒行业，市场不停在转化热点。产品的包装风格、瓶型、口味、技术的流行变化较快，所以不少企业生怕落伍，就紧紧跟着热点走。有些企业甚至为了防止窜货，为不同经销商专门设计一个专门的瓶标与瓶型。从局部的视野和纯粹的营销角度看，这些策略都是对的，因为跟进消费者追捧的热点毫无疑问可以让销量马上上升，为不同经销商设计一个专门的瓶标与瓶型可以比较有效地取证，便于打击窜货，打击窜货又是通路管理中的重点。

包装风格不一致、产品特色没有重点，结果品牌在消费者大脑中一片混乱，根本无法留下恒定、清晰的印记与联想。

案例

百威、喜力这些国际大牌，顶多不超过 5 个品种。产品包装会随着时代的变化做调整，但主要是微调，新包装与老包装之间总是极其相似。都彭的斜纹、Burberry(博柏利)的格子总是会出现在绝大多数的款式上。国际品牌深深懂得确保品牌识别在消费者大脑刻下深刻的印记非常重要。

互联网时代很多产品面对的是更小众的市场，个性化的消费需求再也不需要批量生产的产品。量身定制成为一种趋势，越富有个性，极具差异化，越可能受欢迎。因此，差异化成为品牌再造的一个重要策略，既可以避免同质化竞争，又可获得独特优势，找到市场空白。差异化的战略可体现在不同类品牌中，也可体现在同一类品牌中，同一平台又可体现为产品的细分。

（1）不同品牌的差异化

关于不同品牌的差异化有很多。如以饮料为例，同是一种饮料根据不同的制作原料就可分为碳酸饮料、功能饮料、茶类饮料、乳品饮料、果蔬饮料，以及咖啡饮料等，见表 7-1。

表 7-1 不同品牌的饮料差异性

碳酸饮料	功能饮料	茶类饮料	乳品饮料	果蔬饮料	咖啡饮料
可乐 格瓦斯	红牛 乐虎 启力	红茶 绿茶 茉莉花茶	营养快线 大果粒	汇源 果粒橙	雀巢 三得利

（2）同品牌的差异化（细分化）

关于同类品牌差异化，宝洁公司运用的是最成功的。宝洁正是靠着不断地细分市场，满足客户的特定需求，巩固了品牌在客户心目中的地位。

比如，宝洁洗衣粉的牌子就有 11 个，包括"碧浪""汰渍""熊猫"等，迎合不同购买力的客户。"碧浪"价格较高；"汰渍"价格适中；"熊猫"则以物廉价美著称。同样，宝洁洗发水的品牌也走细分市场的路线，品位的代表"沙宣"；时尚的代表"海飞丝"；优雅的代表"潘婷"；新一代的"飘柔"。此外，宝洁还有 8 个品牌的香皂，4 个品牌的洗涤液，4 个品牌的牙膏，3 个品牌的清洁剂，3 个品牌的卫生纸等。

从例子中可以看出，宝洁在产品定位上充分体现差异化，类似的品牌还有很多。因此，企业尤其要注意到这一点，学会充分利用品牌本身的优势，找出品牌最大的优势，满足客户的差异化需求。

7.6.4　多利用自媒体进行宣传

传播媒介可分为两大类：传统媒介和新媒体。传统媒介包括报纸、杂志、电视、广播等四大类；新媒介包括社交平台，以及数字产品、无线网络、便携网络，以及微信、微博等自媒体。

在传统媒体时代，一个品牌的建立主要依靠在传统媒体上花重金做广告，如历届的央视春晚都有广告标王。所谓的标王就是零点时刻倒计时时钟上的广告，如曲美、护彤、NEC、美的等都曾有幸夺得。2005 年央视春晚被 NEC 以超过 1000 万元的高价中标，2009 年被美的夺得，价格则升至了 4701 万元，2016 年乐视则豪掷 7000 万元中标。尽管耗资不菲仍有很多企业都削尖脑袋去抢这个标王，因为只要夺得标王，就意味着自己的品牌将会被全国观众认识。更重要的是央视这样的媒体代表着品质、信誉，对于消费者而言买这样的产品会更加放心。

在互联网，尤其是移动互联网高度发达的今天，自媒体成为品牌传播的主要媒介，如微信、微博、视频等。信息的传播途径越来越多样化、智能化，一个品牌形象在用户心目中的建立不必严重依赖于某一个途径。更重要的是，如今的互联网思维已经改变了信息传播的模式。传统模式是先建立品牌的知名度、美誉度，让大众认知和认可，通过使用和体验，再建立客户的知名度；互联网媒体恰恰相反，是这个过程的逆反，如图 7-10 所示。即先通过分析建立忠诚度，然后再通过粉丝利用口碑、社群来扩散传播，建立产品的知名度和美誉度。

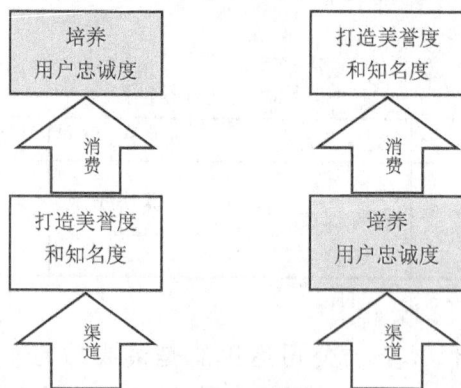

图 7-10　传统媒体与互联网新媒体在渠道中的作用过程

利用新媒介完成品牌的传播，每个人都可以成为一个相对独立的渠道，且在形成二次传播，多次传播过程中参与的群体会成倍增长，便于信息在各个个体之间畅通无阻地分享。同时，每个传播个体也可随时向信息源进行信息的反馈，形成一个完美的交流闭环，如图 7-11 所示。这是互联网时代口碑营销的最大特点。

在传统营销中传播者、消费者、传播媒介之间界限十分明确，即某一信息由传播者发出，通过媒介的传播才能达到消费者手中，这是一个相对稳固的链条。而在自媒体时代，传播者、消费者、传播媒介三者的界限逐步模糊起来，一个人既可是信息的传播者，也是消费者，而传播媒介由于大多采用自媒体，也基本由传播者，或消费者自己掌握。如微信、微博，以及各大社交平台都是互通的、开放的。

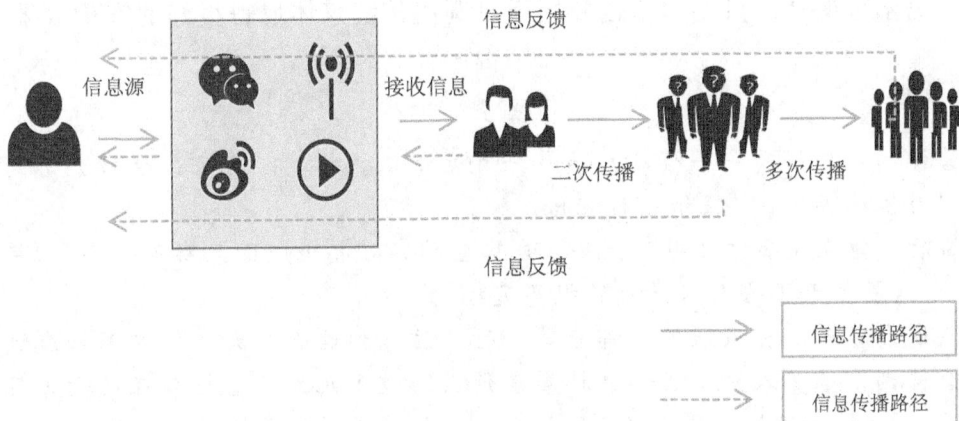

图 7-11　自媒体传播媒介传播形式

2015 年 4 月电影《战狼》在正在积极准备上映。该影片在同期电影中并没有太多的亮点，剧组的宣传投入也不是很大。但它却成为当时票房的一匹大黑马，不但票房超出同期影片一大截，其后上升的空间仍很大。究其原因，最大的可能性就是用户的口碑效应发挥了作用。如在豆瓣上影迷对战狼这样评价，如图 7-12 所示。这无形中就进行了一次次免费的宣传。

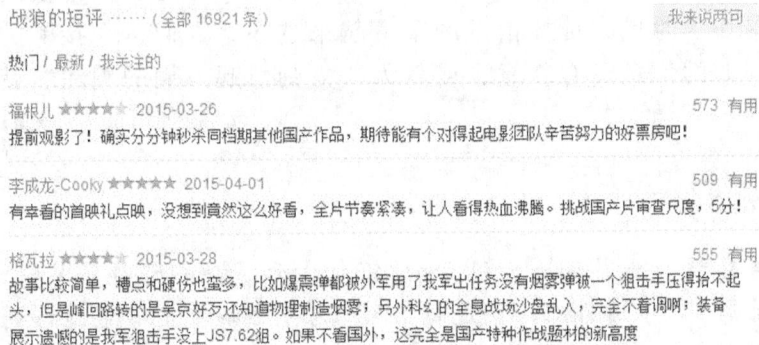

图 7-12　豆瓣网友对《战狼》的评价截图

口碑营销成功率高、可信度强，因其传播的影响力大，常常被业内人士称为"病毒式营销"。口碑营销是利用舆论的力量来进行宣传的一种手段，因此产品拥有一个良好的口碑非常重要，起码要让自己在圈子中拥有好口碑，否则很难产生更大的价值。

同时也要注意，在今天这个信息爆炸、媒体多样化的时代里，消费者对所谓的口碑具有极强的免疫能力，对于没有创意的口碑充耳不闻、视而不见。因此，企业策划者需要制造新颖的口碑传播，以吸引大众的关注。

新媒体的兴起对传统媒介的冲击非常大，这也使大部分企业纷纷转向了新兴媒介。值得注意的是，尽管如此也不能否定传统媒介的作用，传统媒介在传播速度、传播范围上劣势很明显，但由于其稳定性较强，仍握有一大部分中老年客户资源，仍不可忽视。只要善于创新同样可利用传统媒体取得很好的宣传效果。

案例

碧桂园在广州的一个楼盘的销量一直处于低迷状况。后来，这家公司的老板想到利用传统媒介——报纸进行宣传。

随后，他在《南方日报》上登载广告宣传。在整个版面只有五个字："寻找碧桂园！"这五个大字给人以强烈的视觉震撼。

报纸出版后，买报纸的人都能第一时间注意到这五个大字，但不知道到底什么是碧桂园。很多人都心想：碧桂圆是什么？过了几天，碧桂园在《南方日报》上登了一整版："有人发现了碧桂园！"这下，碧桂园引起了读者更大的好奇心："碧桂园是什么？"这个大大的问题悬而未决，甚至有人打电话到报社询问。

又过了几天，同样的报纸，同样是一整版广告："碧桂园是你安在广州的家！"

这时，人们才恍然大悟，"碧桂园"原来是一个新建小区。由于连续三版宣传这块房产，很多人都在关注碧桂园。当知道碧桂园原来是一个新建小区时，已经激发起来的好奇心使得消费者忍不住前去咨询。很快，楼盘销量被带动起来。

案例中的碧桂园很好地利用了传统媒介——报纸，不但顺利打开了销路，而且收到了非常好的效果。值得注意的是，企业在利用媒体时要懂得使用技巧。毕竟在这个信息爆炸的时代，传播信息的渠道越来越多，人们每天接受的信息量越来越大，如果企业的信息没有新意，或者无法立刻引起人们的关注，就会淹没在信息浪潮中。

问题与思考

对于品牌建设，业界有一类观点："销量上来了，品牌自然就做出来了""做销量，不做品牌""终端为王、渠道制胜"。这种思维都是非常荒谬的。品牌建设需要大量的时间和成本投入，一些企业为了短暂的销量，就舍弃品牌建设，或者干脆杜撰出荒谬的品牌建设思路。这样做从长远来看，无法创建强势品牌，企业是不会有未来的。只有在品牌战略的指导与统率下，既提升销售又增进品牌资产，企业才会有未来。那么，在品牌建设上如何兼顾企业的短期利益呢？

第8章
制约|互联网、移动互联网营销未来的发展障碍

导语

网络营销的过快发展也为自己的未来之路埋下了不少隐患，由于人为、技术等各种漏洞的存在导致网络营销过程中出现了这样或那样的问题。问题是客观存在的。对企业来说，在积极规避的同时还需要努力提高自己，提高警惕，有足够的防范意识，同时要规范自身的行为，加强网络营销体系、制度建设，为应对可能出现的问题做好充分准备。

8.1　网络营销运营中较突出的问题

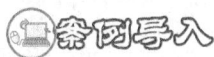

案例导入

爱码案件透露了什么

2016年11月8日，警方破获了一起全国最大的信息泄露案件——爱码案件，从而揭开了验证码平台背后的黑色产业链。在这起网络盗号案中，包括爱码在内的多个非法平台通过制造假验证码介入企业销售平台，从而获取网站上的信息（使用一种叫"猫池"的插卡设备，提供上万个网站项目的接收验证码服务，诱导消费者使用）。这种行为不但造成了销售平台方的利益损失，还构成了欺诈行为，直接危及消费者的利益。

据了解，这种行为主要集中在外卖、订餐平台及一些电商平台上，因为很多平台为了保证注册用户信息的真实性，防止恶意注册和撞库登录等问题，都会在注册、登录模块设置短信验证码进行身份验证。基于这种商业模式，一些利用验证码获取利益的不法平台便滋生了。

不法分子使用"猫池"设备钻了平台设置登录验证码的漏洞，猫池就是一个

能插多张手机卡的简易手机，可以理解为 N 卡 N 待。当把手机 SIM 卡插入"猫池"后不管有没有实名或是否欠费，只要可以接收短信就可以使用。一台电脑可以连接几台"猫池"，每台"猫池"根据端口数量的不同，能同时插入 8～64 张手机 SIM 卡，就可以形成验证码接收平台，从而以新账号的姿态在各种平台上注册，成为所谓的新用户。

将"猫池"及手机卡接到爱码这样的验证码平台上，手机号码注册电商平台或网站之后，卡商就会接收到验证码短信，打码后再传送给验证码平台，最后验证码平台将结果反馈给与此有连接服务的扫号软件，直接让黑客绕过短信验证实现撞库。在黑客绕过短信验证实现撞库后，个人信息和账户中的财产将全被盗走。

以某外卖平台首单优惠 20 元来算，用户用黑卡订餐，付给刷手 10 元外，自己还能省下 10 元。为了天天吃上很便宜的外卖，许多普通用户成了黑卡平台获利的帮凶。

总结

爱码案件说明网络营销并不是绝对安全的，企业和消费者在享受其带来的便利和红利的同时，还须注意潜在的风险。

思考

随着智能手机的普及，通过短信进行二次验证是成本最低、最简单便捷的验证方式，但手机登录验证码真的安全吗？答案是否定的，且目前基本上没有什么有效的防范措施。这时就有必要弄清楚不法分子会使用哪些手段盗取验证码，试着分析下手机短信验证正在遭遇什么样的威胁。

8.1.1 概述

网络营销在带来机遇的同时也隐含着很多隐患，尤其是在新网络营销时代，这种隐患会带来各种各样的问题。本节分别阐述了网络营销中较突出的 4 类问题，包括网络完全问题、配送问题、人才问题和支付问题。

8.1.2 网络安全问题

就网络营销的影响力和其在实际中运用的成果而言，经过二十多年的发展，其模式基本成熟，也成为企业扩大业务、参与市场竞争的重要武器。但任何东西都是不断发展变化的，随着互联网技术越来越成熟，技术更新速度越来越快，移动终端、新媒体、大数据、人工智能等的出现，使新时代的网络营销涌现出了很多新特点。这丰富了网络营销的手段，使得网络营销具有信息蕴涵量大、信息传播范围广、速度快、无时间地域限制、可双向交流、反馈及时等特点，大大强化了网络营销的效果。

新网络营销的优势也是以往传统网络营销不具备的，这些新模式在有利的同时也有其弊端，最大的弊端在于安全问题。

谈起网络安全，许多人闻之色变。"网络黑客""木马""病毒"的危害极大，一旦被这些侵入会造成重大损失。因此，许多企业，尤其是电商总是心存恐惧，甚至不敢接触。安全问题也严重影响到了对网络依赖比较大的网络营销。许多企业在做网络营销过程中都遭到过网络安全的威胁。这些威胁最大的侵害是盗取企业商业机密、客户信息等。

网络营销本身就是以信息蕴含量大、传播速度快而著称，而由于网络的开放性，这些信息在传播过程中被泄露的可能性非常大。这种现象是伴随着网络营销的产生与生俱来的。在新媒体、自媒体日益开放、多样化的今天，这种现象更加普遍，几乎成了网络营销无法治愈的顽疾，严重损害到了企业的利益。

网络安全问题虽然可怕但并不意味着其不可防范。与任何事物一样，当我们不了解它的时候，在心理上往往存在一种恐惧感，而一旦了解了它，掌握它的基本规律就能采取相应的措施。网络营销安全问题也是如此。

从总体上来看，网络安全问题主要有两大类：人为安全问题和技术安全问题。

1. 人为安全问题

人为的安全问题，就是指在网络营销或者电子商务过程中，由于人为因素而造成的问题。如人为操作失误，操作人员对流程不熟悉而导致的交易失误，故意设置骗局，欺骗诱导消费者等。

阅读链接

国家大力整治人为诈骗

人为的欺骗、诱导，已经不仅仅是网络营销领域的问题，而逐步发展成为一个社会问题。现如今个别不法人员特别善于利用网络工具进行诈骗活动，骗取他人钱财，如网络诈骗、电信诈骗等，严重影响到人民的利益和社会安定。

造成这一网络安全性问题的原因是多方面的，除了企业监管不力，消费者防范意识薄弱外，也与我国缺乏健全的市场信用机制，对于网络上的一些违法行为难以追踪和约束有关。

从国家层面上来看，这一问题已引起了政府的高度重视。目前，我国已经开始着手建立个人征信系统。CA认证系统的完善，网络实名、银行账户实名、实名交易等的推行，也在一定程度上加速了网上诚信系统的形成。但是由于网上诚信系统的建立是一个长期的过程，系统的完全成熟还需要一定的时间。

除了国家在宏观层面上对不法分子的打击外，企业作为网络营销的发起者和实践者，自身首先必须意识到问题的严重性，采取有力措施提高自己、完善自己，如强化基础所设置建设，加强员工操作技能、防范意识等。

企业应对网络安全人为安全问题有以下3条措施。

（1）做好网络营销基础设施建设工作

应用网络营销的企业必须在基础设施上有足够保障，如电脑配置、网络安装、线路的维护与管理以及必要的加密、防盗技术等。

（2）对工作人员进行培训

人为的操作不当是产生网络安全问题的一个重要的原因，如工作人员对网络营销活动不够熟悉，操作不够熟练等。对此，企业应该对营销人员展开技能培训，让每个营销人员从技能上认识和接受网络营销，自觉提高自身的网络知识和操作技能；熟悉网络营销的相关规则和流程，掌握相应的操作技巧。这些技能不但能大大避免安全问题的发生，还能极大地提高工作效率。

（3）加强宣传和学习

很多安全问题的发生还源于防范意识不强，对此，企业应该重视宣传工作。要求员工在交易过程中警惕骗局，提高防范意识。同时，要组织人员学习网络营销相关的法律法规，这样能在经营过程中避免触犯法律。在网络营销过程中出现矛盾纷争的时候，企业也可以利用法律武器，维护自身利益。

2. 技术性问题

技术性安全问题，是指在网络营销和电子商务过程中，因技术性的原因导致的安全问题，如病毒入侵、黑客盗取密码等。大部分黑客都可通过破译密码主动进攻，如通过窃听、篡改、重放、假冒、渗透、流量分析、拒绝服务等手段进行偷窥，也可通过木马程序进行偷窥，或使用下载软件中夹带的新特洛伊木马程序窃取个人私密信息，对信息进行非法利用和破坏。

网络入侵者可以直接入侵信息端口或者木马软件，窃取企业产品或客户资料信息，或者截取企业所发出的一些通信信息。如果入侵者掌握了企业信息的格式和规律后，通过一定的手段篡改和发送假冒信息。网络入侵者通过获取，或篡改企业信息，将其转卖以营利，甚至破坏企业网络系统，对企业造成重大的破坏力。

为了更好地应对技术安全问题，企业可从以下两个方面着手。

（1）应用安全协议

应对互联网上的一些木马和病毒，使用安全协议是比较有效的措施。近些年来，针对电子交易安全的要求，行业内推出了不少行之有效的安全交易标准和技术。如安全超文本传输协议（S-HTTP）、安全套接层协议（SSL）、安全交易技术协议（STT）等。所有这些安全交易标准将成为网上交易安全通信协议的工业标准，有望进一步推动 Internet 电子商务市场的健康发展。

（2）安全软件的安装与使用

对于企业来讲，安全软件的作用意义重大。因为企业是注重经营管理的，不可能分出太多精力来进行安全问题管理。而安全软件是由专业的软件公司开发的，对于常见的网络安全问题他们都有比较好的解决方案。

具体来说企业可以使用防病毒软件和防火墙等，对病毒进行防护和查杀；使用安全的交易方式进行交易如支付宝、安付通等；使用安全支付方式进行支付，如工行U盾、电子支付卡等。这些措施将极大地提高网络交易安全性，确保企业的信息安全。

8.1.3　货物配送问题

配送问题就是物流问题，物流是原料和商品流通的重要环节、在网络营销中，所谓的物流专指商品从厂商到渠道商，从商家到消费者之间的实物配送过程。这个环节被认为是现代网络营销中不可或缺的环节，高效的物流系统才能保证企业的网络营销达到理想效果。然而，由于我国的网络营销发展速度极快，相应的物流体系无法跟上。久而久之，配送问题成为制约网络营销发展的瓶颈。

最典型的案例就是每年节假日促销时，电商做的营销宣传很大，消费者的购买热情也相当高涨，但由于物流后劲不足，爆仓现象经常发生。大批货物积压在仓库里，或滞留物流企业处。商品迟迟无法到达消费者手中，削弱了消费者的消费体验，甚至对消费者实际利益造成了很大的伤害。

物流的滞后性一方面妨碍了商品的快速流动，另一方面影响到了消费者的利益，从整体上讲降低了经济的总体活力和水平。因此，企业应该想办法解决物流问题，与物流企业进行战略性合作，或者自建物流体系。在这点上一些大的电商企业已经走在了前面，如淘宝与中国邮政合作开辟了农村网购市场，京东大力投资自建物流体系等。

✖ 案例

淘宝开辟农村市场之后，洗衣机、液晶电视等大家电出现了热销狂潮。巨大的市场背后是物流的完善，阿里巴巴搭建的农村淘宝物流网络，基本实现全国农村市场 100% 覆盖，而且时效上已接近于城市网购。能开辟如此庞大的市场得益于其与中国邮政的合作。

中国邮政是全国唯一一张无盲点覆盖农村、偏远、极寒地的物流网络，拥有快递服务营业网点十多万处。考虑到偏远地区消费者的需求，阿里巴巴旗下的菜鸟网络于 2013 年将中国邮政引入淘宝平台，为商家和消费者提供物流服务。目前大多发往农村的包裹，都是通过中国邮政的物流网络来实现的。

另外，随着农村淘宝的布点战略，淘宝正在构建一张高时效和高稳定性的村淘物流网。通过在县城设立公共物流网点，并且整合县内的货运及落地配送资源，打通县到村的物流。快递公司将包裹投递到菜鸟在县城设立的公共网点后，由当地物流服务商送往农村。时效上，农村淘宝物流网接近于城市时效，包裹到了县城之后次日必定送入村点。

✖ 案例

京东于 2015 年 4 月推出 "211 限时达" 工程，吸引了无数人的人眼球。这项工程具体是指：用户在上午 11 点之前提交订货订单的，必须当日送达；夜里 11 点提交的订单必须于次日上午送达。

这是京东的自建物流配送后对所有快递人员提出的要求，从侧面表现出了京东非常人性化的物流体系，在降低成本的同时进一步吸引消费者的购买。京东建立的这种强大的物流体系是其与传统模式不同的地方，可以说这是京东的独特创新之处。

京东具有中国目前最快速、最全面的物流系统。京东之所以能够以这种姿态面向消费者得益于它产业链的高效整合。首先，众所周知顺丰是很优秀的快递，如果采用外部的快递公司的话，这个成本是可想而知的，成本的提高必然造成价格的上涨，而京东本身采用的是低价营销策略，这就会导致京东的利润的降低。所以当时京东 CEO 刘强东就提出建立自己的物流系统的想法。

这个举措虽然对京东来说会增加成本，但从长远意义上来说无疑是具有重大意义的。它不但使京东有了自己的物流，还大大方便了消费者。

尽管一些大的电商在努力改善自己的物流体系，并作出了很大的成绩，但仍掩盖不了我国物流发展水平整体比较落后的局面。

这种落后是整体的、多方面的。首先，在物流配送的硬件设施方面，我国的物流企业普遍基础设施较差、相关设备不配套，现代化水平偏低。其次，在信息系统方面，物流体系自身的社会化程度、组织化程度低、信息化程度，没有形成覆盖面广泛的集成化、社会化、标准化的物流网络服务体系。特别是随着电子商务的快速发展，我国的物流业取得的进步有目共睹，物流企业已经开始逐渐能适应市场的变化，满足物流市场增长的要求。但网络营销的发展进一步促进了物流需求的急剧膨胀，物流企业的发展就显得落后于市场的需求。

8.1.4 人才问题

网络营销以其成本低、效果良好深得企业的青睐和欢迎。但网络营销毕竟发展太快，20 多年来行业始终处于一个新兴的阶段，很难寻找到既懂得网络技术，又懂得网络营销的复合型人才。各大公司往往很难招到合适的人才。这已经成为制约企业开展网络营销和实现全面发展的一个很大瓶颈。

市场上网络营销人才还处于一个供不应求的局面。2013 年我国在这方面的人才缺口高达百万。2015 年这一数据已经攀升至 300 万。谁是互联网营销的人才，谁就能淘到真金。

很多企业每年都大规模地招聘具有丰富经验的网络营销人才。国内一家 500 强企业市场部负责人坦言，"网络营销对企业发展至关重要，但目前很多企业都陷入网络营销人才匮乏的尴尬境地。"

Google、百度、阿里巴巴、淘宝网等，都在大规模地招人，以满足公司迅速扩大的市场规模需求。还有房产、卖场、电器、电视购物、信息技术、网络科技等各行业也都在积极招聘网络营销人才，希望通过网络渠道拓展市场。业内既熟悉网络营销、网站运营，又熟悉行业和技术的营销高手，成了网络业界各行业挖角的焦点。

招聘岗位中，销售代表、渠道销售经理、网络销售顾问、商务代表、客户维护经理等都是热招的岗位。

阅读链接

网络营销人才应具备的基本技能

1. 熟悉互联网行业，掌握网络营销、网络消费行为心理、互联网发展背景与趋势、搜索引擎排名、网络广告、点击率等互联网知识。此外还要具有一定的统计分析能力，具有网站推广经验。

2. 掌握 B2B、B2C、C2C 等网络营销模式，能以多种网络推广技术和方法协助公司开拓网络营销资源和渠道。

3. 对该领域针对的客户或服务的企业有全面了解，能为企业量身打造合理的营销方案。

4. 掌握市场营销技能。具备一定的市场营销知识和技巧，沟通能力强，有较强的团队合作精神。

未来网络营销人才的定位是复合型人才，既要具备一定的营销理念和互联网思维，营销型网站策划与实现、网络整合推广等专业技能，又要具备市场调研、网络广告、搜索引擎营销、网络营销等实战落地的执行能力。这是因为网络营销是一门综合的知识学科，其核心是营销，而营销的核心则是策划与创意。在全民网络营销到来的时代，企业对网络营销人员的核心能力提出了更高的要求。个人应加强网络营销的核心技能培养，通过学习和实训，将自己培养成专而精的网络营销人才。

据此近些年，还出现另一种热门职业——网络营销师。这是一个从事市场分析与开发研究，为企业生产经营决策提供咨询，并进行产品宣传促销的职业。尽管这个职业的出现有十年之久，但一直没有被重视起来。由于该职业长期处于一个休眠状态，需求也不是很大，直到 2015 年后开始出现大热。

扫一扫延伸阅读 就业前景：营销师职业现状很有潜力
http://www.exam8.com/zige/yingxiaoshi/hangye/201501/3158764.html

网络营销师是人力资源和社会保障部为应对我国市场经济新形势对销售与市场营销人员提出的新要求，是为满足社会对营销人员向纵深发展的需要，于 2006 年新设立的职位。该职位可分为助理营销师（国家职业资格三级）、营销师（国家职业资格二级）、高级营销师（国家职业资格一级）三个级别。

对于企业来讲，如何解决人才不足的问题呢？可以从以下 3 个方面着手进行。

1. 优化流程，实现高效的社会招聘

招聘是企业引进人才最重要的途径之一。企业在进行详细的需求分析之后，通常就进入了具体的招聘环节。为了保证这一环节的有效实施，人力资源部门、用人部门以及企业的其他辅助部门必须制定严格、科学的流程，并坚决按照规定的进行。

值得注意的是，在设置招聘流程时需要注意以下 3 个问题。

流程设置的科学性：可通过参与完成招聘流程相关工作的人员反馈着手，听取被招聘者的建议和意见，从而进一步提升流程设置的合理性；

流程分工的合理性：招聘流程所涉及的相关工作是否有明确的、合适的对象负责完成，是否存在职责重叠或缺失的情况；

流程执行的高效性：可从分析招聘相关工作在每个流程节点的实际流转时间着手，找出影响流程效率的节点所在并分析其原因，从而有针对性的改进。

2．开展校园招聘，进行人才资源储备

校园招聘已成为许多企业争夺人才的重要渠道，其不仅能够提高招聘的针对性、帮助企业高效地找到合适的人才，而且也是企业大规模储备高素质人才的重要途径。通常来讲，大型企业或外企都会与某几个院校达成合作伙伴，进行战略性的合作。对于这类型的企业选择学校这一环节就比较简单了。

校园招聘一个很重要的环节就是打通学校这个环节，与高校实现战略性的合作。在正式招聘前，需要事先确定高校，并结合专业需求和市场情况，确定在哪些院校的哪些专业进行招聘。这通常需要企业招聘人员与校方提前取得联系，并取得对方的支持。

在学校的选择标准上通常有这么两点：一是知名度，至少在某个领域，某个专业的知名处在中上游水平；二是参考历年的数据，如学校的毕业生的就业率、对公司贡献度等。

3．注重内部挖掘，加大培训力度，自行培养人才

企业培训是获得人才的主要途径之一，很多著名的企业除了高薪聘请外部人才外，还十分注重内部挖掘。最重要的就是加强内部员工的培训，提高他们的工作技能和工作能力。因此，企业有必要成立专门的培训小组，定期或不定期对员工能进行业务指导，并加强与外界培训机构的合作，各大企业的交流，以使内部人才得到最大限度地挖掘。

8.1.5 支付问题

支付问题是网络营销中表现最为突出的一个问题，也是一个比较特殊的问题，大都只出现在从事电子商务的企业。目前，所有从事电子商务的企业基本上都开通了线上支付服务。线上支付已经成为电子商务领域不可缺少的一环，它不仅帮助企业实现了销售款项的快速归集，缩短收款周期，同时也为个人网上银行客户提供了网上消费支付方式，使客户真正做到足不出户，网上购物。

目前在线上支付市场中主要存在两大类支付平台。一种是网银支付，这是各大银行推出的支付系统，也是运用最早的一种方式。另一种是第三方支付，如支付宝、微信支付、易宝支付等。这些都是随着网络技术、移动互联网的发展而不

断出现的，并由于经济、快捷、高效等特点逐渐成为支付市场的主流。

阅读链接

线上支付主要有以下两大方式。

1. 网银支付

直接通过登录网上银行进行支付的方式。要求：有个人网上银行。开通网上银行之后的操作很简便，可实现银联在线支付，信用卡网上支付等。

2. 第三方支付

第三方支付本身集成了多种支付方式，包括移动支付和固定电话支付。

最常用的第三方支付是支付宝、财付通、环迅支付、易宝支付、快钱、网银在线等，其中运用最多的为支付宝、微信支付。

除了上述两种支付方式外，现在很多互联网公司也开始推出自己的支付系统，纷纷抢夺网络支付这个大市场。如 2016 年 2 月，苹果公司在中国正式上线 Apple Pay，并与多家国内银行合作签约。此后，三星、华为和小米移动支付应用相继上线。

随着我国支付体系的不断完善和电子商务的快速发展，线上支付与广大消费者日常生活的结合日益紧密。线上逐步成为社会重要的支付方式之一。特别是金融科技创新驱动下，经过市场参与主体的共同努力，网络支付产品和服务创新不断涌现，应用场景和领域不断拓展，总体呈现跨行业、跨市场、交易对象广泛的特性。

然而，线上支付是一个重要而复杂的系统，业务模式、信息载体、交易渠道和身份认证方式等各方面都会发生变化，因此网络支付时刻面临着新的风险和挑战，并呈现出一定程度的复杂性。它需要不断演进，以满足各种新的需要，应对各种新的挑战。与国际支付相比，目前我国支付的技术手段尚不成熟，安全通用的电子货币尚处于研究认证阶段。由于技术、政策、人为等诸多方便的原因，这一环节屡屡出现问题，从而为整个电子商务工作埋下了隐患。

1. 技术漏洞

支付技术层面的隐患：一是支付类病毒增长迅速，可以读取、截获手机上的短信验证码并通过网络进行转移，再结合用户的身份证、银行卡号等信息实现盗刷；二是部分创新业务在支付环节身份认证强度较弱，过度依赖短信息验证，且在部分操作环节中具有一次认证可重复使用的特征，交易信息容易被拦截或篡改；三是条码、声波、指纹等识别技术被尝试应用于网络支付（含移动支付），但尚无统一的技术标准、检测认证标准及业务规范。支付指令载体可能被嵌入木马、病毒等非法内容，导致在客户身份识别、访问控制、数据保密性、抗抵赖性等方面存在一定的安全隐患。

2. 政策漏洞

目前，很多支付平台推出了创新业务，这些业务其实都突破了国家和行业的监管边界，使得这些业务面临潜在的政策和法律风险。

随着互联网金融的迅猛发展，平台战略在网络支付领域的深入应用，支付服务提供方不断拓展业务应用领域。如部分产品或服务已涉足基金理财、保险理赔、供应链金融、P2P 网贷等传统金融行业或领域，呈现出跨行业、跨市场的特征。

这些提供某些新型产品或服务的商家、机构，可能暂不具有或未被要求具备从事相关业务许可的资质，容易在经营过程中突破业务边界或监管红线。部分二清机构在收单机构和特约商户之间形成了资金和信息的阻断，能够随意控制、篡改或隐匿特约商户信息，使得交易信息的完整性、真实性和可追溯性无法得到保障，为信用卡套现、洗钱、盗刷等不法行为提供可乘之机。

为此，我国正在加强金融领域的立法建设和信息安全管理力度。对现行涉及金融等重要行业领域的法律法规的信息安全条款进行补充完善，尤其针对金融全球化带来的信息风险要提供法律上的保护。我国出台了支付机构网络支付业务管理办法，进一步完善了移动支付产业监管相关法律法规，维护了消费者的合法权益。

3. 人为隐患

部分不法分子网络犯罪技术不断升级、犯罪手段趋于隐蔽，增加了对木马病毒、钓鱼网站、伪基站等拦截、排查、预警的难度。根据《2015 中国移动支付安全绿皮书》显示，从支付安全的角度看，恶意程序、钓鱼网站、诈骗短信和诈骗电话已经成为威胁移动支付安全最主要的 4 个因素。

在线支付最核心的是安全性。网上支付安全问题在一定程度上影响了人们对网上交易的信任度，制约了网络营销系统的发展。那么，该如何解决这些问题？这就需要银行、企业和第三方支付平台共同努力，形成一个全方位、多层次的保障体系。

线上支付在安全性方面需要有多方面保障。一方面由银行方面保障，当用户选择了在线支付后，在需要填写银行卡资料时，实际上已经离开本站服务器，到达了银行的支付网关。国内各大银行的支付网关，都采用了国际流行的 SSL 或 SET方式加密，可以保障用户的任何信息不会被任何人窃取。另一方面各大第三方支付平台也会做出相应的安全措施。如 Visa，中文译作维萨，或维信，是美国的一个信用卡品牌，由 Visa 国际组织负责经营和管理。

案例

Visa "三管齐下" 确保支付安全的策略，"三管" 分别是预防、保护和响应。

预防：通过采取安全措施防止犯罪集团及其他犯罪分子窃取支付数据。这些措施是长期计划，旨在从支付产业的长远利益考虑，加强支付基础设施的建设计划。这是一项需要持续开展的计划，目的是保护持卡人的账户数据，使其免遭欺诈罪犯的窃取，并通过采用动态数据加密确保支付数据对犯罪分子而言失去价值。这是今后进行风险管理工作的重点领域。

保护：防止犯罪集团及其他犯罪分子利用窃得的数据实施犯罪行为。在不同

POS 环境下实施的验证计划，防止被窃账户数据的使用。该计划属于中期计划，目的是进一步确保对持卡人的安全保护和身份验证，确保支付系统只接受真实可信的交易。

响应：通过对事件的监测和管理，减少其对支付行业的影响，为应对当前的挑战、防止进一步损失提供战术上的支持。具体包括欺诈监测、共同购物点（CPP）的侦测、对所有利益相关方的培训和教育以及其他促进业内互信、合作伙伴关系及合作的行动。

交易的支付隐患极大地影响了网络营销系统的发展，这对于提高网络营销系统的效益和水平是不利的。简而言之，安全是一项需要共同承担的责任，不存在任何"灵丹妙药"可以将问题彻底解决。整个支付行业的安全性并非是由所采取的安全措施来衡量的，而是由支付系统中安全性最薄弱的环节所决定的。也就是说，提高支付系统中各个薄弱环节的抗风险能力才是有效确保整个支付行业安全性的最佳手段。

问题与思考

总结网络营销运营过程中出现的安全问题、配送问题、人才问题和支付问题，各自都是由哪些因素造成的，客观原因有哪些？人为原因有哪些？哪些问题在短期内可以解决？哪些问题无法解决，只能尽量避免？

8.2　企业应对网络营销问题的建议和对策

案例导入

兰亭集势的兴起与衰落

兰亭集势是国内最大的在线外贸销售网站之一。网站拥有来自世界各地的千万个注册用户，业务范围覆盖北美洲、亚洲、西欧、中东、南美洲和非洲国家多达 200 个。

该网站的发展极为迅速，网站成立于 2007 年，仅用 3 年的时间就做到了国内第一。2010 年成为我国跨境电子商务平台的领头羊。2013 年 6 月 6 日晚兰亭集势在美国纽交所挂牌上市，达到了行业新高度，在全球所有网站中排名 1624，国内第一。

兰亭集势的商业模型是跨国 B2C，用谷歌推广，用 Paypal 支付，用 UPS 和 DHL 发货。其实就是通过自有电商平台——B2C 平台（内部叫作 L2C）将国内的东西销往国外。最开始网站是做婚纱外贸，婚纱价格高昂，便宜的国内婚纱在国外很有销量，兰亭集势也因此获得了自己的第一桶金。当时兰亭集势的创始人特别看好 B2C 这个机会，于是便在这上面发力，主攻外贸方面。随后兰亭集势聚集了一系列的国内供应商，并拥有了自己的数据仓库和长期的物流合作伙伴，从而一举在外贸中占有一席之地。

然而，这个道路既为兰亭集势赚取了巨额的利润，也成为了后来制约其发展的因素。对于兰亭集势来说最大的问题就是，海外市场的开拓难度越来越大。海外有 eBay、亚马逊，而这些巨头所积累的用户量是兰亭集势难以匹敌的；而在国内速卖通开始崛起，速卖通背后的阿里和淘宝，意味着的是其背后数十万甚至更多的金牌卖家和产品。速卖通深度和广度上，比兰亭集势更胜一筹。

如果说，这些外部原因是导致其走下坡的原因之一，内部原因则危害更大，包括平台管理、营销手段、仓促问题、服务问题。兰亭集势在建立了自己的平台后，长期面临着的一个问题，就是营销手段不再适应市场需求。

关于营销手段，兰亭集势基本采用的是购买 Google AdWords 和 SEO 的方法来打广告，但是随着谷歌算法的变化，导致其获取流量困难，而独立站主要就是靠流量来盈利。而且品牌回购率低，兰亭集势则需要不停加大广告投入来赢取用户，如此一来，成本自然上升。

与此同时，兰亭集势存在人员不够、分工不清、职能不明的问题。管理人员和服务人员分工不清晰，很多时候没有服务人员，客户根本不知道从哪里找客服，邮箱也是形同虚设。

据相关负责人介绍，有的人员对平台很负责却不熟悉业务流程，有的人员熟悉业务流程却疏于平台管理，结果导致客户的诸多不满。经过一番调查研究后，兰亭做出了一个重大决定：即强化对平台的分权管理，业务员不再负责管理客户的服务，只需负责业务即可，平台的管理和维护由专职人员统一来做。

为此，兰亭成立了推广部，专门对平台进行管理和维护，专职的推广的确给兰亭集势带来了可观的改变。如平台效果趋于稳定，使维护更加专业，更加有效率；业务人员更加专注于自己本职工作（客户询盘的跟进）。

总结

兰亭集势的案例说明，任何一种网络营销方式都不会永远是最好的，随着市场形势和消费者需求的转变，必须善于创新。外部要研判形势，优化渠道，找到市场空白点，化被动为主动；内部要组建强有力的团队，积累足够的专业人才，科学的管理制度，以适应市场新需求和消费者的新需求。

思考

网络营销遇到的问题，既有客观的外部市场原因，也有主观的内部管理运作原因。那么，外部原因有哪些，内部原因有哪些，在实施一个新的网络营销措施时，又该如何最大限度地避免这些问题呢？

8.2.1　概述

网络营销是 21 世纪营销发展的重要方向。企业在进行网络营销的过程中面临诸多环境、管理和技术方面的问题。本节对企业开展网络营销的现状及其存在的问题进行了分析，在此基础上提出企业有效开展网络营销的对策。

8.2.2　企业上下树立网络营销意识

如今，网络营销虽然被炒得火热，很多企业也认识到了网络营销的重要性。但是企业在实际运用中却不够充分，很多网络营销方面的具体工作被置之不理。如有的企业虽然有企业网站，但页面粗糙，图片不显示，链接出错，网站的作用近乎为零；有的企业虽然也开通了微信公众号、APP 等新媒体渠道，但没有专门人员去管理、维护，内容粗制滥造，无法真正吸引高质量的客户。这说明，很多企业领导，或营销人员的网络营销意识仍很薄弱，做网络营销徒有其表，没有深入核心。如有的企业对网络营销存在很多误解，片面地认为网络营销就是网上销售，就是建立简单的企业网站，或做新媒体等。还有的企业把网络营销看的过于"神秘"，尤其是中小企业，以为那是大型企业或高科技企业才能做好的事情，认为只有工程师和 IT 精英才能使用互联网开展营销。其实，这都是没有充分认识到信息时代网络这一虚拟市场对企业未来竞争巨大影响的具体体现。

网络营销是一种新的营销技术，更是一种意识。网络营销工作开展的好坏，是企业互联网意识的主要体现。在电子商务（主要指网上购物）越来越普及的今天，通过互联网进行信息宣传和扩散，与客户沟通，对企业营销工作具有非常大的意义。如果能很好地网上的信息沟通和网下的业务流程相结合，必将可以给企业带来客观的社会效益和经济效益。

因此，企业开展网络营销首先要从意识上重视互联网的作用，真正地去执行，去落地，构建完善的网络营销体系，做好每一个细节。

8.2.3　打造线上运营品牌

在传统的线下市场，很多企业非常重视品牌建设，其实，做线上市场也是一样的。网络营销的最终目的就是打通线上市场，建立一个持续、强大的网络品牌。而打通线上市场就必须先有品牌，先有品牌才有市场。因此，企业做网络营销，要重视线上品牌的打造，通过品牌知名度、美誉度影响市场。

世界上所有著名企业都十分重视网络品牌建设。如微软、谷歌、Facebook、亚马逊以及 eBay 等，其中 Google 是最成功的网络品牌之一。当想到 Google 时，大多数人头脑中的印象不仅是那个非常简单的网站页面，更主要的是它在搜索方面的优异表现。所以说网络品牌体现了为用户提供的信息和服务，有价值的信息和服务才是网络品牌的核心内容。

直到 2000 年以后中国市场营销才真正迎来网络品牌时代，产生了许多互联网企业，如淘宝、凡客、一号店、唯品会等。在这之前很多企业在网络营销时只重视网络广告的宣传和产品销售，而忽略了品牌的力量。但一个企业若是想做大做强，只会打广告、卖产品是不够的，还必须树立强大的网络品牌。所谓的网络品牌，它包括两个方面的含义：一是通过互联网手段建立起来的品牌，二是互联网对网下既有品牌的影响。两者对品牌建设和推广的方式和侧重点有所不同，但目标是一致的，都是为了提升企业整体形象。

那么，企业该如何打造线上品牌呢？

首先，要向客户传递最价值的产品。

产品是品牌最核心的资源，网络品牌建设必须特别重视产品质量，只有产品被消费者接受才会在消费者心目中积累起品牌的价值，否则品牌将无法生存。同时，品牌通过某些符号或形式来增加和传递价值，这些符号和想象使其蕴含了独特的内涵，赋予品牌特殊的附加值，让该品牌区分于市场上不同品牌，然而如何提炼文化元素，是品牌设计者必须考虑到的问题。

其次，重视服务，完善服务。

网络品牌不仅仅要靠品牌自身的优势来体现，也要靠服务来体现和传播。良好的、完善的服务是打造品牌的重要手段。服务具体表现在产品描述、客服人员的态度、服务质量、网站舒适度、配送快捷、售后等方面。比如，网络购物的退换货以及产品的咨询是其中重要的环节。企业必须凭借良好服务成为互联网上响亮的品牌，也就是说服务已经成为商品中不可或缺的一部分。

目前产品日益同质化，竞争也越来越激烈，服务成为市场竞争中胜出的重要手段。有不少企业凭借良好的服务在行业中脱颖而出。在基础层次上，企业满足给消费者品质上乘、价格合理的期望；在利益层次上，企业让消费者感受和体验到友好的服务，以及轻松自由的购物体验。

最后，培养客户的忠诚度。

这点是最重要的，也是当前市场的形势所致。从主观上来讲，任何一个网络品牌都不可能在功能实用、设计款式、工艺品质、增值服务所有方面做到 100 分，因为实体品牌都很难做到，所以对于电子商务人来说，就是要找到数个突破点，充分发挥自己的优势资源，公开自己的承诺，并且让整个品牌运营战略和执行层都以实现这个承诺为中心，让消费者的感知价值大于实际价格，这样才能够树立起客户对品牌的忠诚度。

从客观条件来看，即品牌运作的功底不行。中国是制造工厂，在全球的价值生物链处于分利者的最底层，OEM（代工）不赚钱，ODM（原始设计制造商）还勉强，但缺乏核心竞争力，OBM（代工厂经营自有品牌）还刚上路，且由于很多企业技术、投资跟不上，未来发展如何尚不明确。可见，国内的品牌建设与国际有竞争力的品牌毫无可比性。但要相信，那些能够善于发现、敢于创新并有着战略眼光者必定能够在竞争中成为赢家。

8.2.4　加大对网络营销基础设施的投入

网络营销的基础是互联网技术，而互联网技术的发挥离不开互联网基础设施的建设。目前，我国互联网基础设施建设相对落后，中西部互联网基础设施进展缓慢，而且通信标准也低于世界许多国家，这一落后局面已经束缚了我国企业网络营销的发展。

早在 20 世纪，美国为了促进信息技术的发展，就推出了"信息高速公路"的战略。事实证明，这一政策是非常具有前瞻性的。网络经济的发展推动美国经济进入新一轮的高潮。目前，国际上互联网基础建设的竞争如火如荼。日本、韩国和美国正在大力推广更高级别的通信技术，互联网竞争已经逐渐转移到移动互联网之争。相比其他发达国家对互联网基础设施的快速推进，我国目前的 4G 技术还处于初始阶段，而边远地区固定网络还未普及。因此，我国的互联网基础设施建设相比西方国家还十分落后。

在我国互联网基础设施总体较为薄弱的大前提下，企业的网络营销也无法充分发挥作用，而且潜在市场也无法真正快速的开发。因此，作为企业来讲为了实现跨越式发展，应该高度重视互联网基础设施建设，在现有的条件下争取构架一个相对完善的网络营销平台。

就目前的状况来讲，限制企业网络营销发展的硬件通常有 3 个，第一是带宽，第二是网费，第三是 ISP 对接入速率。

就前两个问题，我国正在逐步完善和改革。在未来，网络带宽及速度较低、基础设施落后、网络反应速度较慢、网络运行质量不稳定、电信费用普遍偏高的问题都会得到改观。尽管相比国外互联网的迅猛发展还有些差距，我国互联网基础建设经过 10 余年的发展，已经取得有了较大的进步，基本可以满足企业网络营销的最基本需求，上网成本和费用不再会是阻碍一些中小企业进行网络营销的原因。

扫一扫延伸阅读　网速慢，网费贵？将引入民资进入通信市场
http://politics.people.com.cn/n/2015/0429/c1001-26920741.html

ISP 对接入速率问题其实也是带宽问题，提到接入网首先要涉及一个带宽问题。接入网的带宽被人们分为窄带和宽带，随着互联网技术的不断发展和完善这一问题将会得到彻底解决。在接入网中，目前可供选择的接入方式主要有 PSTN、ISDN、DDN、LAN、ADSL、VDSL、Cable-Modem、PON 和 LMDS 这 9 种，这些问题各有优缺点，并且在逐步优化、升级中。就目前的 4G 网络而言，业内专家普遍认为宽带接入是未来的发展方向。

综合比较而言，企业在进行网络营销时应以 DDN、ADSL、VDSL 接入方式为主。

1. DDN

DDN 是 Digital Data Network 的缩写，主要是面向集团企业。这是随着数据通信业务发展而迅速发展起来的一种新型网络。DDN 的主干网传输媒介有光纤、数字微波、卫星信道等，用户端多使用普通电缆和双绞线。DDN 将数字通信技术、计算机技术、光纤通信技术以及数字交叉连接技术有机地结合在一起，提供了高速度、高质量的通信环境，可以向用户提供点对点、点对多点透明传输的数据专线出租电路，为用户传输数据、图像、声音等信息。DDN 的通信速率可根据用户需要在 N×64kbps（N=1～32）之间进行选择，当然速度越快租用费用也越高。

2. ADSL

ADSL 全称 Asymmetrical Digital Subscriber Line，非对称数字用户环路，素有"网络快车"之美誉。因其下行速率高、频带宽、性能优、安装方便、不需交纳电话费等特点而深受广大用户喜爱，是一种能够通过普通电话线提供宽带数据业务的技术，也是目前极具发展前景的一种接入技术。是继 DDN 之后的又一种全新的高效接入方式。

3. VDSL

VDSL 全称 Very High Speed Digital Subscriber Line，译为超高速数字用户线路。与 ADSL 技术一样，VDSL 也使用双绞线进行语音和数据的传输，不同的是速度更快。换句话说，VDSL 就是 ADSL 的快速版。使用 VDSL，短距离内的最大下传速率可达 55Mbps，上传速率可达 2.3Mbps（将来可达 19.2Mbps，甚至更高）。VDSL 使用的介质是一对铜线，有效传输距离可超过 1000 米。但 VDSL 技术仍处于发展初期，长距离应用仍需测试，端点设备的普及也需要时间。 目前有一种基于以太网方式的 VDSL，接入技术使用 QAM 调制方式，它的传输介质也是一对铜线，在 1.5 公里的范围之内能够达到双向对称的 10Mbps 传输，即达到以太网的速率。如果这种技术用于宽带运营商社区的接入，可以大大降低通信成本。

8.2.5　大力提高网络运营水平

网络营销水平除了受到网速、网费、宽带接入等客观条件的限制，还受一个比较主观的条件限制，即企业的网络运营水平。企业网络营销运营人员的素质和水平高低直接决定着最终的营销效果。

网络营销不仅是把网络作为一个宣传的平台，而且是需要运营的。运营就是对运营过程的计划、组织、实施和控制，是与产品生产和服务创造密切相关的各项管理工作的总称。可见运营不是做好某个方面的工资就可以了，而是重在整体，需要一套完整的、科学合理的模式来支撑。

常见的网络营销运营模式共有 3 种：第一，网络零售。如淘宝、拍拍、当当、京东等；第二，网络批发业务，如阿里巴巴、慧聪，还有其他独立的批发网站；第三，通过网络宣传拓展，线下合作，如各种品牌公司通过网络拓展实体加盟商、代理商，各种代加工、合作等。

企业在开展网络营销之前，应根据公司自身特点和产品优势，先确定公司的运营模式，然后制定出运营方案和目标。不少刚做网络营销的传统企业，对电子商务运营模式这个概念非常模糊，大部分人只知道零售和批发运营模式，或者说加盟和批发的传统运营模式，不懂得如何多模式地开展运营。从运营效果方面来讲，这要求网络运营人员必须具备过硬的专业知识和敏锐的商业头脑。

其实，当前网络运营方面的人才还是比较欠缺的，很多大企业也在高新挖掘和自行培养，但仍供不应求。

阅读链接

网络运营专员的基本职责

1．负责网站数据分析，运营提升。

2．负责搜索竞价平台的管理。

3．协助部门经理建设网络营销的商业流程体系。

4．负责公司网站的规划落地执行。

5．协助部门经理筹划建立部门管理体系，协助员工招聘、考核、管理，协助部门规划与总结。

因为大多数网络营销服务商可为企业上网提供域名注册、虚拟主机或服务器托管申请、网页制作、网站更新维护等一整套服务，有些企业会干脆把网络营销外包给第三方服务商。但由于大多第三方服务只单纯地给企业做个网站，在运营上存在很多不足，因此这也不是万全之策。

网络营销服务商一般是指以互联网为平台，在深入分析企业现状、产品特点和行业特征的基础上，为企业量身定制个性化的高性价比网络营销方案，全面负责方案的有效实施，对网络营销效果进行跟踪监控，并定期为企业提供效果分析报告，让企业真正通过网络营销盈利的企业或个人。一些个人或工作室提供部分网络营销服务的，比如建站服务。SEO 服务的提供方也可以看做是网络营销服务商，只是服务内容较局限。现在一些专门提供网络营销的服务商"水分"很大，宣传上各种服务都可以做，但真正实践起来却不是那样。他们的服务功能不完善、服务水平也是参差不齐。

因此，外包不是最终的解决方法，最有效的方法是提高运行水平，掌握运行核心技术，扩大人才基础。在此基础上将部分非核心的业务外包出去，实现两者的有效解结合。

8.2.6　建立完善的执行体系

企业网络营销能否实现预期效果取决于方案策划是否合理，执行是否彻底。在大多数企业中，网络营销的策划和执行通常都有单独的部门，单独的人员负责。这就是很多企业中常设的一个新兴部门——网络营销部门。网络营销部是网络营销工作的具体策划者和执行者。

网络营销是一个非常全面的系统性工作，非常重视整体性、协调性，因此常常会涉及企业的方方面面，同时也需要分工不同的人来运营，以能够保证营销系统科学、快速、高效率地运转。

一个完整的网络营销部门包括商情部门、策划部门、管理部门、执行部门和反馈部门。每个部门负责的工种各不相同，具体如下。

1．商情部门

商情部门是网络营销的核心部门，其职责主要包括负责了解市场动态，对市场信息做调研，如消费者、竞争者的调查分析；市场销售状况、企业行销的效率分析（网点布局、政策等）；商品的竞争力（对手及企业产品）与利润来源分析等。并将各种信息进行综合分析，为决策提供系统、准确的信息及建议。对各种数据信息进行综合分析，找到问题点、机会点、利益点，做出市场发展预测，提出建议。

该部门职责具体内容见表 8-1。

表 8-1　　　　　　　　　　　商情部门的职责

职　责	工作内容
市场调查	对线上消费者进行调查分析；为新产品上市前的调查、推广进行专项跟踪；调查和分析竞争对手的市场行为调查分析（广告分析、促销分析、公关等）；专项调查或者分析媒介监测机构的数据信息；对本公司的销售活动及行销效率进行分析调查，与专职市场调查公司进行专职调查等
统计分析	对公司内部的销售报表，区域内不同规格产品的销售进行分析，对搜集到的外部信息、资料进行分析
产品分析	竞争对手产品的研究（优、缺点）、产品策略、下一步的主要市场目标；行业内产品的发展动向研究；企业的新产品开发；产品改进建议；消费者对企业产品使用情况的信息反馈（使用者对产品满意度的调查）；企业主利润点、主利润产品等

2. 策划部门

策划部门根据已掌握的信息确定营销方案，确定目标消费者。同时对产品的定位、品质、外型、命名甚至外包装都要体现出"概念"，让消费者感觉到产品的效用，要真正做到以消费者为中心。

值得一提的是，策划部门所策划的营销方案要能够融合影响销售的各个因素，围绕产品概念进行最佳组合，以提供清晰一致的信息，建立统一的形象，产生最佳的效果。企业的市场策略、产品策略、新产品推广方案、促销活动方案、整体宣传（产品宣传、企业宣传、公关宣传等）、人员推销培训等，整合由一个部门负责策划以保证其统一性。

该部门职责具体内容见表 8-2。

表 8-2　　　　　　　　　　　策划部门的职责

职　责	工作内容
新产品推广	制定线上产品的促销策略；制定相应的竞争方案、计划；制定宣传对抗策略；制定新产品线上销售的宣传方案、宣传计划、推广计划、促销活动方案（其中有关传播的部分与广告公司合作）
零售促销（SP）	产品网络途径的零售促销管理；促销活动方案的制定（执行细则、控管细则）；对各部门促销活动的执行状况进行监督处理，对各办事处的执行状况进行监督，对执行效果进行跟踪反馈
公关宣传（PR）	企业宣传计划的制定、宣传文案的写作；竞争对手企业及产品宣传情况的跟踪；宣传稿件的写作
宣传咨询	新产品上市咨询培训问题的编写、广告用语的提炼；产品宣传用语、宣传文案的写作、审定；对新产品功能介绍，对各地销售部门及经销商进行咨询答疑；对竞争对手的产品宣传进行跟踪、反馈

3．广告部门

强力的执行管理系统能够使策划方案得到有效的表达、传播和执行，这就需要一个强有力的执行管理系统，这个系统的主管部门——广告科。广告科的主要职责：推广方案的执行；广告费用的预算及分配；费用的控管；广告的管理；媒体的购买；宣传用品的设计、制作、发运；各地的执行监管；公关活动的执行；销售现场的展示及各种展览等。

该部门职责具体内容见表 8-3。

表 8-3　　　　　　　　　　　　　　广告部门的职责

职　责	工作内容
广告管理	网络广告最终预算的设定与分配；各地网络销售平台的广告费用审计、核算；对广告公司的媒体方案、报价、排期等进行审定
广告策划设计	对新产品包装进行策划和美化；企业在开展促销活动时，负责与各网络平台沟通，在符合整体形象的情况下，进行局部设计，以及其他需要设计的工作
执行管理	网站销售、电子商务平台销售，以及其他新媒体平台销售的统一管理和执行。如商品的整体展示；广告制品的发运；宣传、促销用品的订货；其他活动方案的执行；各平台的执行监督核查
公关	公关活动的执行、效果测定；新闻媒体单位的接待、联络；企业新闻的发布；媒介效果的跟踪分析

4．执行和反馈部门

具体的战术企划及执行通常由各地的销售分支机构结合当地实际情况进行。评估及反馈系统，有的企业专门设置市场监察部门，有的企业也将此职能设在商情科。

该部门职责具体内容见表 8-4。

表 8-4　　　　　　　　　　　　　　营销、执行部门的职责

职　责	工作内容
销售	按照企业、部门制定的线上销售目标，完成预期线上销售任务
监督	对各部门的工作情况进行监督，提高各部门的执行能力，保证重点工作执行阶段的过程跟进及执行、检视分工明确，最大化地保证执行效果
反馈	负责处理线上消费者的意见、建议的反馈，以及其他售后服务；与消费者保持良好的沟通和回访，提高消费者的满意度和忠诚度

问题与思考

网络营销是 21 世纪营销发展的重要方向，企业在进行网络营销的过程中会面临环境、管理和技术方面的诸多问题。本章对中小企业开展网络营销的现状及其存在的问题进行了分析，在此基础上提出了企业有效开展网络营销的对策。试着分析哪些问题在企业自身可控范围之内，哪些问题是由客观因素造成的，面对客观性的问题企业该以什么样的态度对待。

参考文献

[1]（美）朱迪·施特劳斯. 网络营销（第 3 版）[M]. 黄健青，华迎注. 北京：中国人民大学出版社，2004.

[2] 方美琪，付虹蛟. 电子商务的理论与实战[M]. 北京：中国人民大学出版社，2005.

[3] 黄敏学. 网络营销（第 2 版）[M]. 武汉：武汉大学出版社，2007.

[4] 乌跃亮. 网络营销理论与实践[M]. 北京：机械工业出版社，2012.

[5] 黎万强. 小米口碑营销内部手册[M]. 北京：中信出版社，2006.

[6]（美）肯尼迪. 终极营销：移动互联时代的精准营销策略[M]. 桂小黎，朱玉彬译. 北京：当代世界出版社，2014.

[7] 瞿彭志. 网络营销（第 4 版）[M]. 北京：高等教育出版社，2015.

[8] 谢导. 互联网营销：理念的颠覆与蜕变[M]. 北京:机械工业出版社，2016.

[9]（美）加里·维纳查克. 新媒体营销圣经：引诱，引诱，引诱，出击！[M]. 张树燕译. 北京：联合出版社，2016.